●누구나 쉽게 배울 수 있는 **프로바둑강좌/초급이상 9**

초급 맥입문

名人 大竹英雄 지음/프로바둑연구회 편

最新版

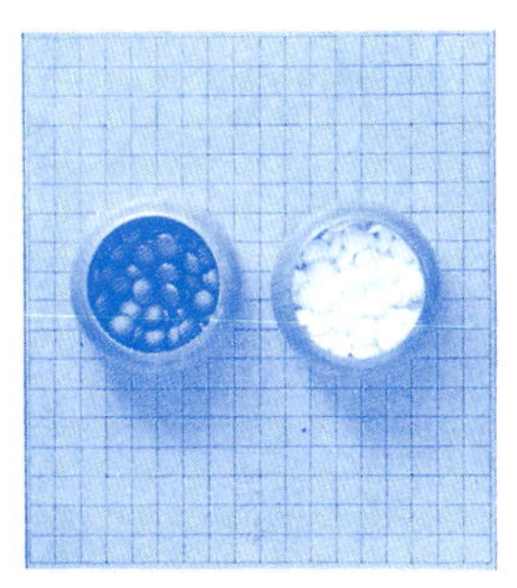

도서출판 眞華堂

프로바둑강좌 · 초급이상 ⑨

大竹英雄의 초급 맥 입문

名人 大竹英雄 지음

프로바둑연구회 편

도서출판 眞華堂

머리말

바둑에 있어서 '맥'이라는 것은 곧 '길(道)'을 의미한다.

길을 모르고서는 목적지를 향해 나아갈 수 없듯이 맥을 모르면 바둑을 진행해나갈 수가 없다.

지리에 밝으면 아무리 위험한 정글도 헤쳐나갈 수가 있다. 그러나 지리에 어두우면 길을 잃고 헤매게 된다.

바둑에 있어서도 이와 마찬가지의 원리가 적용된다. 맥에 어두우면 엉뚱한 바둑을 두게 된다.

바둑의 '맥'이라고 하는 것은 곧 '급소(急所)'와도 상통한다. '길을 모르면 가지를 말라' 라는 속담도 있듯이 맥을 모르고서는 바둑을 두지 말아야 한다. 왜냐하면 맥에 관한 지식이 없으면서 바둑을 두게 되면 길을 모르고 헤매는 나그네처럼 지치게 되고, 기력(棋力)향상도 되지 않는다.

그러므로 바둑을 잘 두기 위해서는 무엇보다도 먼저 맥에 관한 지식을 철저하게 갖추지 않으면 안된다. 돌의 연락과 끊음, 돌을 잡는 방법과 사활 및 끝내기 등을 무리없이 진행해 나아가기 위해서는 맥의 기본을 알지 않으면 안된다.

이 책에서는 맥의 기본을 배우고, 스스로 활용할 수 있도록 기초적인 분야를 철저하게 파헤쳐 설명하였다.

초급의 수준에 있는 독자의 기력(棋力) 향상에 지대한 도움이 될 것으로 믿어 의심치 않는다.

저자 씀

차　례*

맥의 기본(基本)

- 연락(連絡)
- 끊음(切斷)
- 돌을 잡는 방법
- 사활(死活)
- 끝내기

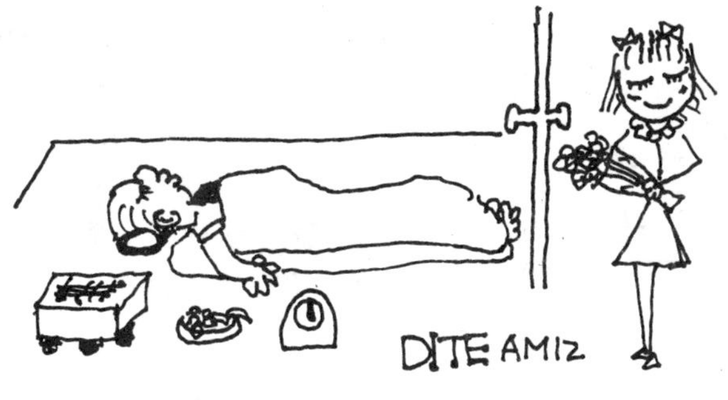

1. 연락의 맥점

맥의 요건의 하나에, 돌의 과부족(過不足)없는 움직임이 있다는 것은 이미 서술한 바 있다. 이 항(項)에서 주로 취급하는 연락(連絡)의 맥점에는, 특히 그와같은 것을 확실하게 언급하였다.

이러한 것은, 첫째로 돌의 맛과 방향을 확실하게 생각하고, 그리하여 동시에 능률적인 맛과 방향의 돌로 만든다고 하는 것이 요구되어지고 있다.

능률적으로 확실하게 기(氣)를 갖지 못하면 불안정(不安定)하게 되고, 확실히 틀림없는 생각을 갖고 있다면 움직이기가 좋게 된다.

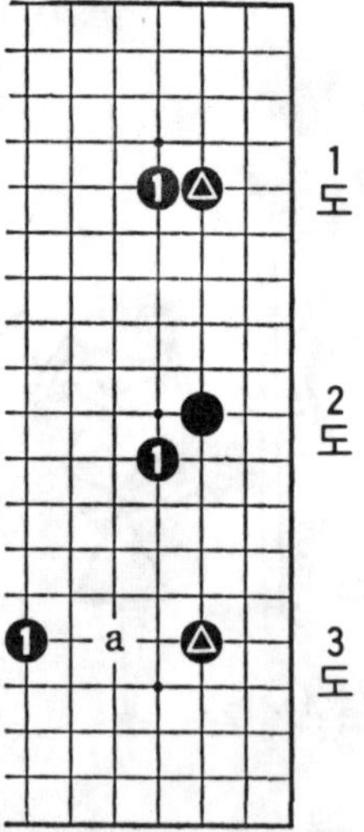

1도 흑1은 철주이다. 흑▲의 연락은 확실하다. 1의 돌의 움직임은 흑▲가 반감을 한다. 이것은 우직한 수다.

2도 흑1은 마늘모. 견실하여 전도보다도 낫다고 할 수 있으나 소심한 수이다.

3도 흑1은 3칸 뜀이다. 여기에서 흑▲의 연락은 입체적이다.

백 a의 분단이 있는 곳이다.

1 한칸 뜀

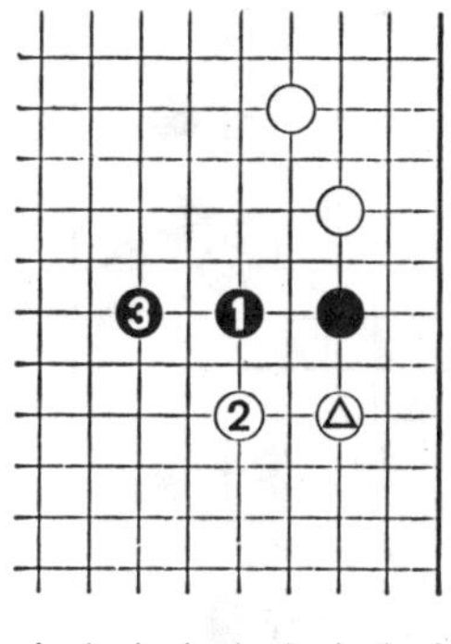
4도

한칸 뛰는 것은 지금의 바둑에서는 많이 두는 맥점이다. 여기에서는 '한칸뜀에　알 수 없다'는 곳이다.

역시 한칸 뜀의 곳에는 악수가 없다. 실제로 중앙으로 뛰는 한칸에는 악수가 없다.

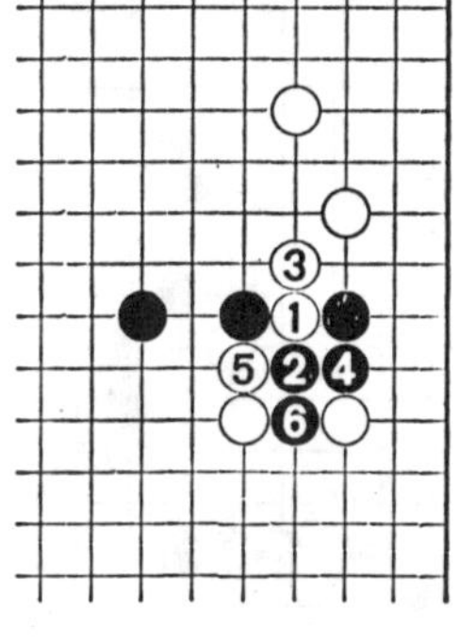
5도

4도는 백△의　협공이 있는 장면이다. 백 2에는 흑 3이다.

5도 백 1의 끼움은 흑 2 다음 6까지이다. 같은 모양이지만 5도는 차이가 있다.

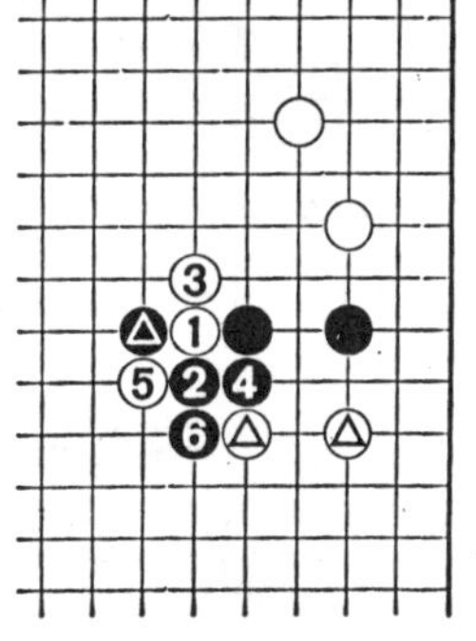
6도

6도 백△표 2점을 끼우는 수이나 흑▲가 위력을 발휘한다.

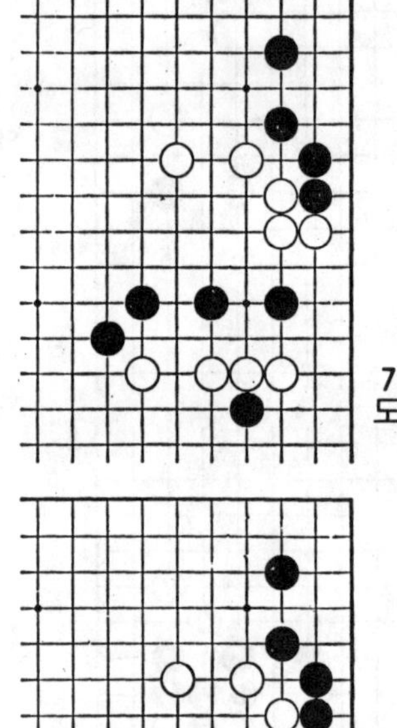

7도

8도

백 1 의 끼움이 문제가 되고 있다. 한 칸 뜀은 항상 주위 여건을 살핀 후에 착수되는 것이 효과적이다.

흑 2 의 단수는 필연적인 수순이라고 보아 마땅하다. 백 3 으로 이어서 나오는 수단 역시 당연한 수순이다. 백△두 점에 대한 부담감 때문에 흑은 4 로 이었다.

백도 그대로 물러설 형편은 안된다. 흑▲의 위력이 크므로 5 로 끊었다. 이 수 역시 당연한 수단이라고 할 수 있다.

7 도 끊음의 항에 가서 설명을 하겠지만 이 상황에서는 보통 연락의 기능이 약해진다.

이것은 하나의 장면이다.

8 도 백 1 의 들여다봄에는 흑 2 의 이음이다.

그러면 백 3 으로 끼우는 수가 있다. 이 모양에서는 백이 우세하다.

한 칸 뜀을 잘못하면 상대방의 끼우는 수가 성립한다. 끼우는 수가 성립하지 않더라도 결국 손해를 보는 경우가 있으므로 주의 해야 한다.

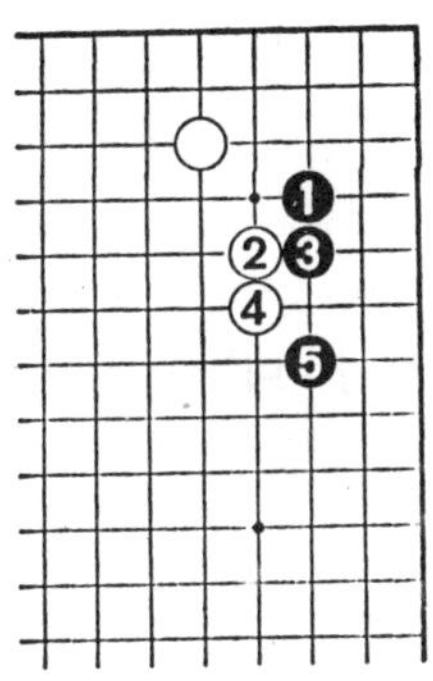

9 도

9 도 흑 5 까지 예이다. 흑 5 가 위험하지가 않다. 이런 모양은 수수가 길어진다.

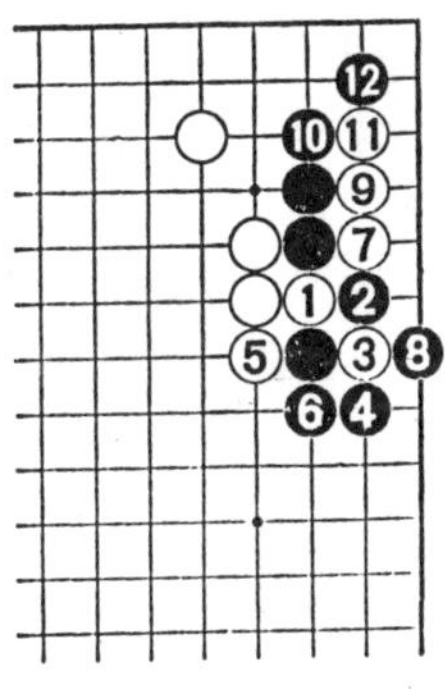

10 도

10도 이곳을 살펴보자. 백 1 의 나감에는 흑 2 이다. 이어 백이 3, 7 로 끊음이다. 7 에서 9 로 나가는 것은 10다음 12의 막음이 요령이다. 흑은 공격에 이긴다. 한칸을 뛰는 점으로——

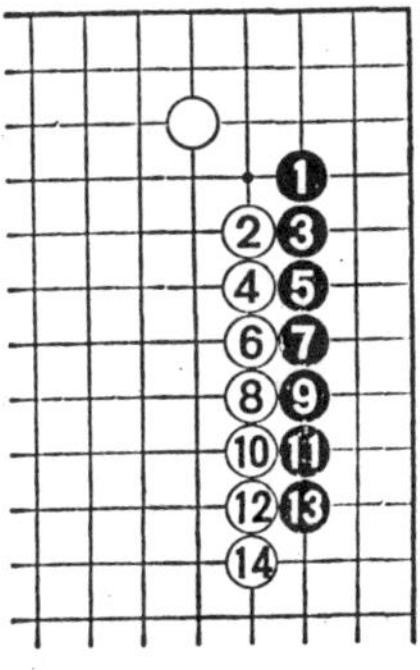

11 도

11도 의 행진을 보자.

이도는 흑이 필패 (반드시 지는) 모양이다. 백은 한 수 한 수가 중앙에 벽을 쌓고 있다.

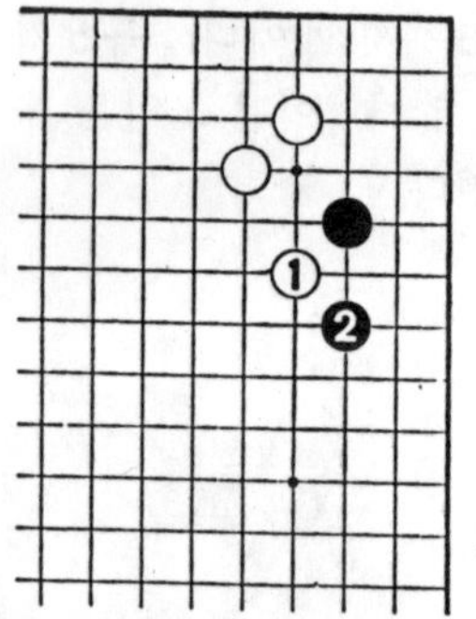

12도 흑2는 한칸 뜀이다. 여기에서의 의미는 다르다.(9도의 한칸) 연락에 있어서는 가볍게 두는 것이 좋다. 이것이 한칸 뜀의 특징이며 장점이다.

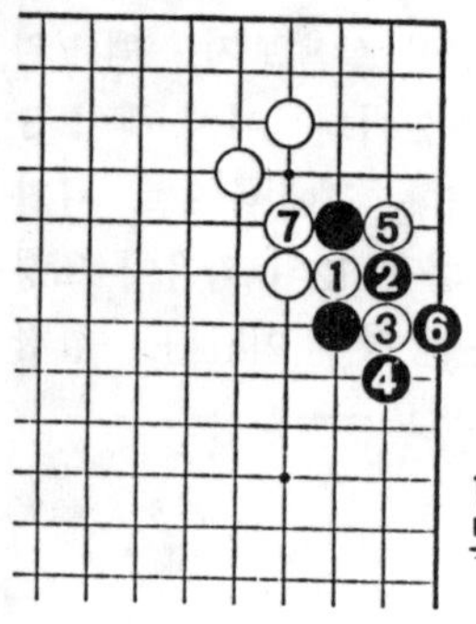

13도 백1에서 3으로 두는 것은 주문이다. 이 모양에서는 어떻게 두어야 할까?

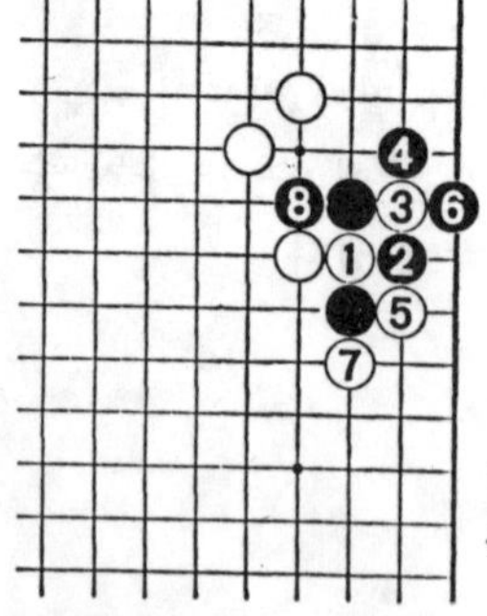

14도 백3에는 흑4, 백7에는 8로 나가는 수가 있다. 12도의 한칸 뜀의 절단이 여하한가를 백의 입장에서 전투를 생각해 보아야 한다.

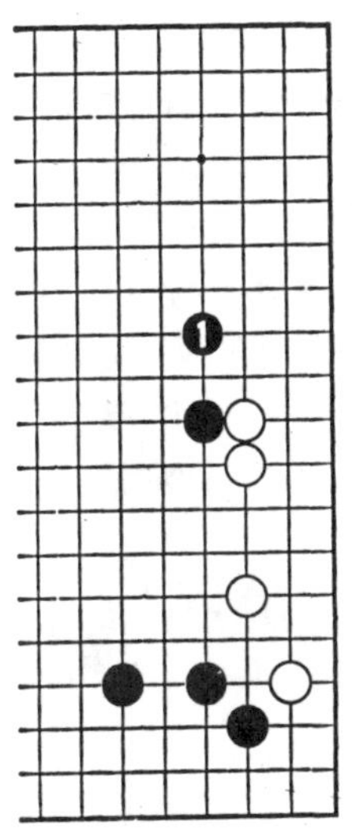

15도 흑 1의 한칸 뜀은 12도의 한칸 뜀과 비슷한 성격을 가지고 있다. 여기에는 어떠한 수가 있을까? 두는 방법을 생각하여 보자.

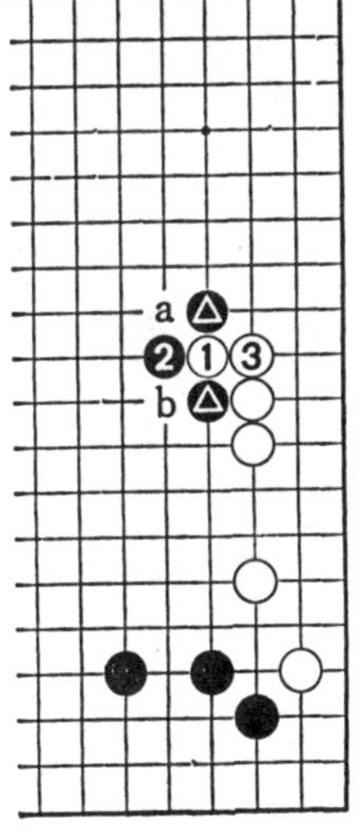

16도 백 1의 끼움이 절호의 곳이다. 계속하여 흑 2에 백 3은 당연하다. 여기서 백은 a나 b의 끊음이다. 흑은 양쪽을 모두 다 보강할 수 없다.

자, 여기서 흑△는 어떤 역할을 하고 있는 것일까. 생각해 볼 필요가 있다.

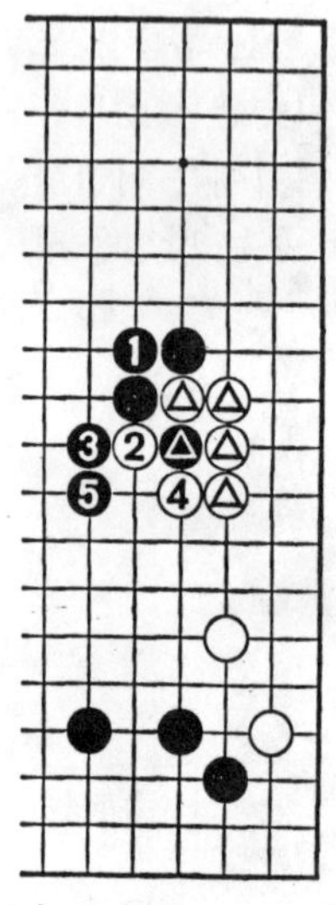

17도

17도 흑 1 의 이음이 정해이다. 백 2 를 많은 사람들이 생각할 수 있는데 흑▲를 사석으로 이용하는 작전이 좋다.

백 2, 4 로 때려낸 모양에서 백△ 4 점과 흑▲한점의 대치는 훨씬 흑이 좋다. 돌을 사석으로 이용하거나, 돌을 잡거나 하는 것에는 이 차이가 크다.

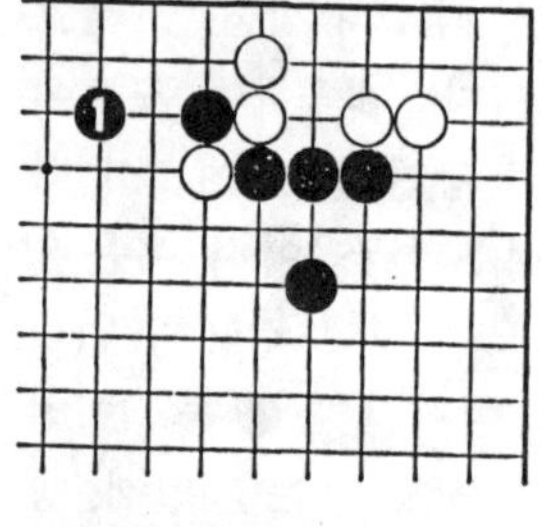

18도

18도 흑 1 의 한칸 뜀이다. 기이한 생각이 드는 곳이다.

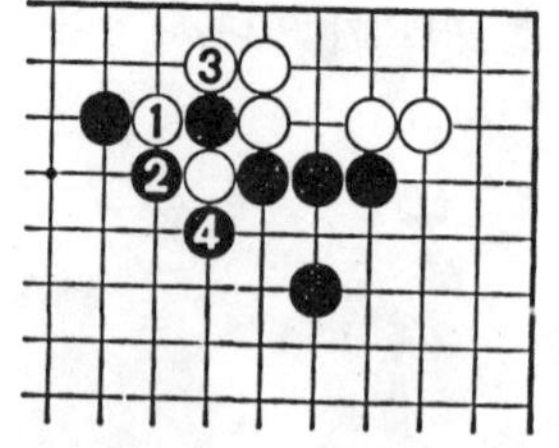

19도

19도 백 1 의 단수에서 흑은 즐겁게 2 의 곳을 받는다. 그러면 4 의 곳을 단수한다.

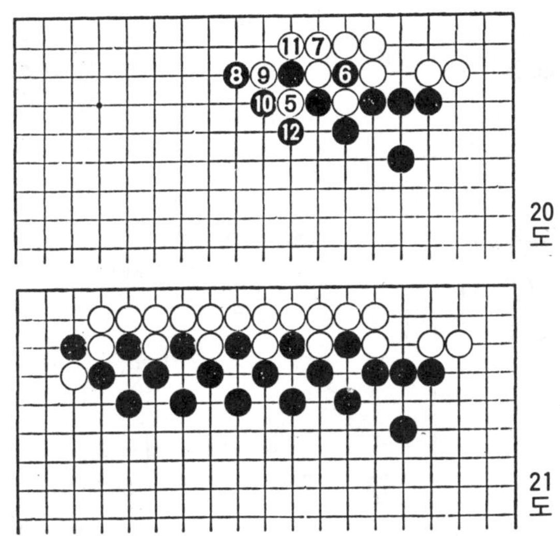

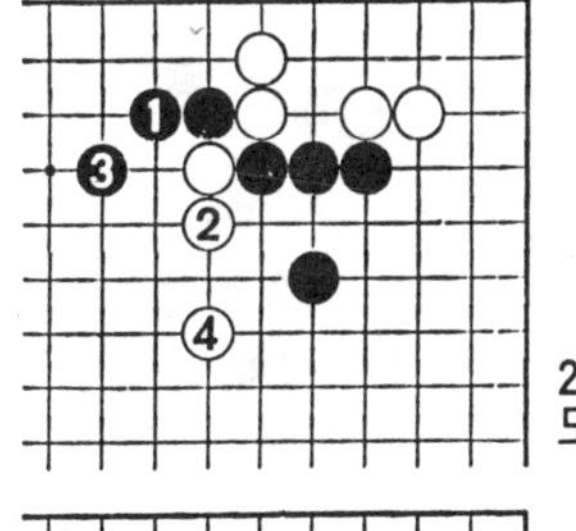

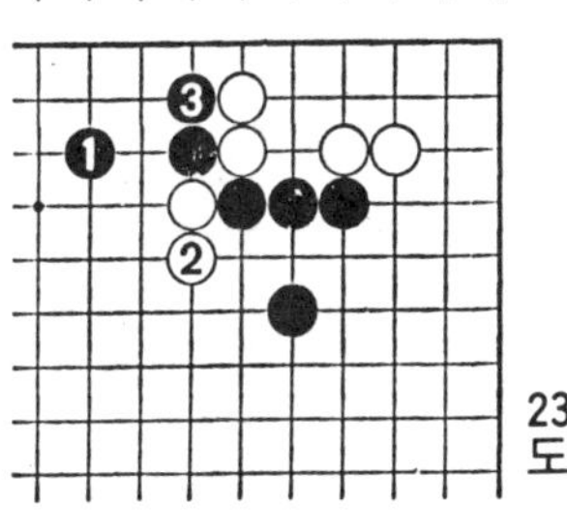

20도 의 잇기 전에 백 5, 흑 6 은 7 까지이다. 여기에서 다시 흑 8 의 한칸 뜀이다. 흑 필승이다. 21도 의 모양을 보면 쉽게 알 수가 있다. 18도의 흑 1 로 22도 흑 1 에서 백 4 까지, 23도 흑 1 에 백 2 (이것이 정수이다), 흑 3. 같은 3 점의 움직임을 23도와 22도 에서 비교하여 보자.

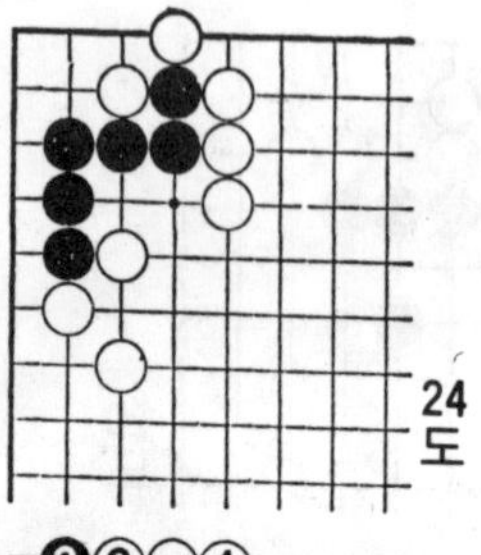

한칸 뜀이 가장 위력있는 것은, 중앙 또는 변으로 발전하는 경우이다. '한칸 뜀에 악수(悪手) 없다'고 하는 바둑 격언은, 중앙으로 향한 한 칸 뜀을 가르킨 것이다. 그러나, 때에 따라서는, 중앙과는 역으로 아랫쪽으로 향한 한 칸 뜀이 호수(好手)가 된다. 여기서는 일선(一線)으로 향한 한 칸 뜀을 소개한다.

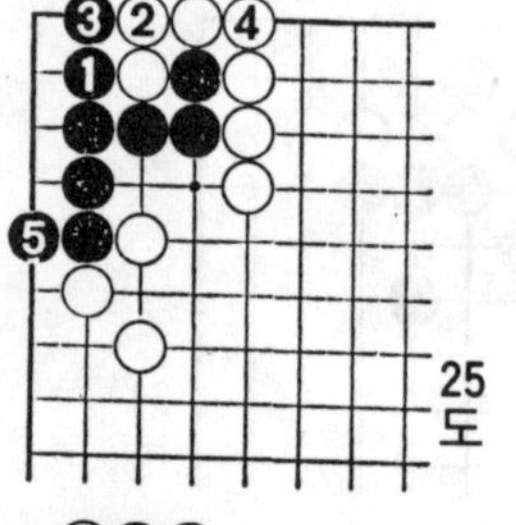

24도 귀에서 나타난 모양이다.

25도 흑 **1** 에서 **5** 까지 삶을 생각할 수 있는 곳이다. 이 생각은 독선이다.

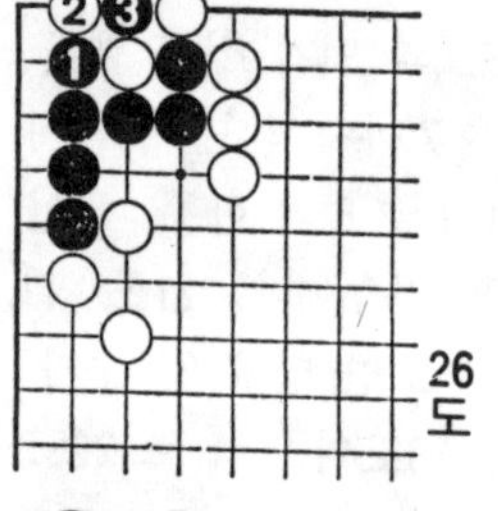

26도 흑 **1** 에는 백 **2** 로 패이다. 1 의 1 에 내려서면 귀의 특수성이 생긴다.

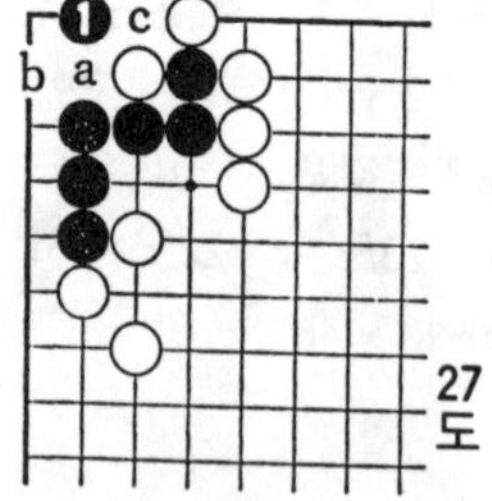

27도 흑 **1** 의 한칸 뜀이 정석이다. 백 a 에는 흑 b 이다.

백 c 로 이으면 비로소 a의 곳을 조인다.

이하는 **25도** 와 같은 진행으로 흑이 산다.

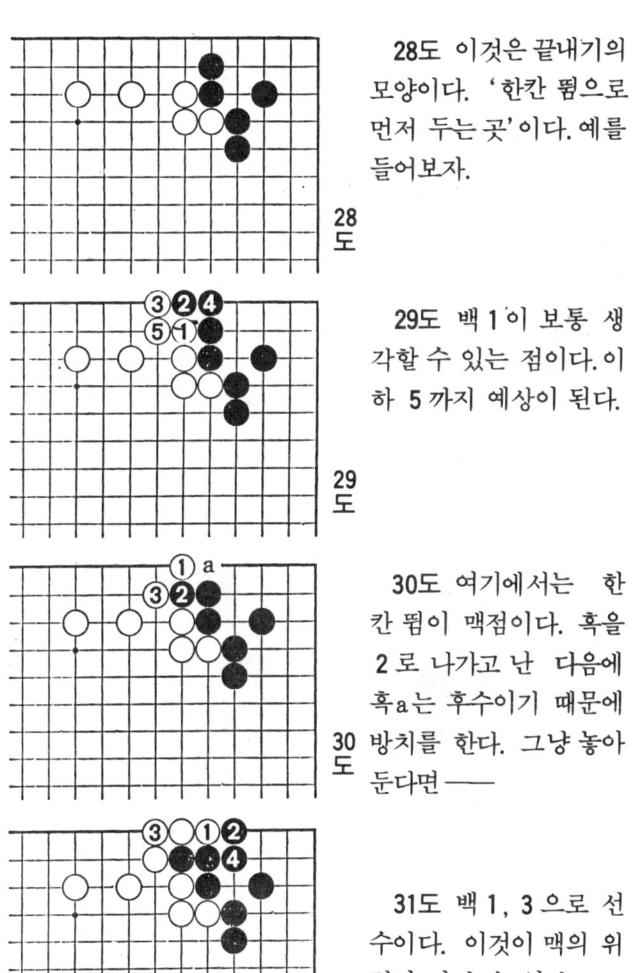

28도

29도

30도

31도

28도 이것은 끝내기의 모양이다. '한칸 뜀으로 먼저 두는 곳'이다. 예를 들어보자.

29도 백 1이 보통 생각할 수 있는 점이다. 이하 5까지 예상이 된다.

30도 여기에서는 한칸 뜀이 맥점이다. 흑을 2로 나가고 난 다음에 흑a는 후수이기 때문에 방치를 한다. 그냥 놓아둔다면——

31도 백 1, 3으로 선수이다. 이것이 맥의 위력이 아닐 수 없다.

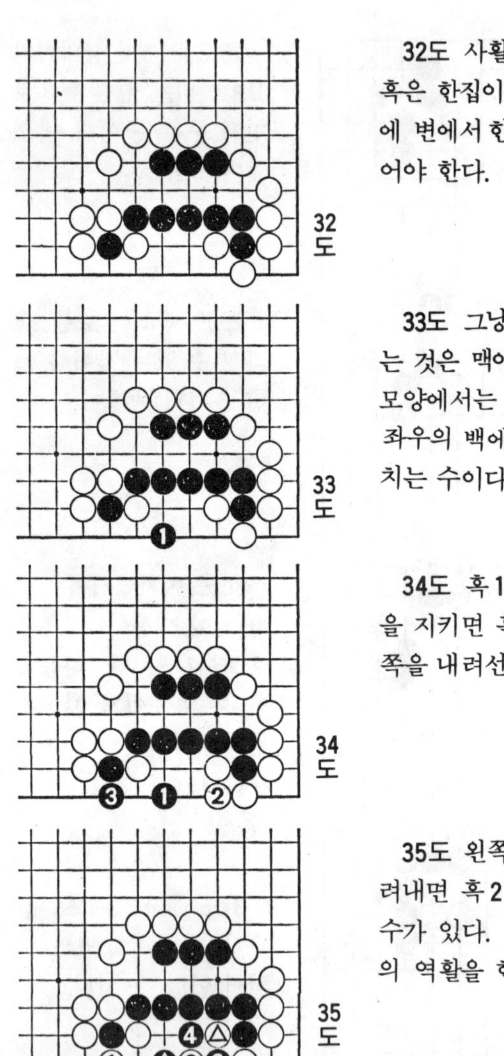

32도 사활문제이다. 흑은 한집이 있기 때문에 변에서 한 집을 만들어야 한다.

33도 그냥 단수를 하는 것은 맥이 아니다. 이 모양에서는 한칸 뜀이다. 좌우의 백에 영향을 미치는 수이다.

34도 흑1에 오른쪽을 지키면 흑3으로 왼쪽을 내려선다.

35도 왼쪽을 1로 때려내면 흑2로 먹여치는 수가 있다. 흑▲가 맥의 역활을 한다.

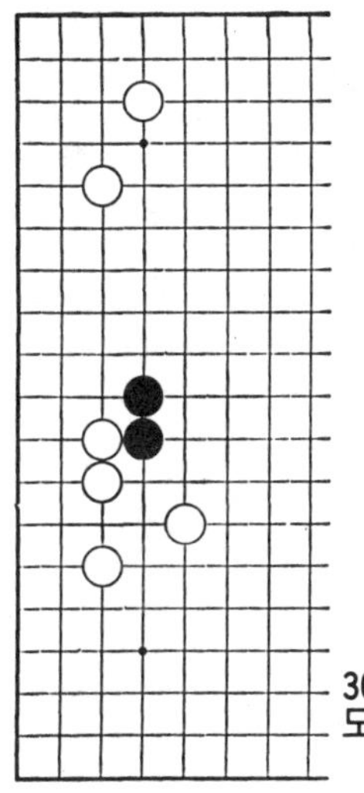
36도

2 2칸 뜀

2칸 뜀은 한칸 뜀의 연장이다. 한칸 뜀보다는 증폭이 된다.

절단을 막는 수로는 일단 요구가 된다.

36도 의 흑 2점이 중앙으로 향하는 모양이다. **37**도 의 흑**1**, **3**은 불만이다. **38**도 흑**1**의 2칸 뜀이 적당하다.

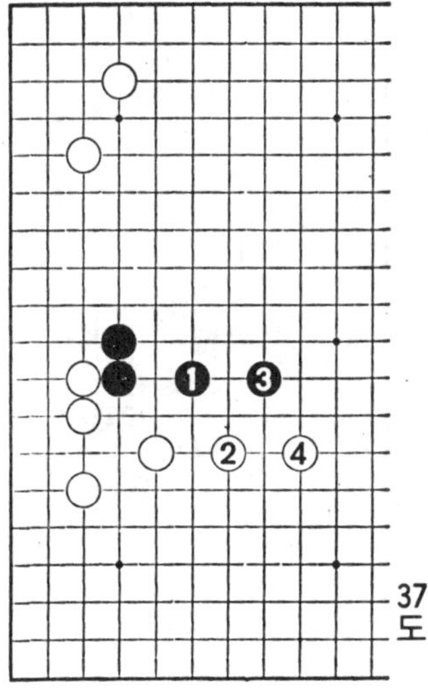
37도

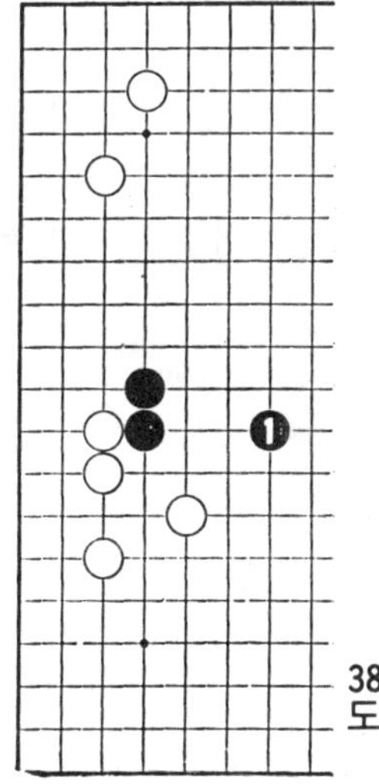
38도

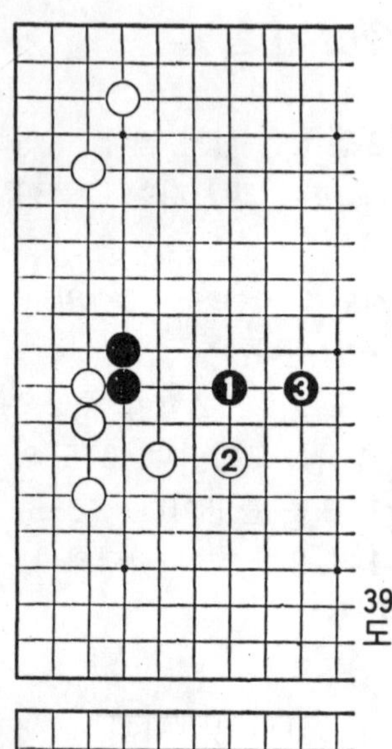

39도 흑은 한 걸음 먼저 나아간다.

40도 흑에 대해서 절단이라면 백 1, 3 다음 5의 끊음이다.

41도 이것은 복잡하다. 돌의 능률을 생각하는 곳인데 13까지 축이다.

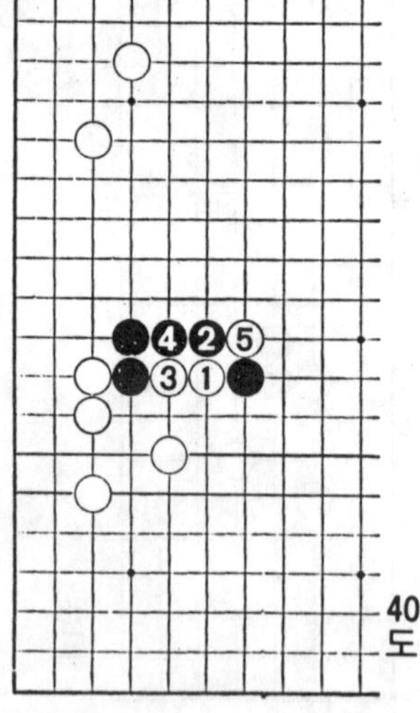

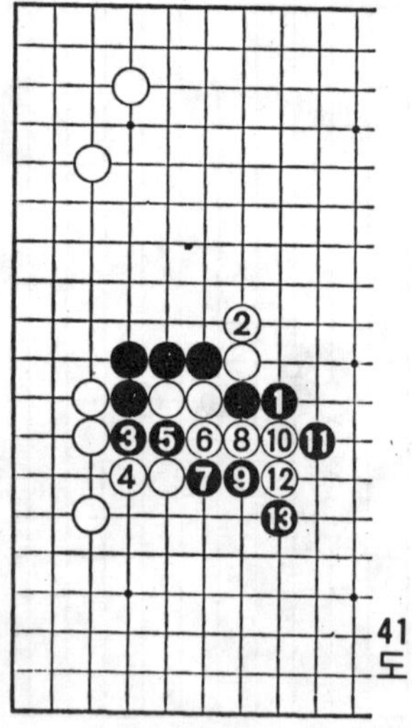

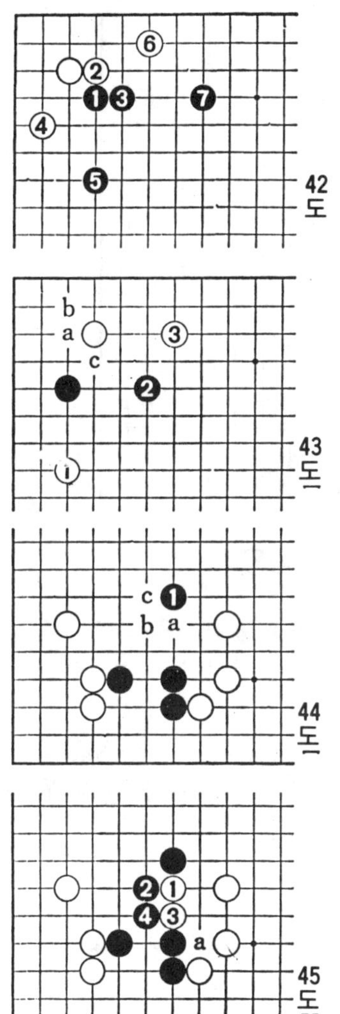

42도 정석이다. 양쪽으로 2칸 뜀의 진귀한 모양이다.

43도 이것도 정석이다. 이 장면에서 흑**2**는 장래 문제가 있다. 흑a, 백b, 흑c로 알기 쉽다. 3선의 상식이다.

44도 흑**1**의 2칸 뜀이다. a의 한칸은 둔중한 모양이다. b보다는 c의 곳도 좋은 자리이다.

45도 백**1**, **3**은 흑a로 나중에 백이 곤란하여 진다.

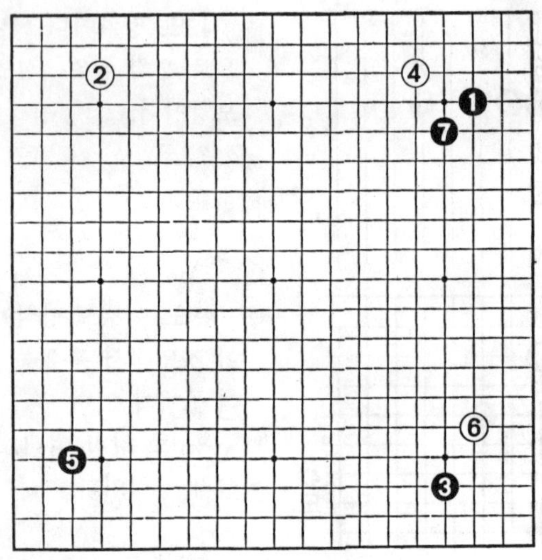

46도

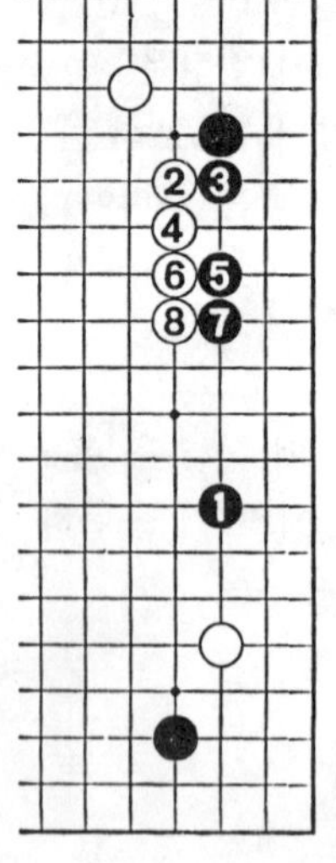

47도

3 마늘모

마늘모는 흔히 두는 수법이다. 여기에서 일례를 들어 보기로 한다.

46도 는 유명한 수책(秀策) 포석이다. 수책은 7의 마늘모로 두었다.

47도 전도의 7의 마늘모 연락을 쉽게하는 의미가 있는 수이다. 흑 1의 협공이면 이하 백 8 까지 누르는데 흑모양의 위치가 낫다.

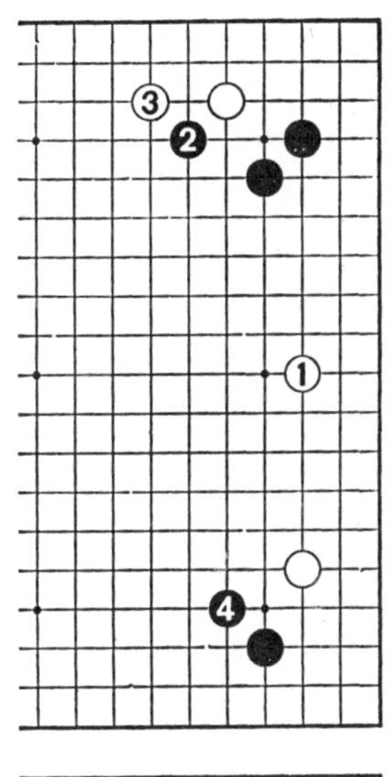
48
도

48도 마늘모에 백 1 이라면 계속하여 우하귀에서 흑 4 의 마늘모이다. 현대의 바둑에서는 잘 사용하지는 않지만 견실한 수법이다.

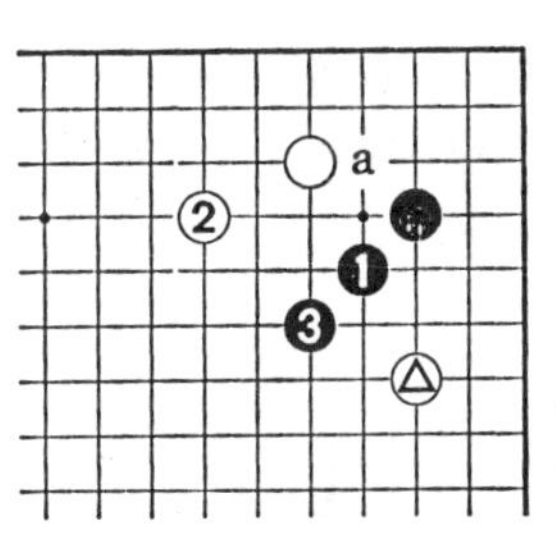

49
도

49도 백△의 양걸침에는 흑 1 이 맥이다. 이 점을 게을리하면 백 1 의 날일자 봉쇄가 절호의 곳이다.

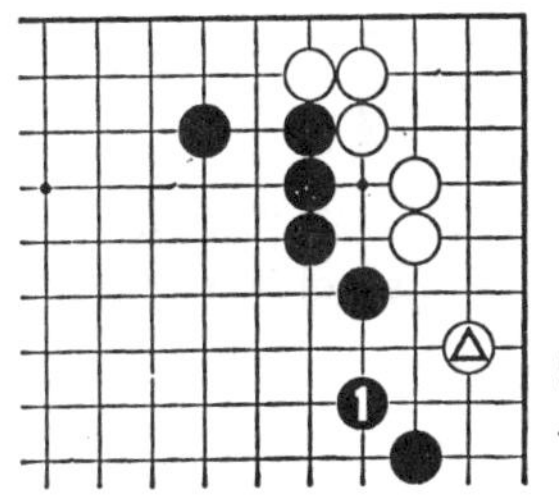
50
도

50도 백은△의 미끄러짐이다. 백의 다음 수는 백 1 의 날일자이다. 흑 1 의 마늘모는 맥이다.

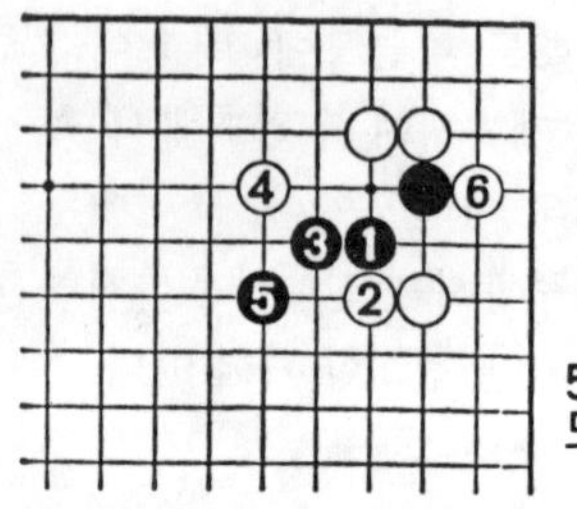

51도 이것도 하나의 견본이다. 흑 5 까지이다. 도망하여 나가면 백 6 이다.

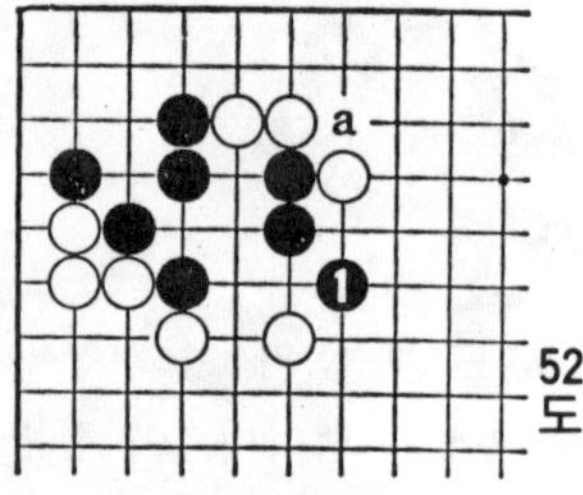

52도 흑 1 은 정석 이후의 마늘모이다. 이 다음에 a의 곳 끊음이 있다.

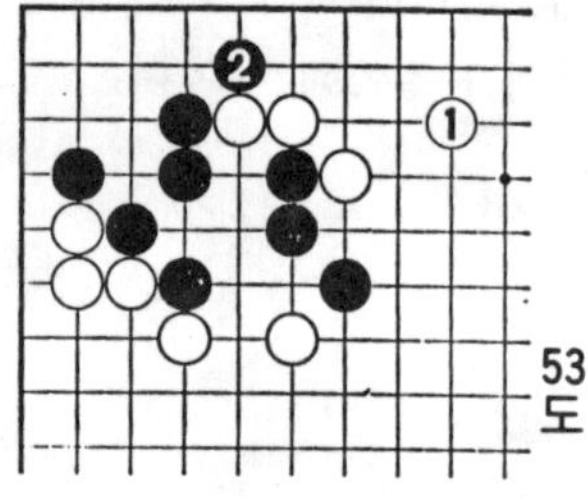

53도 이곳을 1 로 지키게 되면 흑 2 로 정석의 완결이다.

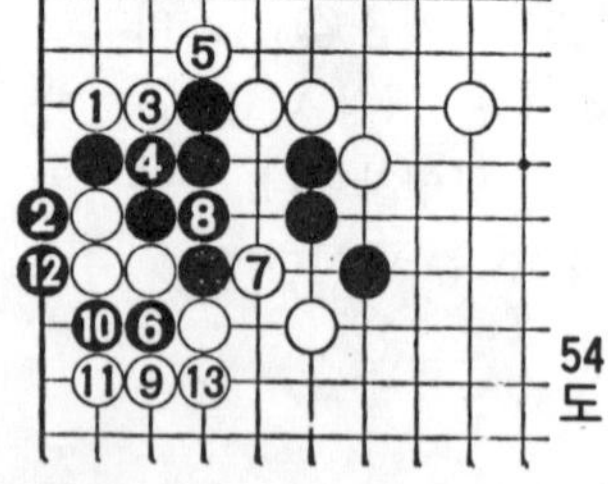

54도 흑 2 를 생략한다면 백 1 의 껴붙임이 있는 곳이다. 이하 13까지 예상이 되는 곳이다. 다음의 마늘모는——

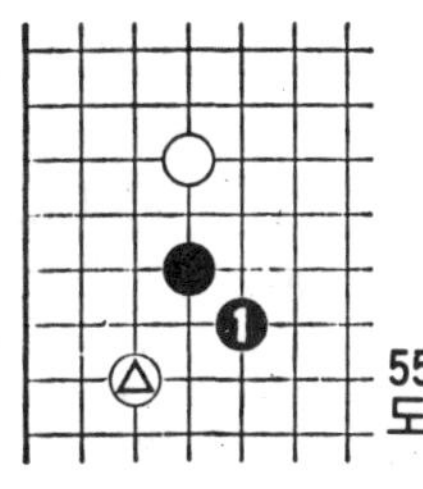
55도

55도 이것도 하나의 모양이다. 변의 정석 모양이다.

백△에 흑1로 중앙 나가는 수이다. 이곳에 어떤 변화의 여지가 있을까?

56도

56도 백1로 건너가려고 하면 흑2의 젖힘이다. 6까지 외길의 진행이다. 건너감을 방해하는 수는 흑▲의 역활이다.

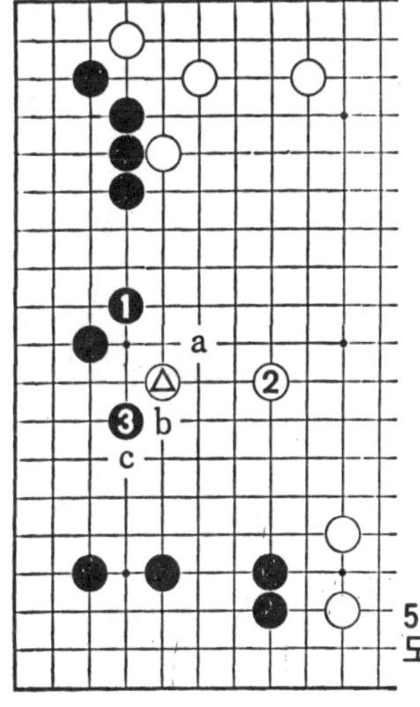

57도

57도 흑1의 마늘모는 46도의 마늘모와 비슷한 성격을 가지나 좌변의 위치가 낮아 흑a의 공격이 포함되고 있다.

백2의 도망에 흑3으로 큰 집이 되었다. 백△로 두었을 때, 즉시 흑3으로 받는 것은, 백b, 흑c, 백1로 압박하여, 흑은 괴로우나 백은 즐거운 모양이 된다.

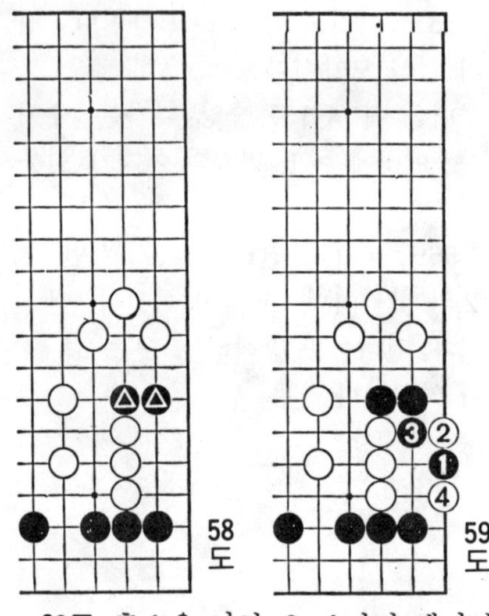

58도   59도

58도 이것은 중반에 나타나는 정석의 하나로 흑●표 2점을 생환하는 문제이다. 59도 흑 1의 날일자가 보통의 생각 방법이다. 백 2, 4의 절단이다.

60도 흑 1은 이하 2, 4까지 패이다.

61도 흑 1의 마늘모가 정해이다. 즐겁게 건너갈 수가 있다.

62도 반대쪽으로도 연락을 할 수가 있는 곳이다. 그러나 팻감이 있어 이 부분을 사용한다면 흑 1은 손해이다. 61도가 정해이다.

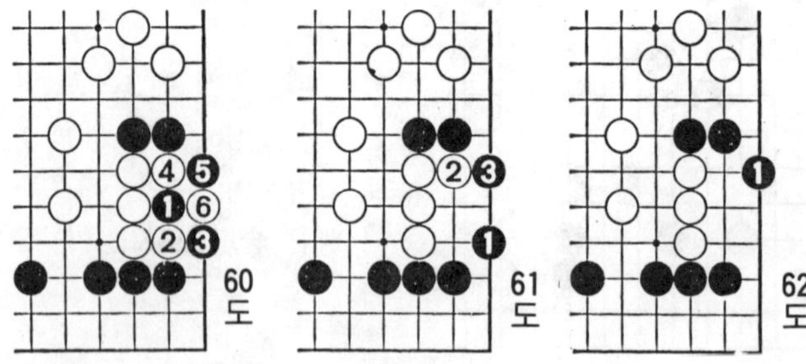

60도   61도   62도

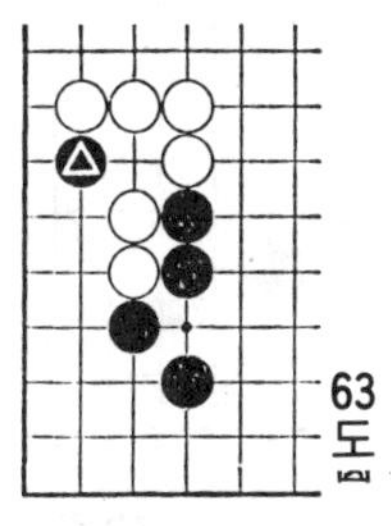
63도

이하의 2문제는 공격에 관한 마늘모의 맥점이다.

63도 흑▲가 생환을 할 수 있어야 하는데——

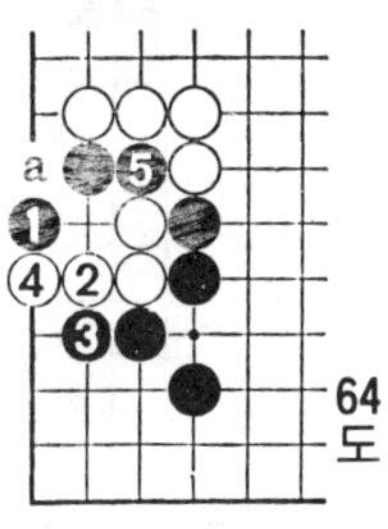
64도

64도 흑1의 마늘모가 유일한 수단이다. 흑5까지 된 다음에 a의 곳을 조일 수가 없다.

이 점이 마늘모의 맥이다.

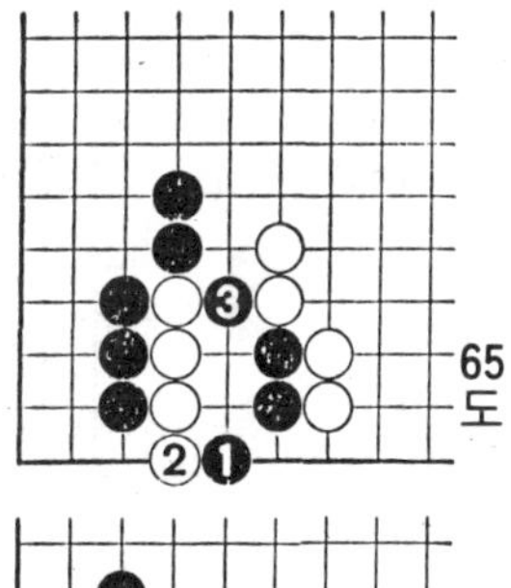
65도

65도 흑1의 마늘모이다. 이것이 대표적인 모양이다. 수순을 바꾸어 흑1로 먼저 3의 곳에 두는 것은 백1로 두어 생환할 수 없다.

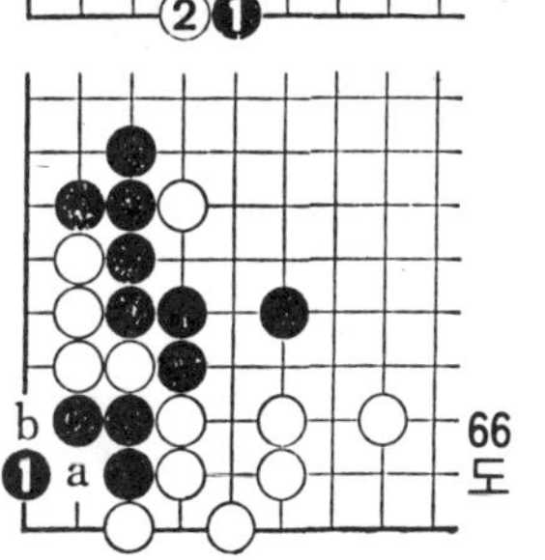
66도

66도 흑1은 마늘모의 효력을 표현하고 있다. a,b의 2점에서 백의 직접 침입을 거부하고 있다. 흑1로 바깥을 두면 생환할 수가 없다.

4 이음

이음—간단하다. 그러면 이음은 어떤 것인가?

여기에서 이음에 대하여 살펴보자.

67도 이것은 하나의 모양이다. 68도의 백의 소목에 흑 1 로 높이 걸쳤다. 백 2 로 아래쪽을 붙여 끌었다.

흑 3 의 젖힘수는 당연한 공격이다. 백은 4 로 귀를 완전히 확보한 모양을 갖추었다. 흑의 다음 수순이 문제이다.

여기에서는 단단한 이음수가 발휘되어야 한다. 단단한 이음, 즉 견실한 이음은, 언제든지 상대방의 잇는 방법에 우선하여 생각하지 않으면 안된다.

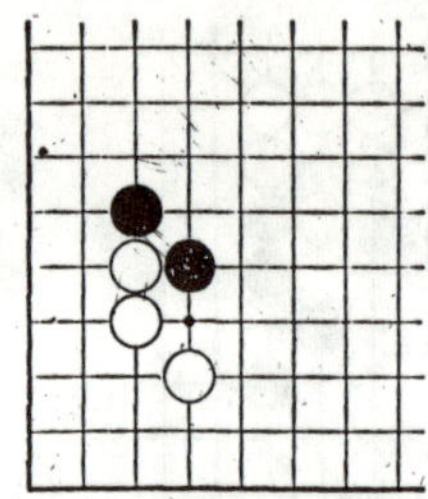

67 도

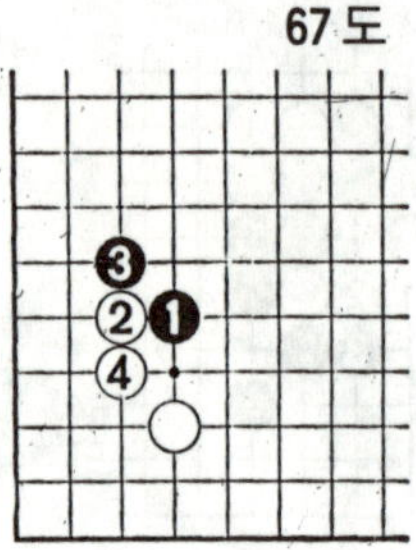

68 도

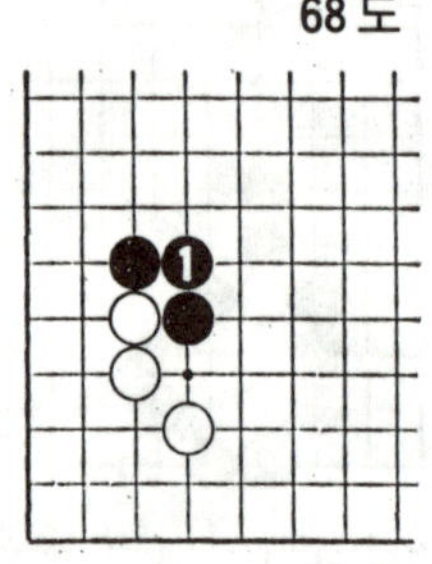

69 도

자, 이 다음의 잇는 방법이 문제이다.

프로의 바둑에서도 잘 나타나는 모양이다.

69도 흑 1 의 이음은 견실하다. 견실한 이음이 정해이다.

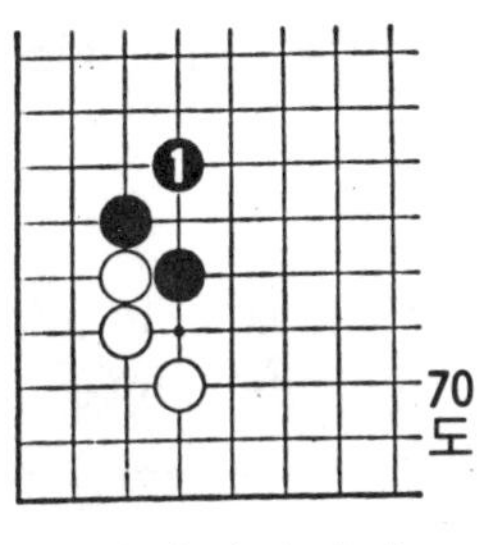

70도 흑 1의 호구침이 있다. 절단을 대처하는 돌의 효율을 생각하는 곳이다.

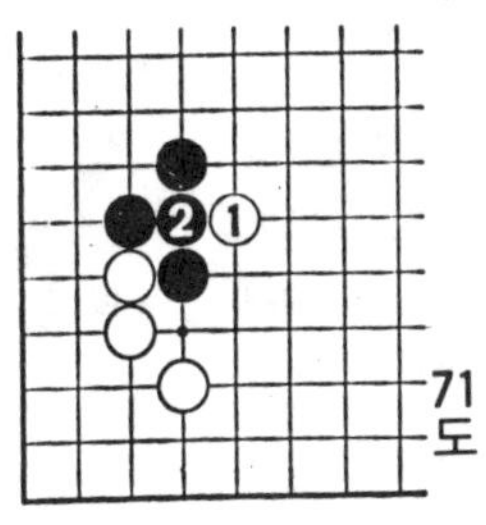

71도 백 1은 엿봄이다. 이것이 일반적인 법칙이다. 이런 모양이 사실은 문제이다.

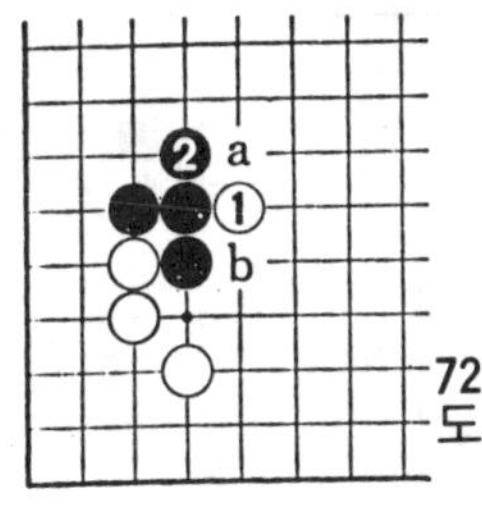

72도 이것은 69도의 견실한 이음의 상정도이다. 백 1로 다가서면 잇는 모양에서 2로는 모양이다. 72도는 71도에 비하여 불만이다.

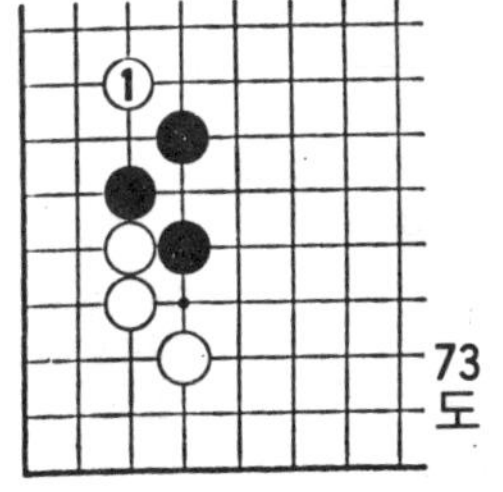

73도의 백 1의 침입에 대해서는 앞에서 말한 바 있다.

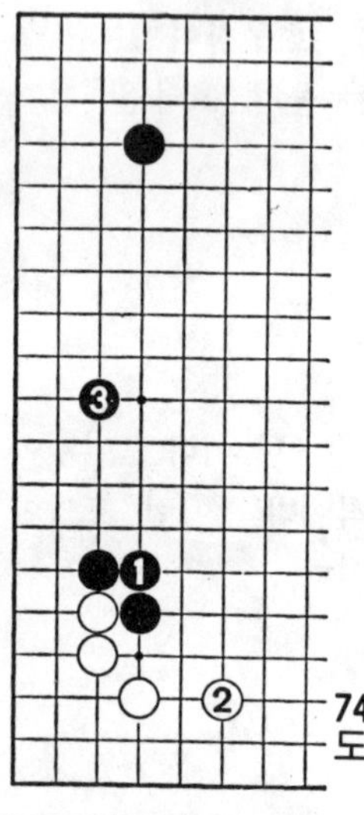

74도 흑 1의 정확한 이음. 이것이 보조이다.

75도 국부적으로는 흑 1이 견실한 이음이다. 3의 벌림이 나쁘지 않다. 3칸 벌림의 이상형이다.

76도 이해 손득을 따진다면 1의곳 호구침이다. 백의 이상적인 모양을 방해한다. 흑에도 a의 곳 약점이 있다.

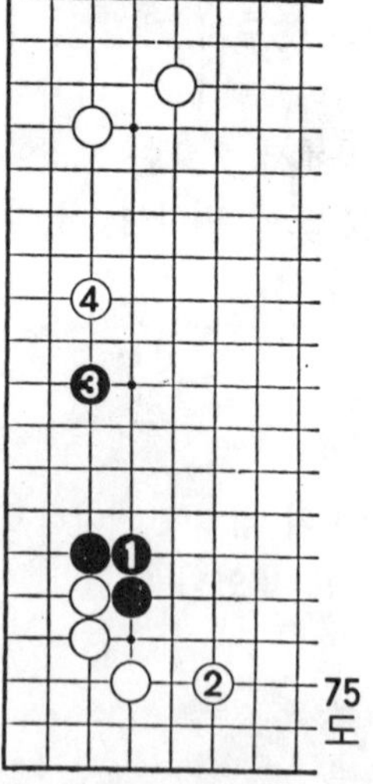

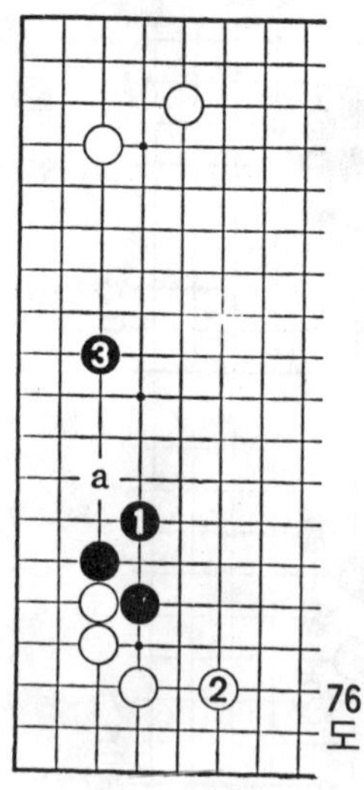

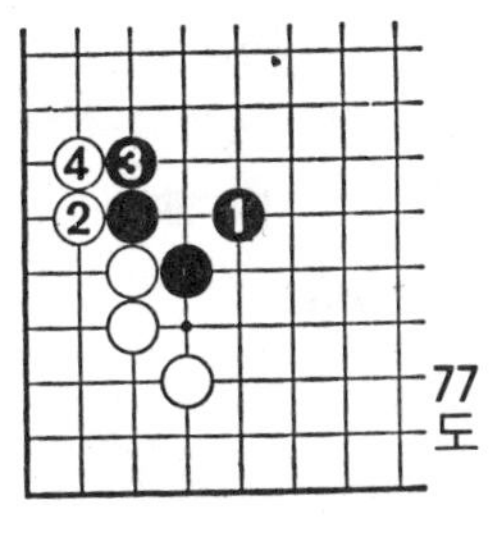

77도 호구침의 방향으로는 이곳도 있다. 흑 1에는 백 2, 4가 있는 곳이다. 크게 나쁜 수이다.

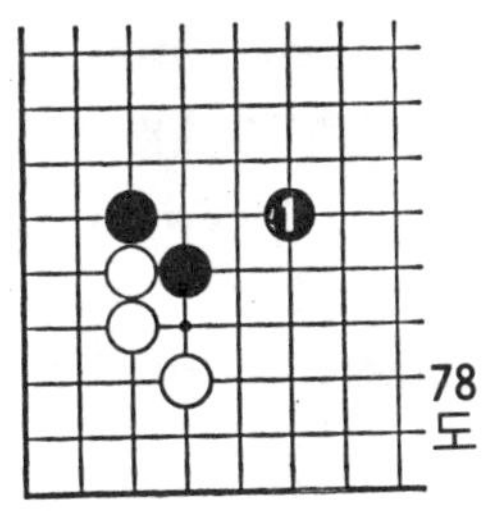

78도 흑 1의 날일자이다. 이것도 하나의 방법이다.

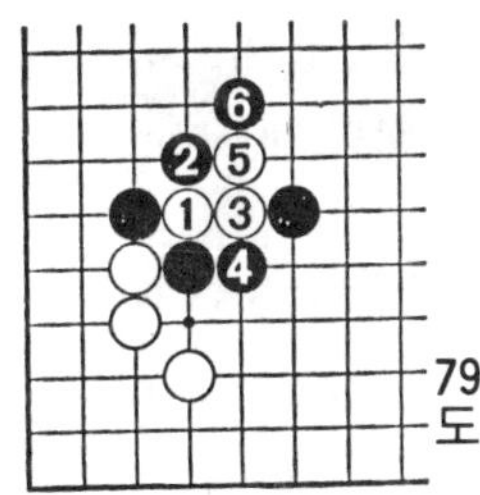

79도 축이 흑에 유리하지 않으면 문제가 된다. 이점을 생각해야 한다.

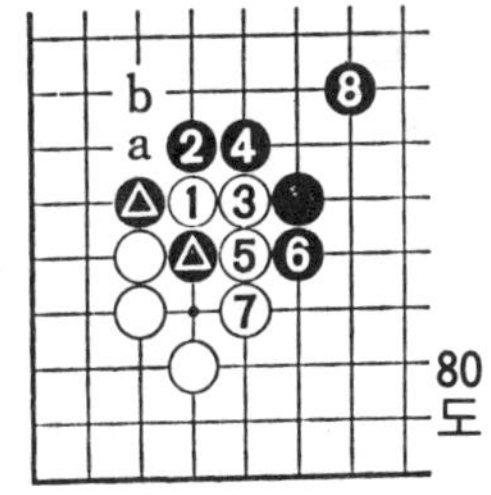

80도 축이 불리하다면 어떻게 둘까? 2, 4 다음 흑 6까지 된 다음에 8까지 둔다. 계속하여 a의 곳을 끊으면 b의 곳을 단수한다. 흑 ▲는 효과적인 사석이다.

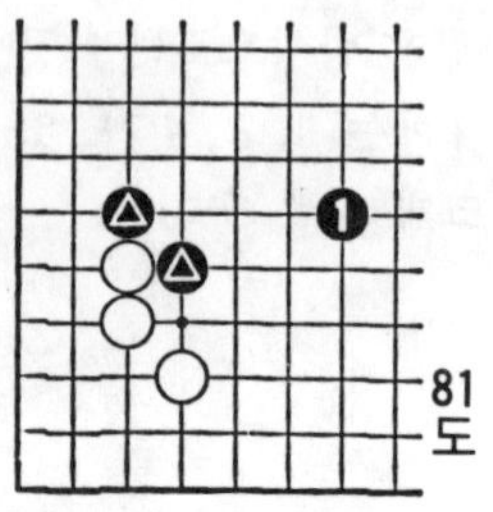
81도

81도 흑 1의 눈목자이다. 이것은 전문기사들이 잘 두는 수법이다. 흑▲표 2점을 가볍게 본다.

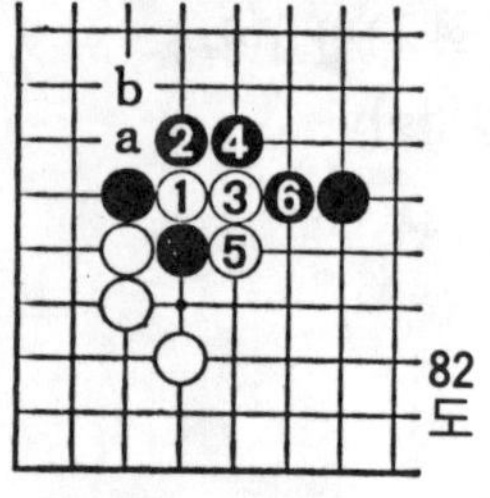
82도

82도 백 1의 끊음이 있다는 것을 각오해야 한다. 흑 6 다음 백 a에는 흑 b의 단수로 80도와 같은 정신이다.

날일자는 고급스런 생각이다.

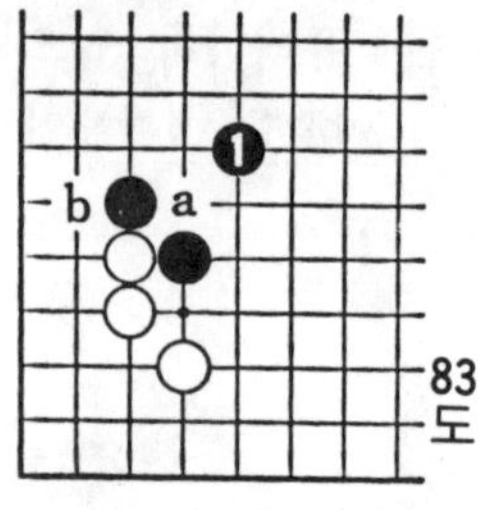
83도

83도 백 a의 절단을 유도하는 날일자는 좋은 수이다. a의 곳 끊으면 어찌될까?

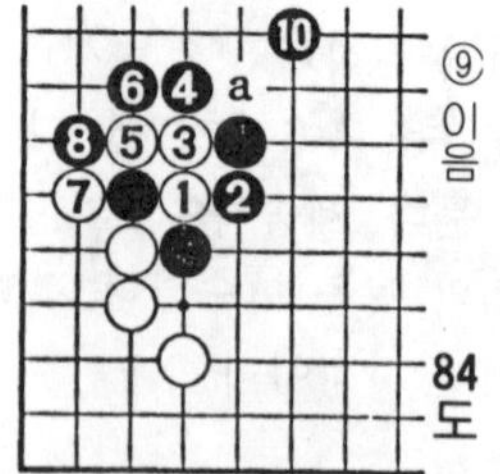
⑨이음

84도

84도 백 1의 끊음에는 흑 2에서 8까지 된 다음, 흑10의 벌림이다. 80도의 흑 8, 본도의 흑10은 같은 의미가 있다.

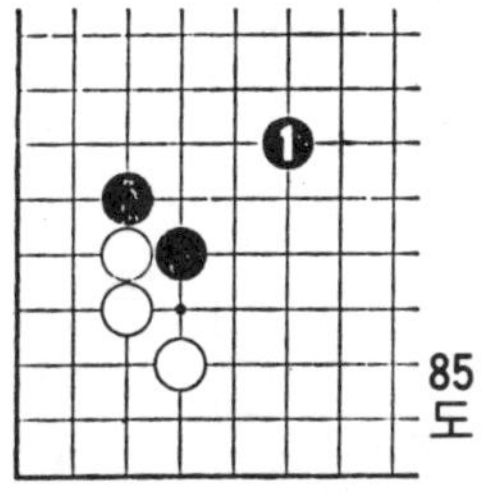
85도

85도 이음의 효과적인 생각으로는 흑 1 의 밭전자로 생각할 수 있다.

이와같이 되면, 이음이 끊기지 않는다. 백의 끊음의 효과를 생각한다 하더라도, 흑으로서는 소(小)를 버리고 대(大)를 취하는 결과를 가지고 올 수 있다는 장점이 있다.

한 칸 뜀이나 날일자 등의 이음과는 새로운 차이가 있는 이음수라고 할 수 있다.

말하자면, 끊음 (切斷)의 역할을 어느 정도 염두에 둔 계산적인 이음수라고 할 수가 있다. 효과적인 수단임에는 틀림이 없다.

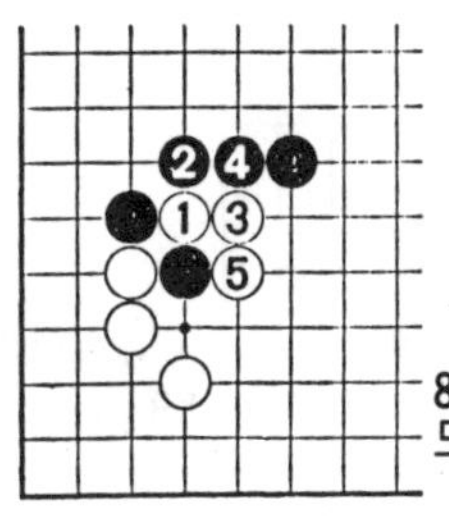
86도

86도 백 1 의 절단에는 흑 2, 4 이다. 날일자와는 큰 차이가 있다.

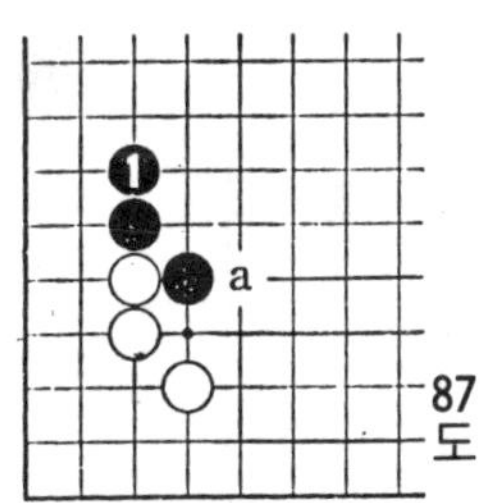
87도

87도 이런 모양은 어떨까? 흑 1 은 축을 염두에 둔 점이다. 흑 a 의 곳을 느는 것도 같은 뜻이다.

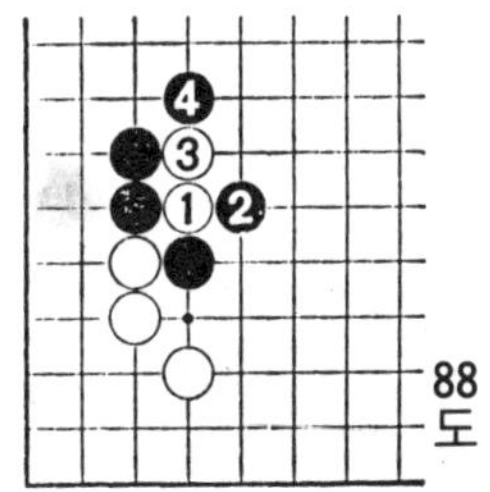
88도

88도 백 1 의 끊음에는 흑 2, 백 3, 흑 4 로 축이다.

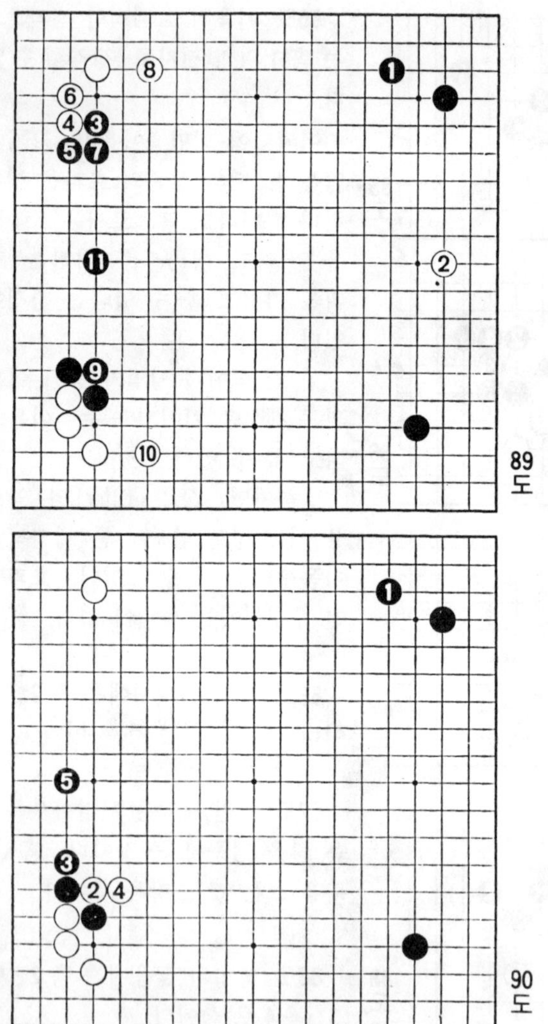

89도

90도

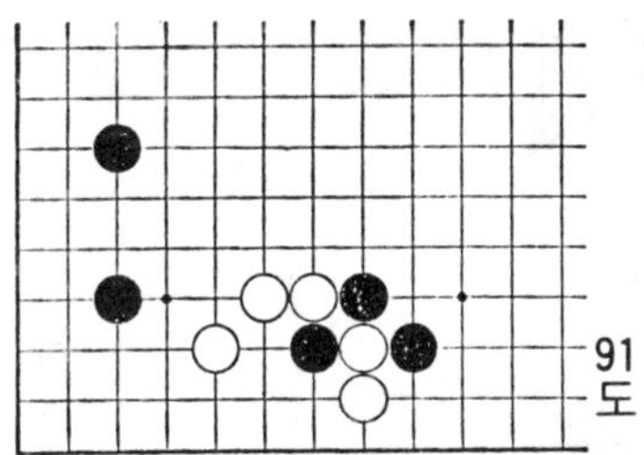
91도

89도 손을 빼면 끊음의 일종이다. 이것은 하나의 예이다. 좌하귀를 잇기 전에 흑은 1로 우상을 다가섰다. 백 2에는 9의 이음이다.

90도 우상을 흑 1로 두면 백의 끊음 다음에 4의 뻗음이다. 다소 불리함을 우상귀가 보충하고 있다.

91도 옛날부터 내려온 정석의 제재이다. 흑이 단점을 어떻게 두어야 할까?

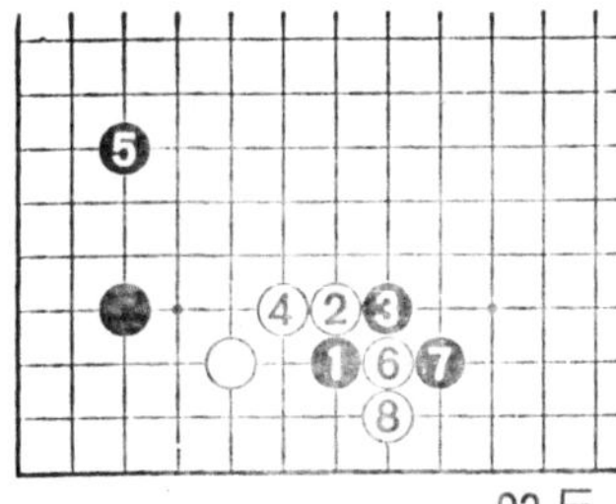
92도

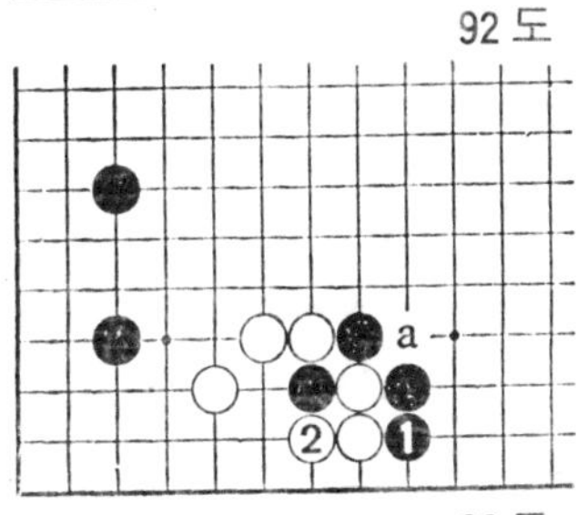

93도

92도 91도가 나타난 경과도이다.

흑 1의 한 칸 뛰어 붙임에 백 2로 머리를 누른 모양이다. 흑 3의 젖힘은 당연한 수. 백은 4로 늘어 흑의 단수를 막았다. 이때 흑은 손을 빼어 왼쪽 변에 5를 날렸다.

93도 흑 1의 내려섬은 백 2이다. 심각한 의미가 포함이 되어 있는 곳이다.

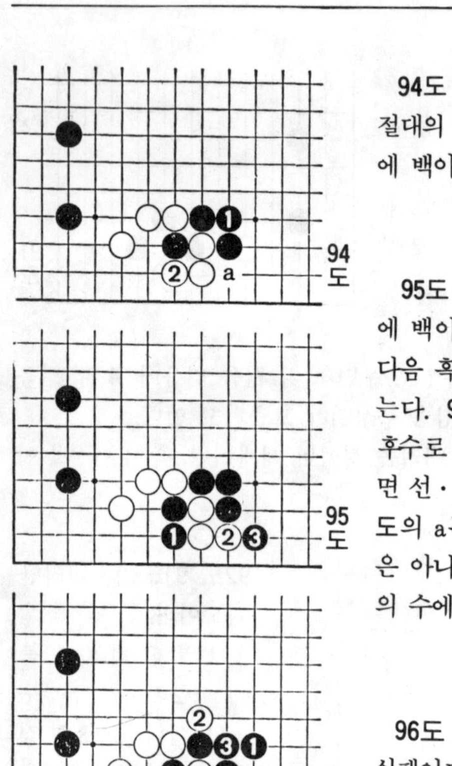

94도 흑 1 이 유일한 절대의 정해이다. 흑 1 에 백이 손을 빼면 —

95도 흑 1 의 내려섬에 백이 나쁘다. 93도의 다음 흑은 a의 곳을 잇는다. 94도 다음 흑은 후수로 a의 곳을 내려서면 선·후가 생긴다. 94도의 a는 큰 곳인가? 답은 아니다. a는 끝내기의 수에 불과하다.

96도 흑 1 의 호구는 실패이다. 94도의 다음—

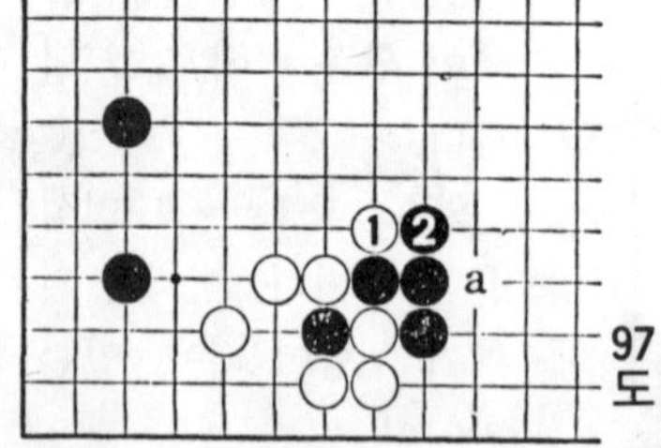

97도의 백 1 의 젖힘에서 흑 2, a의 후퇴는 불유쾌하다.

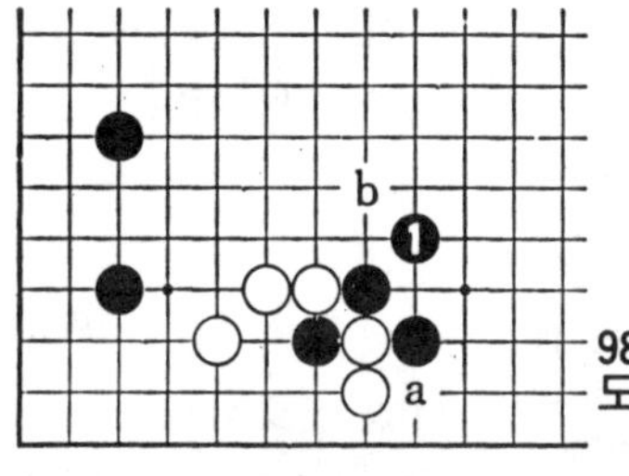

98도 흑1은 선수가 아니다. a의 미는 수나 b의 뛰어나가는 수를 자유로 선택할 수 있다. 흑1의 호구침은 악수이다.

이것은 기본적으로 실전에서 자주 등장을 한다.

다음을 생각하여 보자.

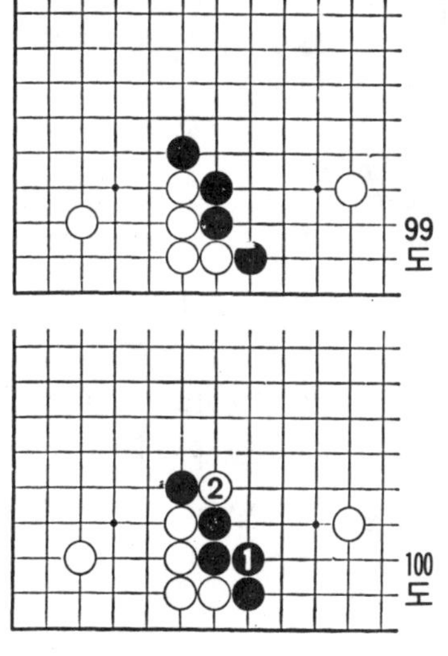

이러한 상황에서의 흑1의 호구침은 결국 자승자박(自繩自縛)의 결과를 가져오게 된다.

백은 흑1의 수순이 오히려 유리한 국면(局面)을 가져다줄 기회가 되었다. 백a도 b도 흑으로서는 압박감이 드는 착점이다.

99도 두 군데 단점이 있다. 흑이 두는 수는?

100도 1의곳 이음은 어떨까? 그러면 백2는 끊어서 흑이 어려운 싸움이다.

이 경우에 있어서 흑1의 견고한 이음은 오히려 그다지 큰 이익이 되지 않는 수단이라고 할 수 있다.

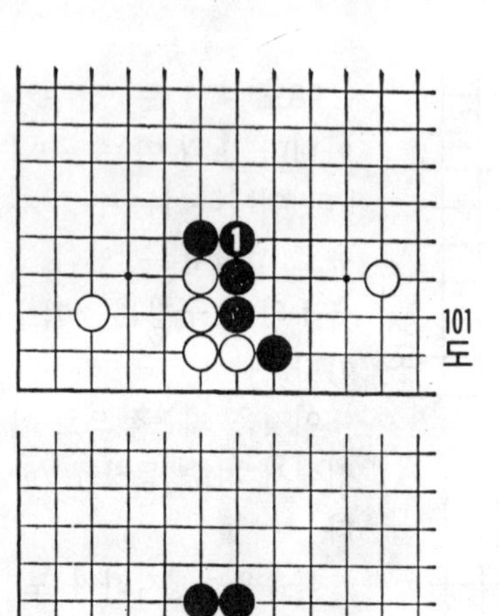

101도 흑 1의 견실한 이음이 정해이다.

102도 축이 나쁘지 않다면 백 1이다. 계속하여 흑 2에 백 3, 백이 흑 ▲를 잡는 것은 손해이다.

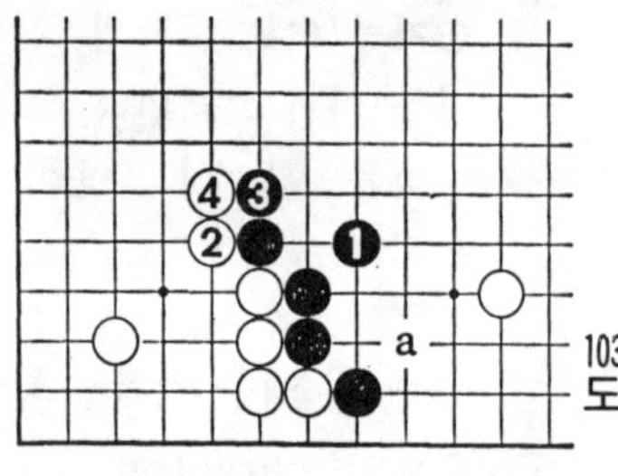

103도 흑 1의 호구침은 초급자가 잘 두는 것으로 실패이다. 백 2의 젖힘이 크다. 나중에 a의 곳 노리는 수가 남는다.

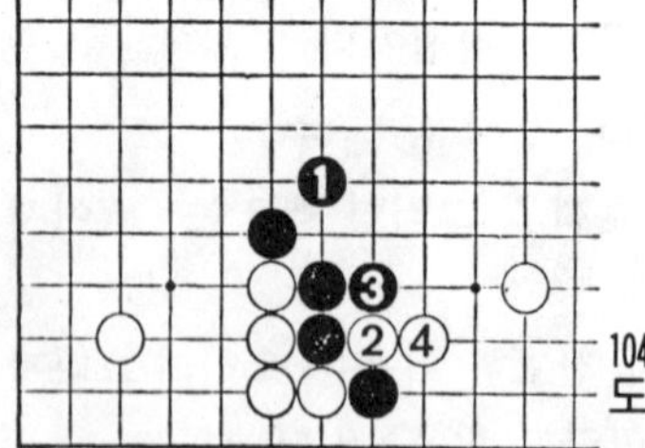

104도의 호구침은 일목요연하다.

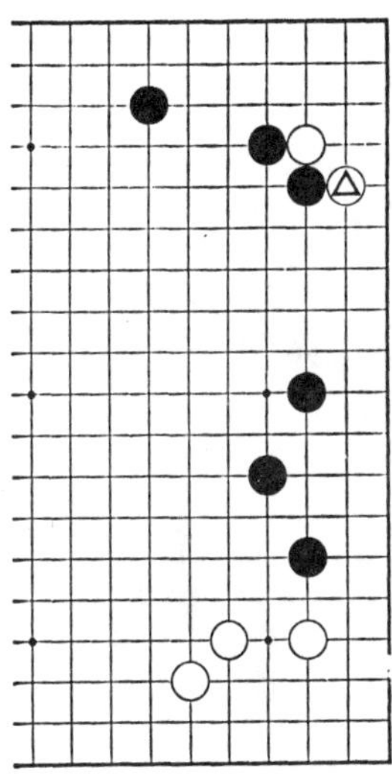

105도

105도 백◬의 2단젖힘이다. 돌이 많이 있다는 것이 초심자의 생각이다. 흑은 어떻게 두어야 할까?

이러한 모양은 주로 상수자(上手者)에 의해서 많이 쓰여지는 수단이다. 그러나 때로는 올바른 수단으로서 보여지지 않을 때도 있다.

하지만 지금까지 익힌 지식을 총동원하여 충분히 활용한다면, 어느 것이 선(善)이고 어느 것이 악(惡)인지를 분명히 구별할 수 있을 것이다. 또한 스스로 이 문제에 대한 올바른 정해(正解)에 이를 수가 있을 것이다. 전체적인 모양을 보고, 또 수읽기의 힘을 발휘하여 결과도를 그려보고 판단하기 바란다.

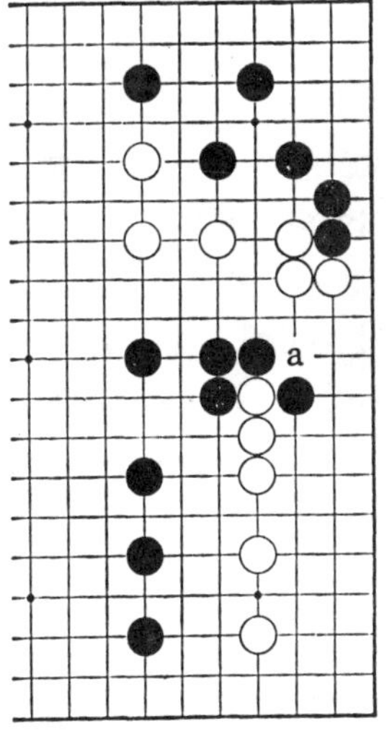

106도

106도 a의 단점을 방지하여야 한다. 이것이 문제이다. 흑a로 둔 모양은 불만이다.

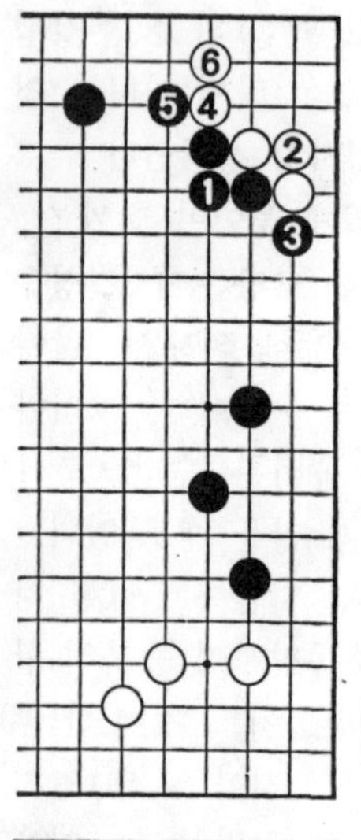

107도 앞페이지의 105도의 해답이다. 1의 견실한 수이다. 이하는 정석수순이다.

108도 이것도 정석의 하나이다. 백△의 젖힘에는 1이 견실한 이음이다. 비슷한 모양이다.

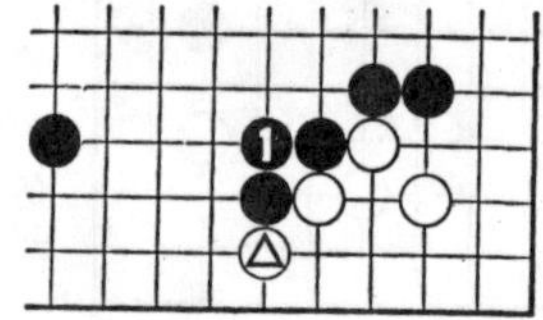

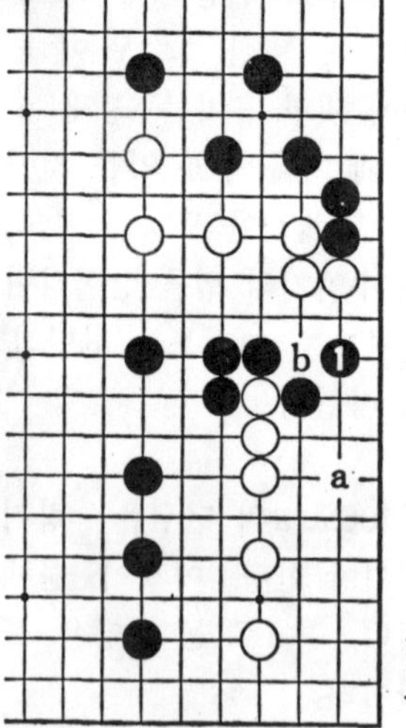

109도 앞페이지의 106도의 해답이다. 흑1로 호구침이 정해이다.

이 다음에 a의 곳을 미끄러짐이다. 흑이 b의 곳을 이으면 백은 a의 곳이 크다.

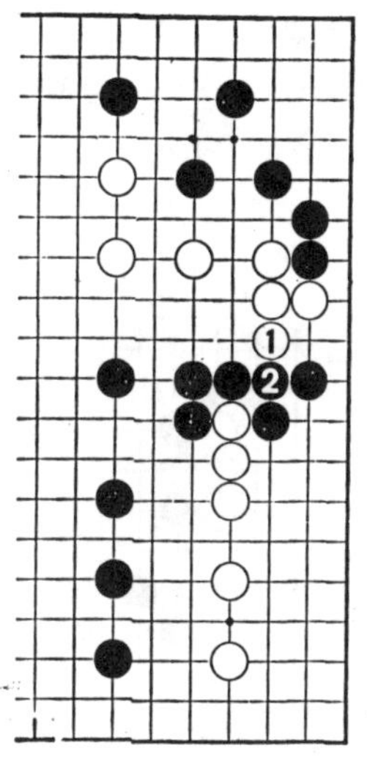

110도 호구쳐 잇는 모양에서는 상대의 모양을 나쁜 모양으로 우그러뜨린다.

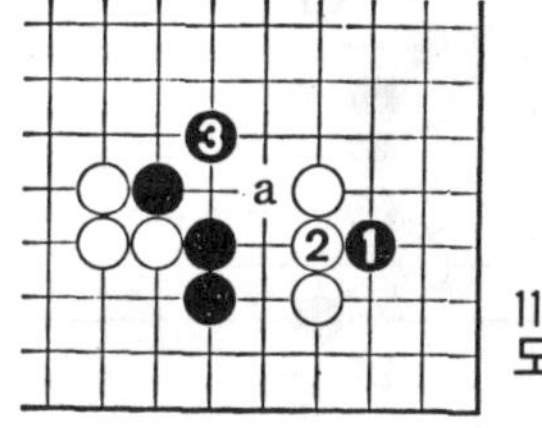

111도 같은 이유의 모양이다.

흑 1 의 들여다봄에 백 2 다음 3 으로 호구치는 수가 교묘한 수단이다. 참고하기 바란다.

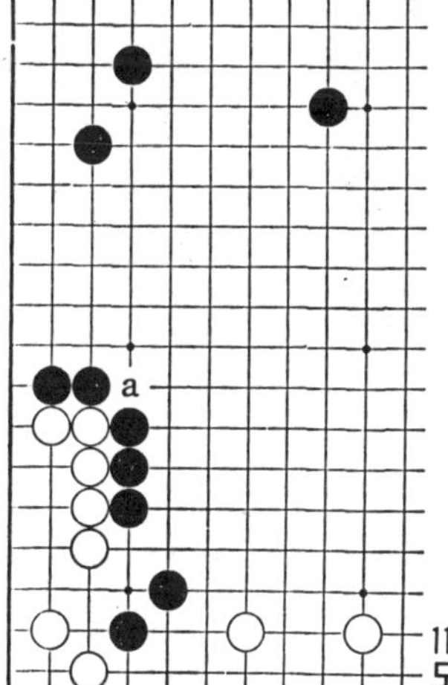

112도 a의 단점이 있는 곳이다.

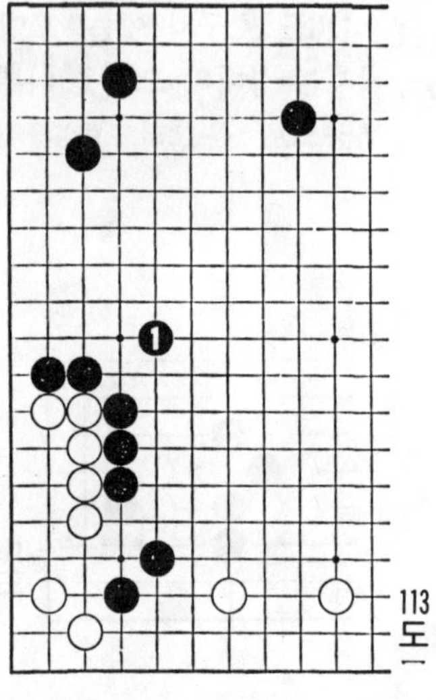

113도

113도 흑 1의 날일자 이음이다. 아주 입체적인 수법이다.

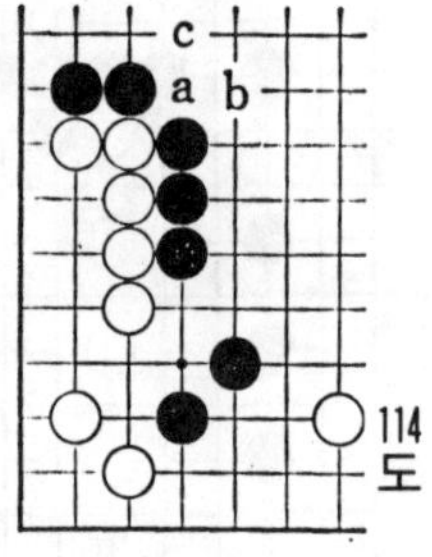

114도

114도 흑 a로 이음은 어떨까? 이것은 견실하기는 하나 둔해 보인다.

흑b이면 백c, 흑c이면 백 b로 삭감하는 맛이 있다.

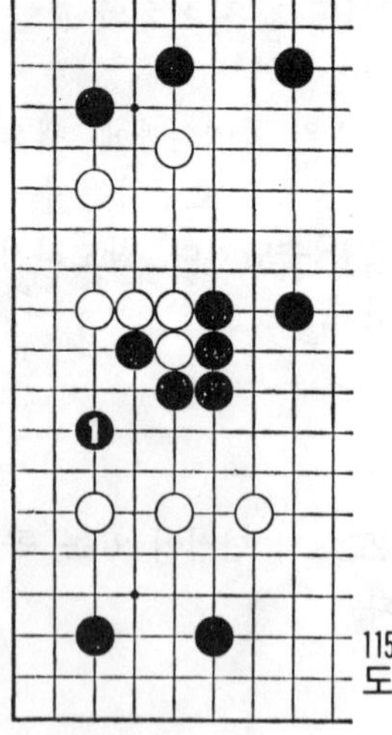

115도

115도 변형된 날일자의 이음이다. 흑 1을 반대로 백이 둔다면 상하가 관통이 된다.

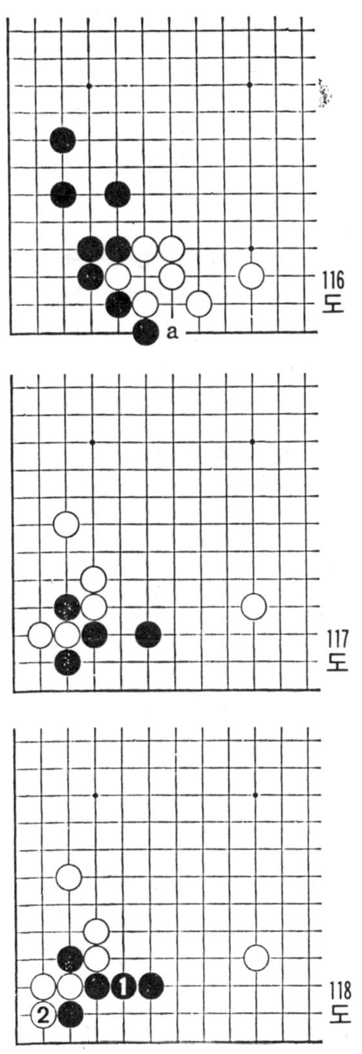

116도 이것은 특수한 모양이다. 실전에서 자주 나타나는 모양이다. 백a의 막음이 선수인가 하는 것이 문제이다. 패와는 밀접한 관계가 있다.

117도 집모양이 많은 방법을 구한다.

다음 수순이 문제이다. 가장 효과적인 착점(着點)은 어디일까? 단순하게 잇는 방법 보다는 집 모양을 구축할 수 있는 효과적인 착수(着手)를 노리도록 해야 할 것이다.

118도 흑1은 막대기 이음이다. 이 모양에서는 손해이다.

백2의 꺾어둠은 흑의 부담이 된다. 흑으로서는 어차피 한 점을 후수(後手)로 더 잇지 않을 수가 없기 때문이다.

이러한 결과는 흑1의

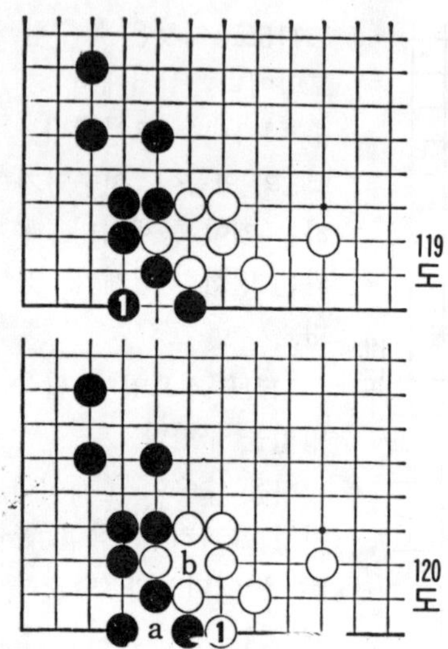

잘못 생각한 이음 때문이다.

119도 앞페이지 116도에는 흑 1의 호구침이 정해이다. 계속하여 해설을 하자면——

120도 백 1로 막으면 다음에 백 a에는 흑 b로 받아서 그만이다.

119 도의 이음이 특수한 경우의 상식이다.

아래의 3도는 흑▲의 2선 젖힘에서 백△가 막고 있는 모양이다. 121도의 견실한 이음과 122도는 집만들기에 등장하는 것으로 경우에 따라 패로 받음이 있는 곳이다. 123도는 특수한 경우로 논외이다.

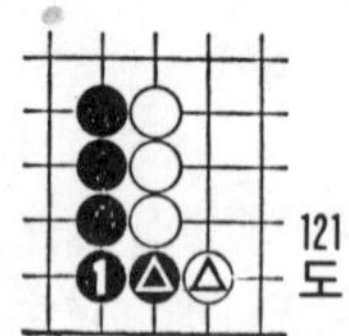

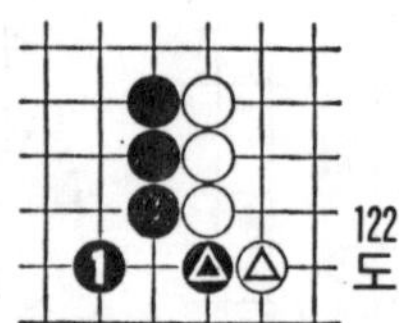

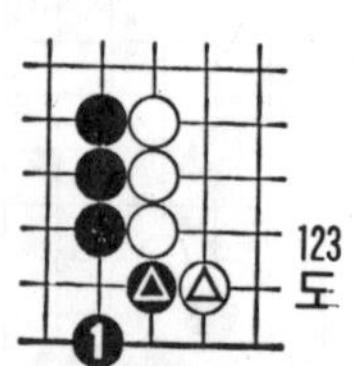

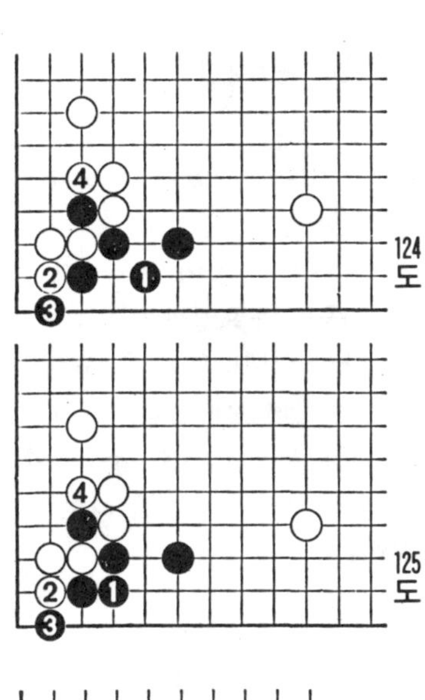

124도 117도의 해답이다. 흑 1이 집모양을 의식한 점이다. 백 2에는 흑 3으로 지킨다.

125도 흑 1은 견실한 이음이다. 본도의 흑 1은 전도의 흑 1의 집만들기 모양에는 떨어진다.

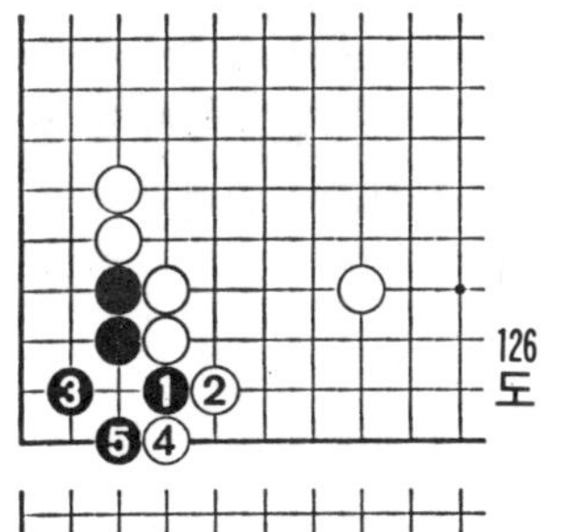

126도 이것도 하나의 예이다. 삶을 구하는 수는 흑 1, 3, 5의 패의 맥이다.

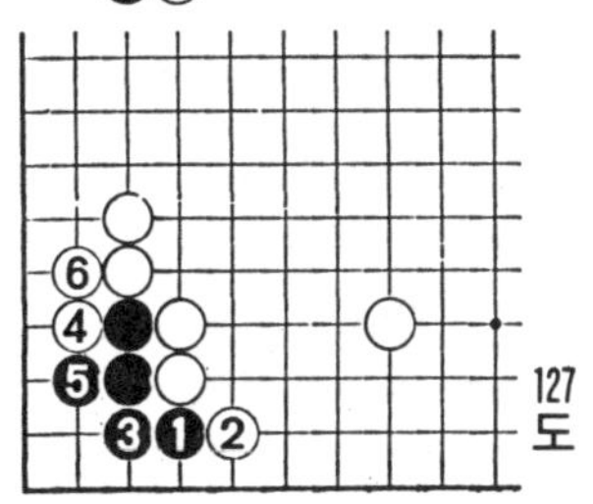

127도 흑 1의 젖힘 다음 3으로 이으면 이하 6까지이다. 이 모양은 후에 자세히 얘기하고자 한다.

2. 끊음(切斷)의 맥점

절단은 연락과는 표리 관계에 있다. 사실은 서로간에 절단을 하고 있는데 이점이 중요하다.

절단은 순간적으로 쌍방을 고립시키는 것이 보통이다.

이런 모양에서는 어떨까? 끊음은 유효일까?

절단의 가장 중요한 목표는 바로 상대방의 돌을 분산시킴으로써 세력의 약화(弱化)를 조장하는데 있다. 그것은 결국 자기의 세력을 강화(強化)한다는 의미로도 생각할 수 있다. 상대방의 돌을 끊음은 곧 자기의 돌을 잇는다고 하는 역설이 될 수도 있기 때문이다.

실제의 예를 들어 설명하여 보자.

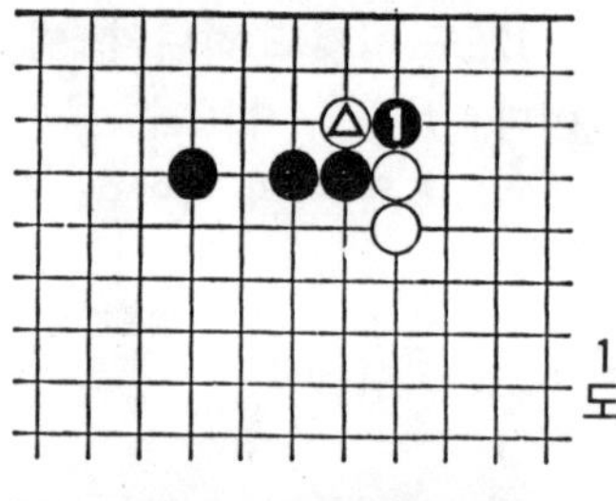

1도 흑1의 끊음이다. 이 순간 흑1로 백◬를 고립시키고 있다.

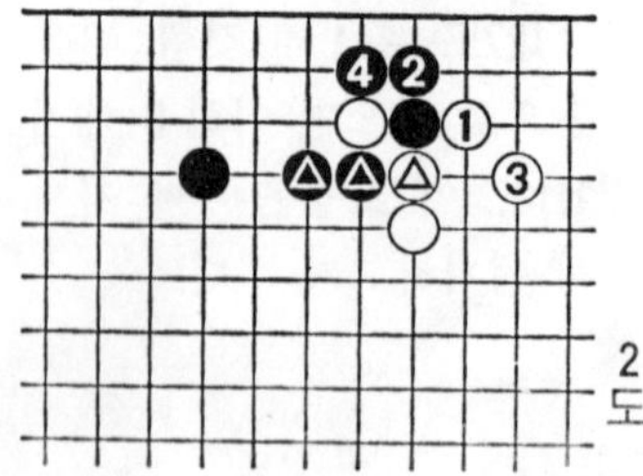

2도 백1이하 4까지는 필연이다. 이 모양에서는 정석모양이다.

백◬한 점과 흑▲두 점이 우열관계에 있다.

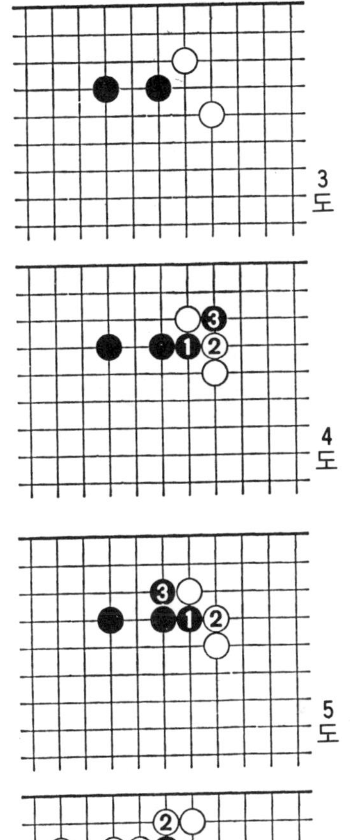

1 나가 끊음

3 도 앞페이지 1 도가 있기 전의 하나의 모양이다.

4 도 흑 1 로 나가고 백 2 로 내려서고 다시 흑 3 으로 끊었다. 이것이 끊음의 기본이다.

5 도 흑 1 로 나가면 백 2, 다음 백 3 은 기합이 부족한 수이다. 나간 이상 끊음은 기세의 철칙이다.

6 도 이것도 나감의 예이다. 확실하게 내려서는 곳이다.

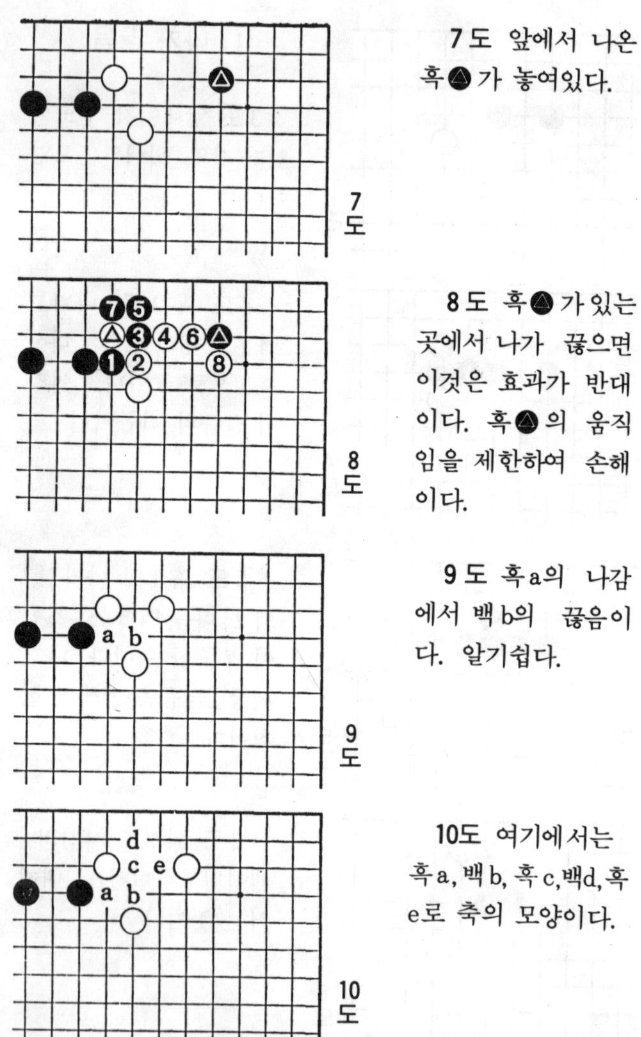

7도 앞에서 나온 흑●가 놓여있다.

8도 흑●가 있는 곳에서 나가 끊으면 이것은 효과가 반대이다. 흑●의 움직임을 제한하여 손해이다.

9도 흑a의 나감에서 백b의 끊음이다. 알기쉽다.

10도 여기에서는 흑a, 백b, 흑c, 백d, 흑e로 축의 모양이다.

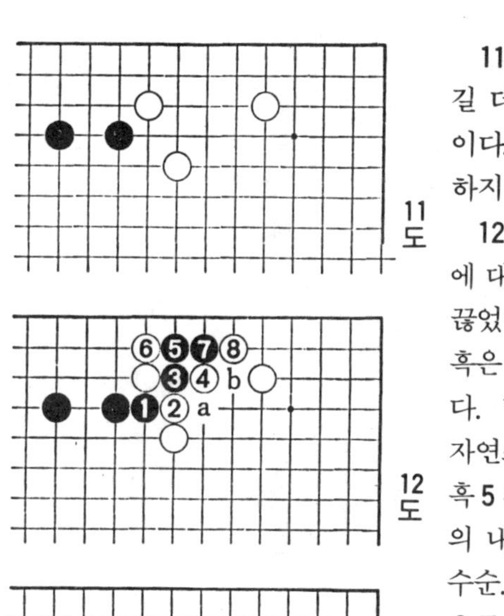

13도

11도 10도에서 한 길 더 벌려있는 모양이다. 끊음은 성립하지 않는다.

12도 흑 1의 붙임에 대해 백은 2로 끊었다. 이에 대해 흑은 3으로 맞끊었다. 백 4의 단수는 자연스러운 응수이다. 흑 5의 나감에 백 6의 내려섬은 당연한 수순. 흑 7에는 백 8로 쐐기를 박는다.

다음에 흑이 a에 끊어두면서 단수하면 백은 b로 이어 문제는 그만이다.

이와 같은 상황을 살펴보면 알 수 있듯이, 무작정한 끊음수는 오히려 자승자박(自繩自縛)의 결과를 가져 온다는 사실이다. 끊음수를 생각할 때는 먼저 수읽기를 해본 연후에 실천에 옮기는 것이 바람직하다.

13도 10~12도의 검토결과 ×의 3점에 백돌이 있다면 끊음은 성립하지 않는다는 것을 알 수 있다.

직접 끊는 것 보다도 기회를 엿보아 타격하는 것이 좋다는 생각이다.

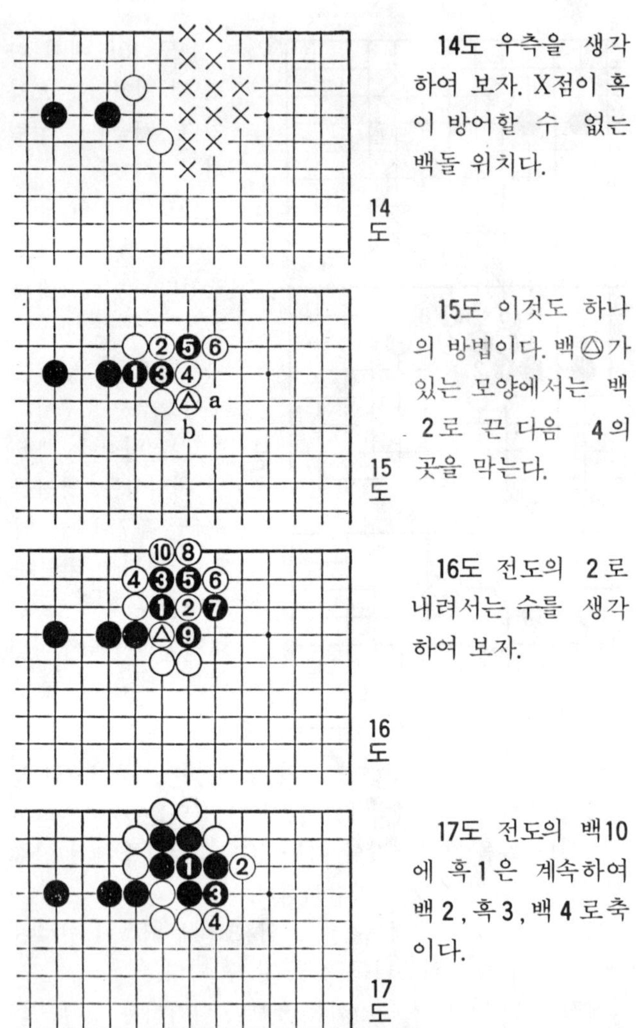

14도 우측을 생각하여 보자. X점이 흑이 방어할 수 없는 백돌 위치다.

15도 이것도 하나의 방법이다. 백△가 있는 모양에서는 백 2로 끈 다음 4의 곳을 막는다.

16도 전도의 2로 내려서는 수를 생각하여 보자.

17도 전도의 백10에 흑1은 계속하여 백2, 흑3, 백4로축이다.

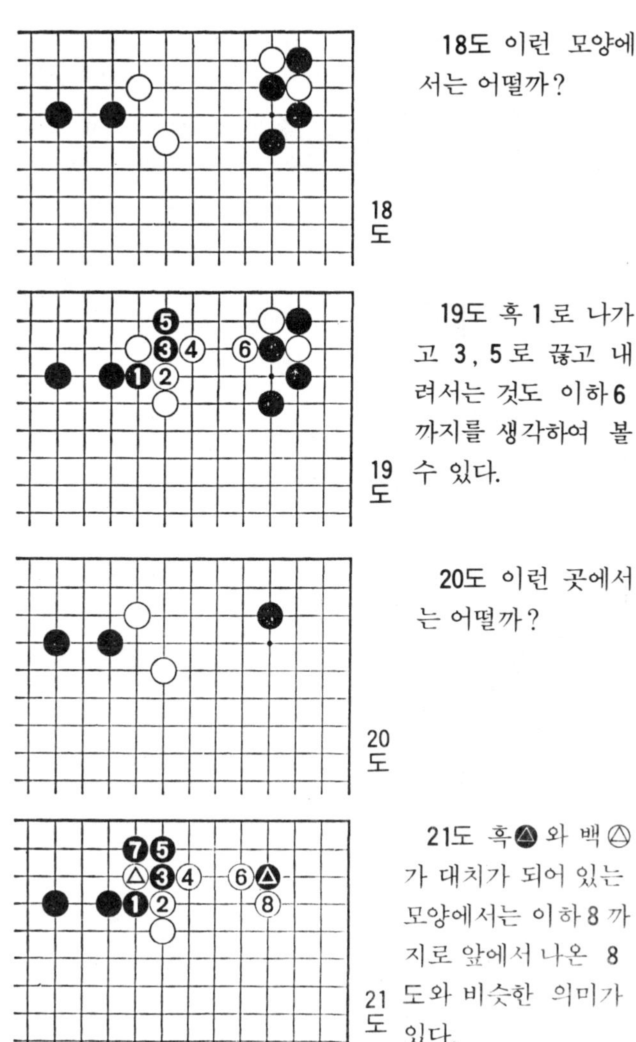

18도 이런 모양에서는 어떨까?

19도 흑 1로 나가고 3, 5로 끊고 내려서는 것도 이하 6까지를 생각하여 볼 수 있다.

20도 이런 곳에서는 어떨까?

21도 흑▲와 백△가 대치가 되어 있는 모양에서는 이하 8까지로 앞에서 나온 8도와 비슷한 의미가 있다.

2 건너 붙임

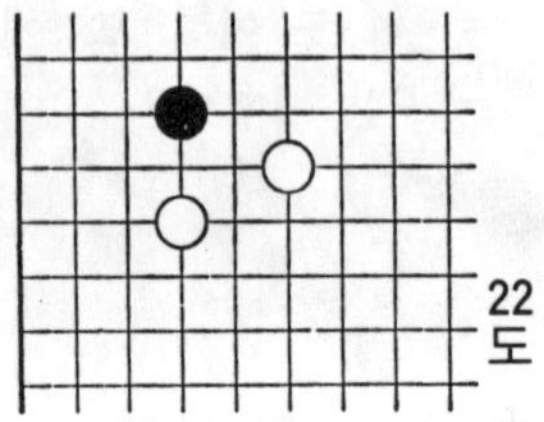
22도

초심자가 두려워 하는 것 중의 하나가 건너 붙임이다. 건너 붙임을 검토하여 보기로 하자.

22도 상대의 날일자에 대항하는 모양이다. 이 맥은 기본형이다.

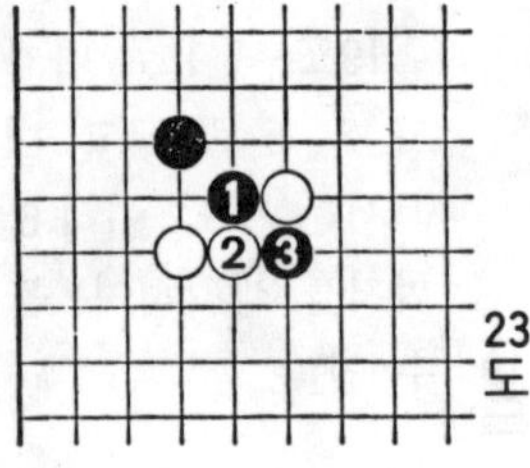
23도

23도 흑 **1**의 마늘모이다. 초심자가 적당하게 여긴 모양이다. 계속하여 **24도**이다.

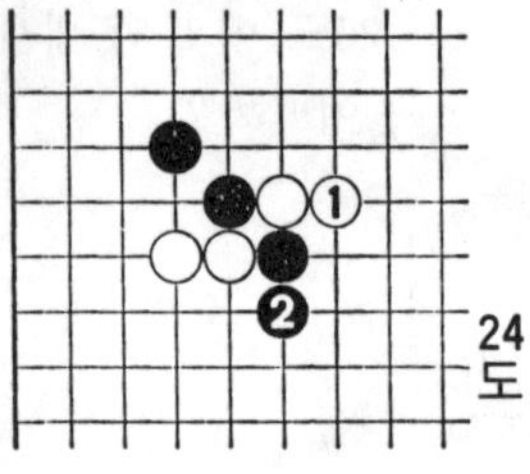
24도

25도 24도 이후의 계속 진행이다. 다음의 수순이 문제이다. 백이 a에 착수하면 흑은 b로 나간다. 흑이 a에 착수하면 백 b의 붙여 뛰는 수가 남는다. 여기에서의 맥점은 a와 b이다. 흑백 어느 쪽이 어느 곳에 착점하느냐에 따라 형세가 달라지게 된다.

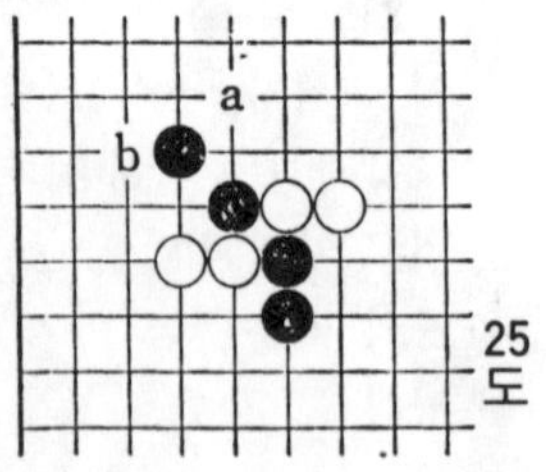

25도

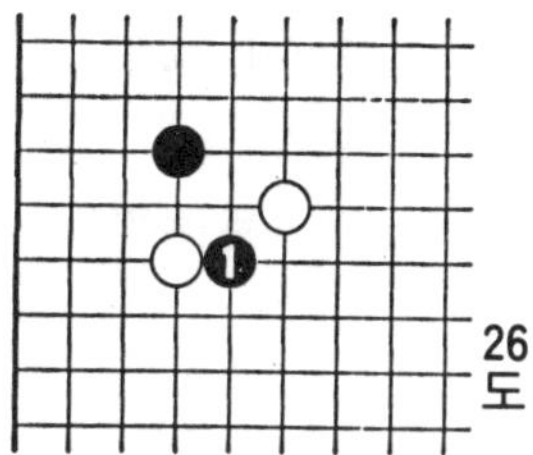

26도 흑 1 이 다음 계속하여서——

27도 와28도를 보자.

25도와 28도를 놓고 전문가는 돌 모양의 놓여진 위치를 설명하였다.

25도에서는 백에서 a에 씌우면서 2점을 강화시키는수이며 b에 붙이면 아래쪽을강화시킨다.

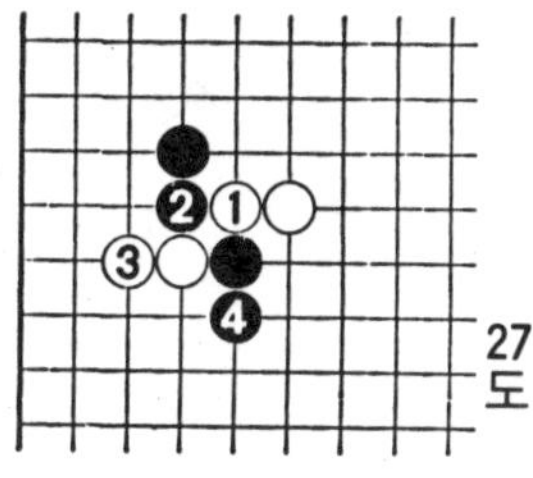

여기에서 미지의 영역에 대한 전투는 흑의 결점인가, 백의 원군인가를 알지 않으면 안된다. 22도의 모양에서 백을 절단하는 의미는 26도 의 건너붙임이다.

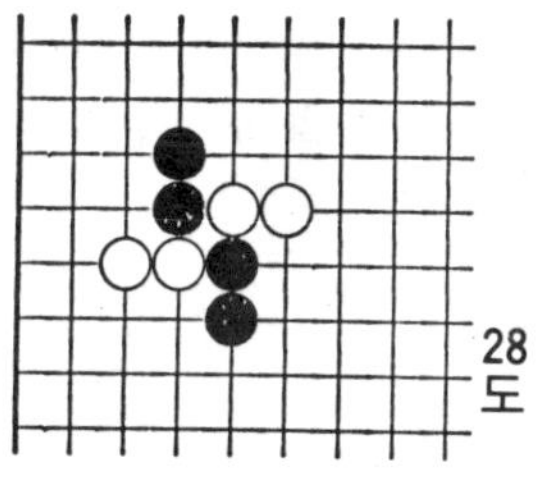

29도 건너 붙임의 조건은 무조건 축이 유리하지 않으면 안되는 조건이 있다.

여기에서는 흑 1 의 붙임이 축으로 성립을 한다. 백 2 의 젖힘에는 흑 3 의 끊음이 당연한 수순이다. 백은 4 로 착수(着手)하여 축을 성립 시킨다.

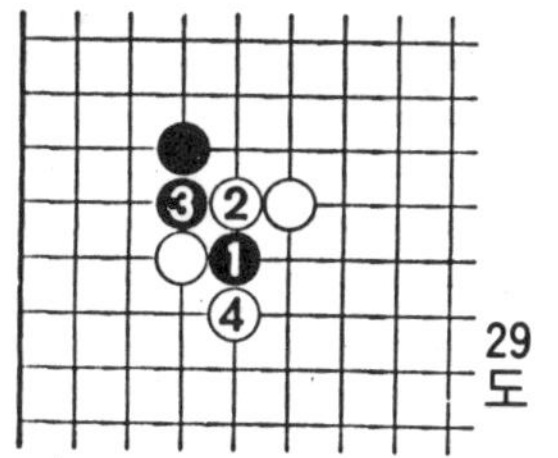

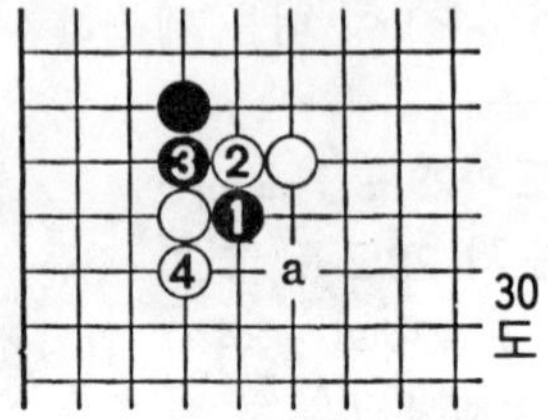

30도

30도 건너붙임에 대한 백의 응수는 백 **4**의 곳에 끄는 수이다. 다음에 a로 두어 잡는 수를 보고 있다.

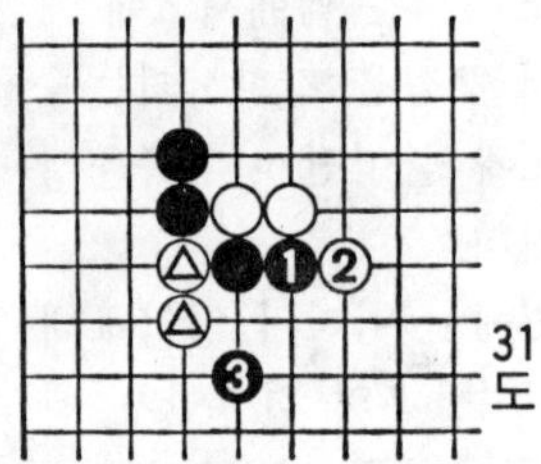

31도

31도 흑 **1**에서 **3**의 뜀이 맥이다. 백의 Ⓐ를 2점의공격목표로 한다.

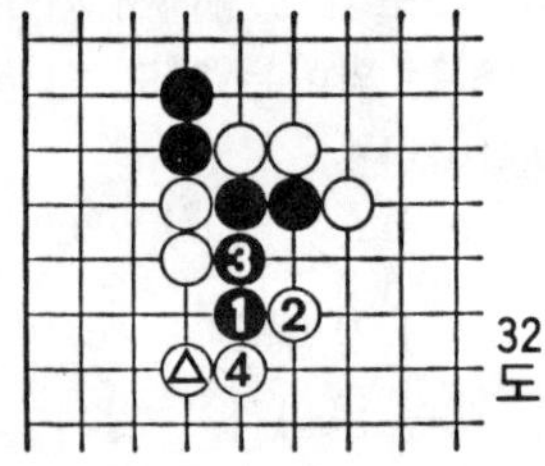

32도

32도 백 Ⓐ 있다면 흑 **1**에 백 **2**, **4**가 있음을 주의한다.

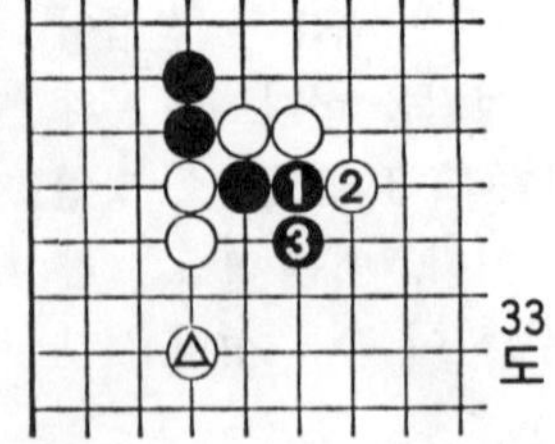

33도

33도 흑 **1**, 백 **2**, 다음에 흑 **3**의 빈삼각이 좋지 못한 모양이다.

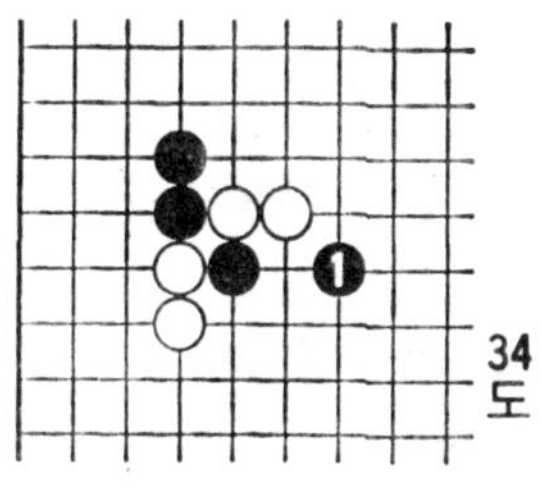

34도 흑 1의 한칸 뜀이 이런 경우의 맥이다. 1의 방향으로 돌이 나가고 싶으면 반대 방향으로 뛴다.

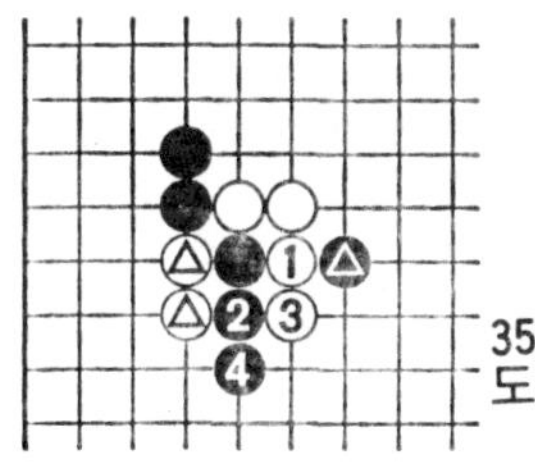

35도 백 1, 3의 나감을 기대할 수 있다. 백은 흑◭ 표 한점의 움직임을 제한하고 있으며 흑은 백◬ 표 2점을 제한하고 있다.

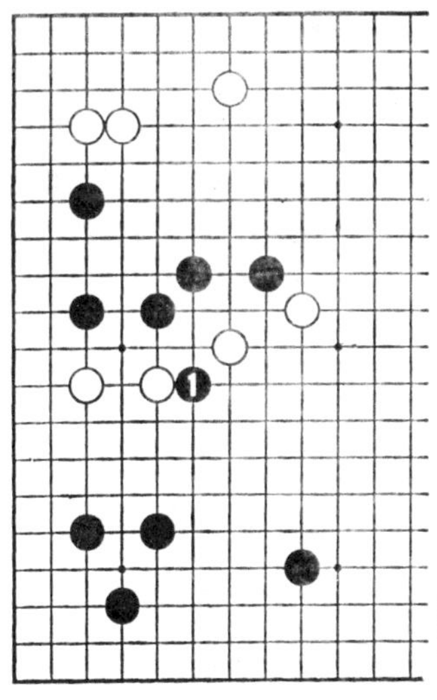

36도 실전에서 나타나는 것을 살펴보자.

흑 1의 건너붙임이 발단이다.

이 다음의 변화를 상정하여 보자.

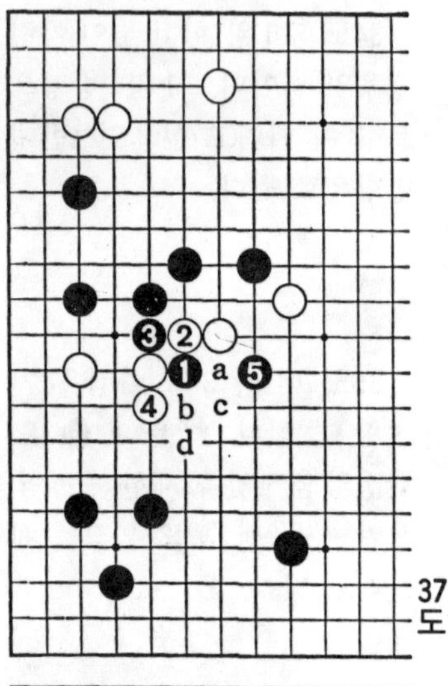

37도 전도의 계속으로 백 4의 뻗음은 당연하다. 이 모양에서도 5의 한칸이 적절하다. 백a, 흑b, 백 c, 흑 d로 될 자리이다.

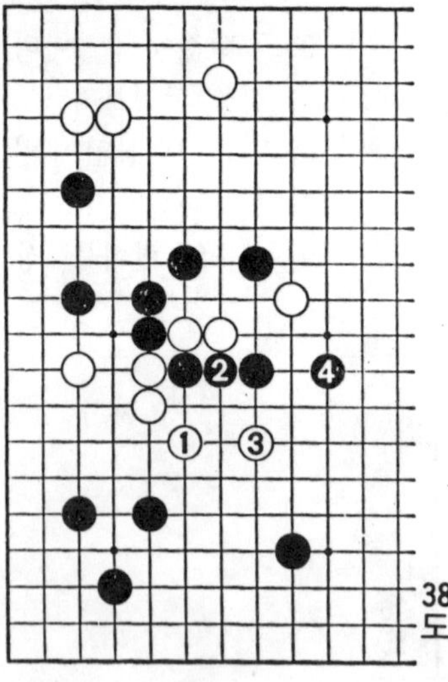

38도 백 1의 마늘모로 둔다. 흑이 2로 이으면 백은 양쪽에 약점이 있어 흑이 호조이다. 이것은 건너 붙이는 맥의 성공이다.

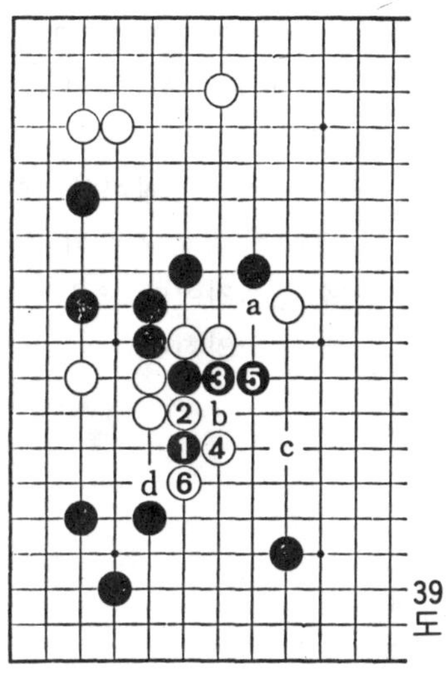

39도 흑 1에 한칸 뛸 때 백 2로 나가서 6의 씌움까지이다.

흑 1의 한점이 피해 나가는 것은 b의 곳이 침착하나, 이 다음 c의 곳과 d의 곳이 있어 효과가 반감된다.

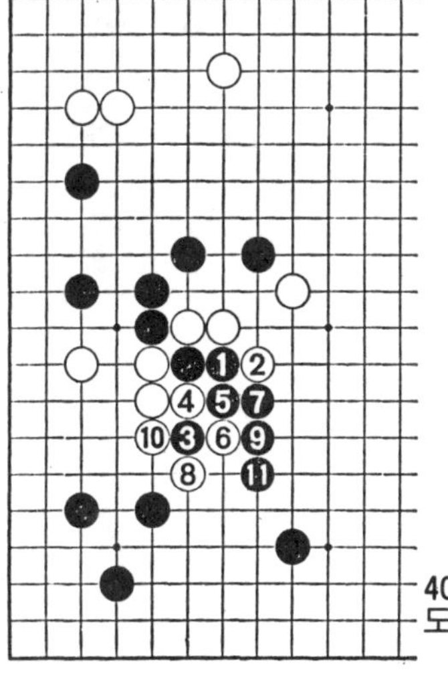

40도 흑 1로 움직이는 것은 이하 11까지 흑이 성공한다. 백 절망의 국면이다. 여기서 백의 대책을 강구해 보아야 한다.

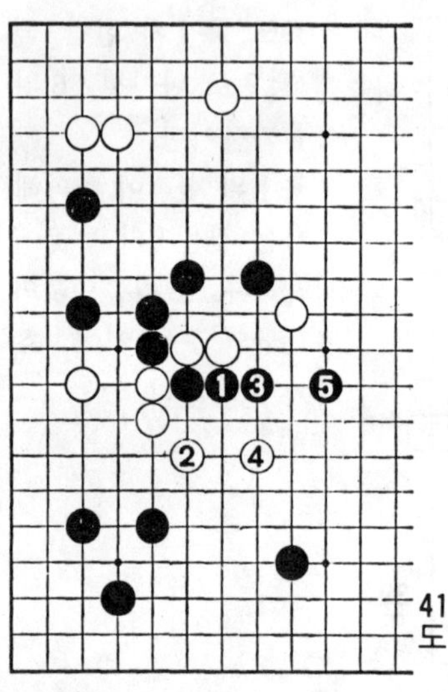

41도 전도의 흑3이 급소이다. 흑1의 나감에서 백2의 마늘모 먼저 급소의 선착이다. 흑3에서 백4, 흑5의 한 칸 뜀까지이다. 흑의 전도가 양양하다.

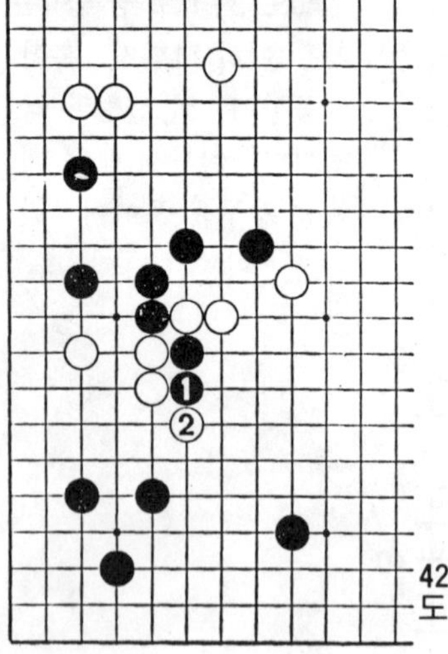

42도 방향착오의 모양이다.

왜 방향착오일까? 검토하여 보자.

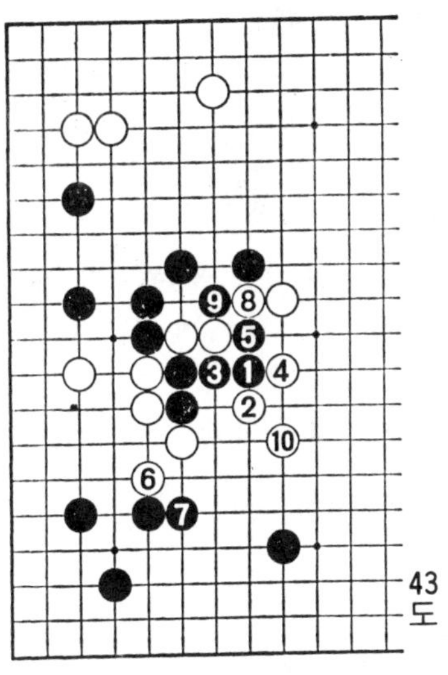

43도 흑 1의 한칸에는 백 2의 붙임이 맥이다. 흑 3의 이음 이하 10까지이다. 백의 즐거운 탈출 모양이다.

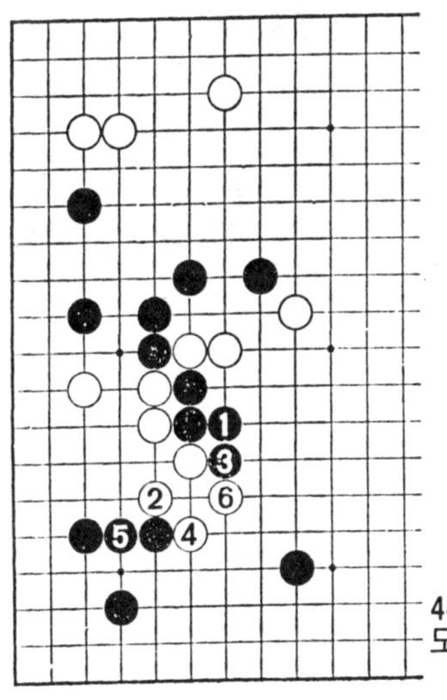

44도 흑 1의 꼬부림에 백 2의 호구침, 흑 3에 백 4, 흑 5에 백 6이다. 흑은 나쁜 모양의 약점이 있다. 물론 이곳에는 반론이 있는 곳이지만 백이 수습에 성공하였음을 본다.

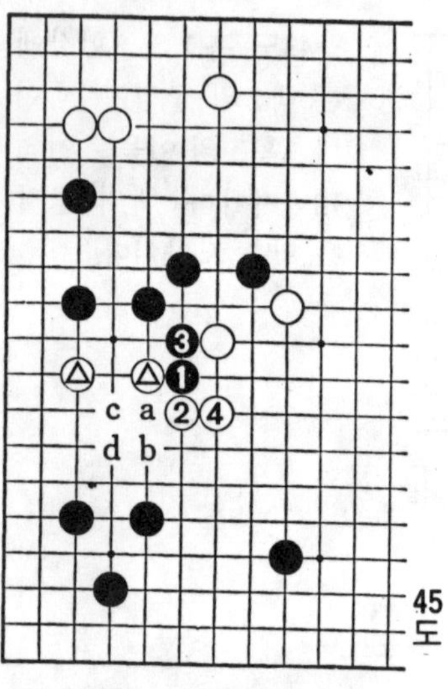

45도 건너 붙여 끊음이다. 전투를 유리하게 이끄는 수가 필요하다. 그 방법을 생각하여 보자. 본도가 그 결과이다. 이 다음 흑a의 끊음은 백b, 흑c, 백d로 되어 백◬표 2점을 사석으로 이용을 한다.

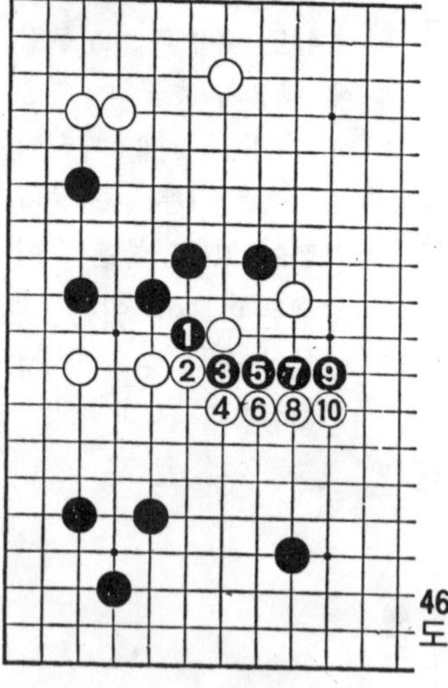

46도 흑에서 먼저 마늘모를 하는 것은 어떨까? 이것은 1, 3의 마늘모 끊음으로 **45도**보다도 훨씬 나쁜 모양임을 알 수 있다.

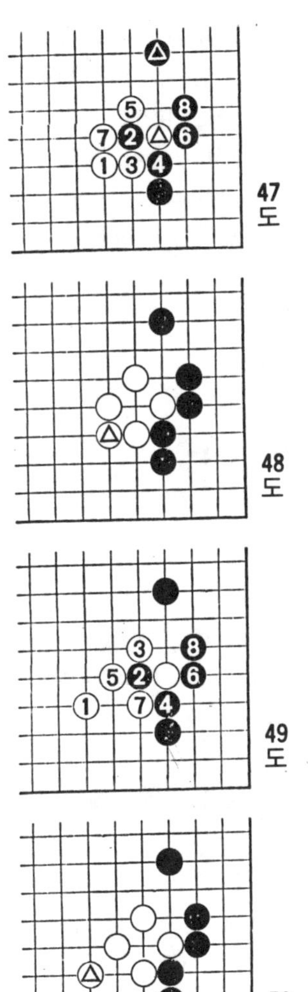

47도 백△의 걸침에 흑▲로 협공하였다. 이 변화를 살펴보자. 백 **1**의 날일자는 축이 나쁘면 흑 **2**로 붙인다. 당연히 백이 축으로 잡으면 흑은 **6**, **8**로 건너가버린다.

48도 여기에서 백△의 있는 모양에서 흑모양이 좋다.

49도 **1**의 눈목자는 흑 **2**의 붙임이다. 도중의 설명을 생략하고 나타난 것이 **50**도 였다. 이것은 백△가 때려낸 모양을 하고 있다.

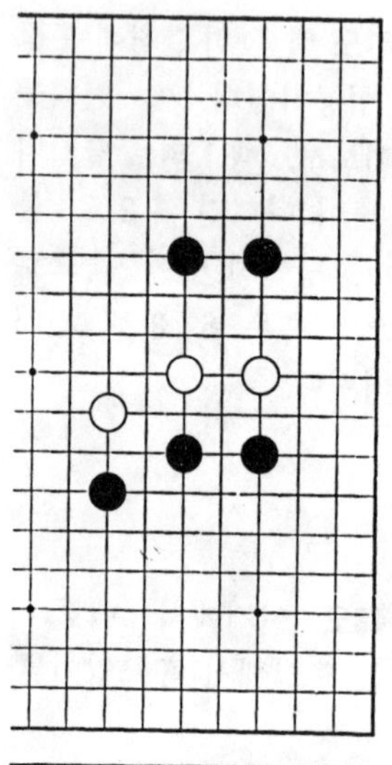

51도

51도 건너붙임의 최초의 방법은 건너붙임의 축이 되는가 하는 점이다.

나가서 끊음의 전투가 한 점을 사석으로 이용할 수 있는 곳인가를 살펴본다.

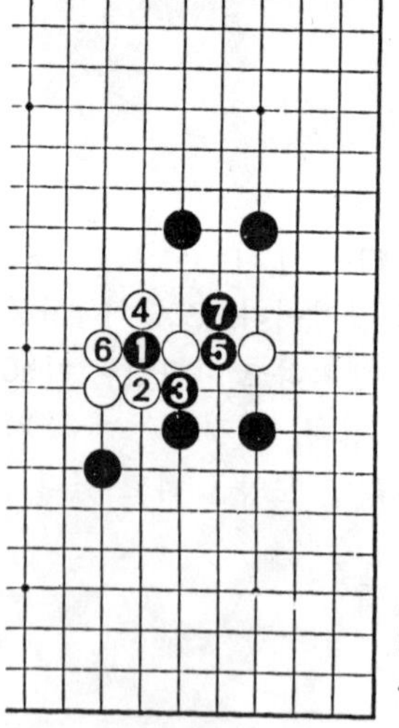

52도

52도

건너붙임한 한 점을 사석으로 이용하여, 우변을 집으로 확보한다. 외세라고 하는 것은, 대개의 경우, 전국적(全局的)으로 평가하지 않으면 안된다. 또한, 6으로 빼낸 백의 외세가 크게 변화되고 효과적인 경우에는 흑은 건너붙임을 하지 않는다. 자, 어떻게 두어야 할까를 생각해 보자.

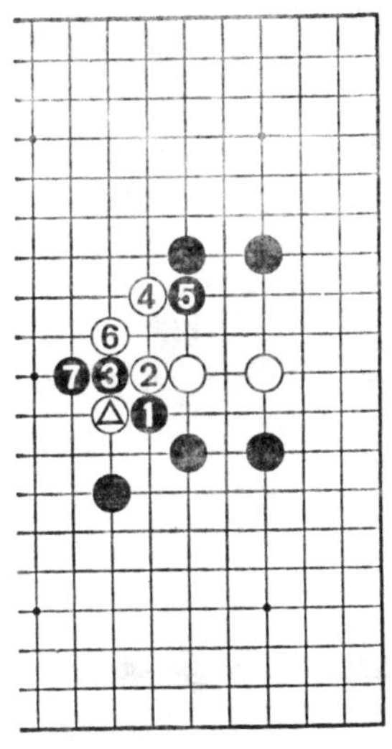
53도

53도 흑 1 에서의 절단은 앞에서 강조를 한 바있다. 이 모양에서는 7 까지 일견 흑세가 좋아 보인다.

백◬의 한점이 나가는 것은 맛이 좋지 않다. 다음 도에서——

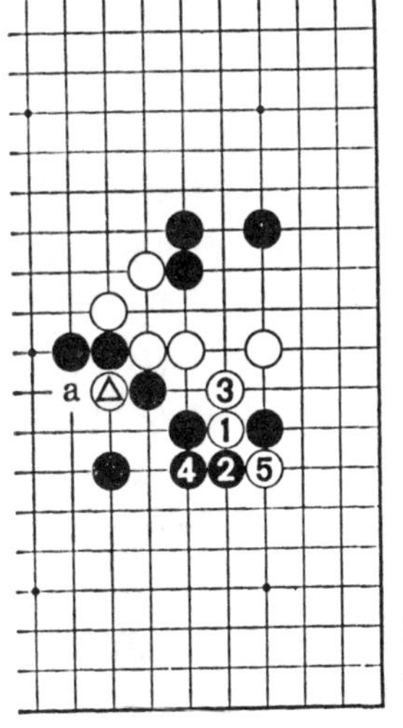
54도

54도 백 1 의 끼움이 흑의 허리에 강한 충격을 준다. 백 5 까지 된 모양에서 백은 실리가 크고 즐겁게 산 모양이다. 나중에 백 a의 반격도 있어 이것은 흑의 실패이다.

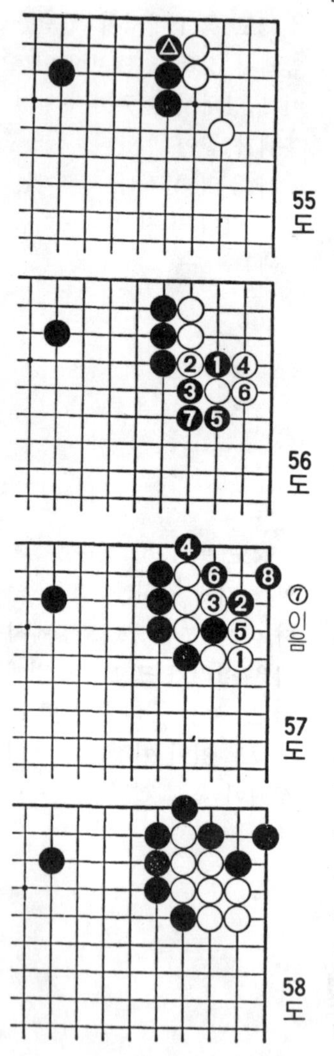

55도 정석이후의 변화이다. 흑●로 내려서 있는 모양이다.

56도 의 흑 1은 모양의 급소이다. 이하 흑 7 까지 흑의 대만족이 아닐 수 없다. 여기에서——

57도 백 1에는 흑 2의 마늘모가 맥이다. 이하 흑 8 까지이다.

이후의 변화된 모양이 58도 이다.

어떠한 상황에서든간에 이와 같이 백돌처럼 뭉친돌이 되어서는 결코 이기는 바둑을 둘 수가 없다. 바둑을 둘 때에는 항상 자기 쪽의 모양화를 생각해야 한다. 자기 쪽의 모양화를 생각한다는 것은, 나아가 상대방의 모양화를 억제한다는 의미도 포함하고 있다.

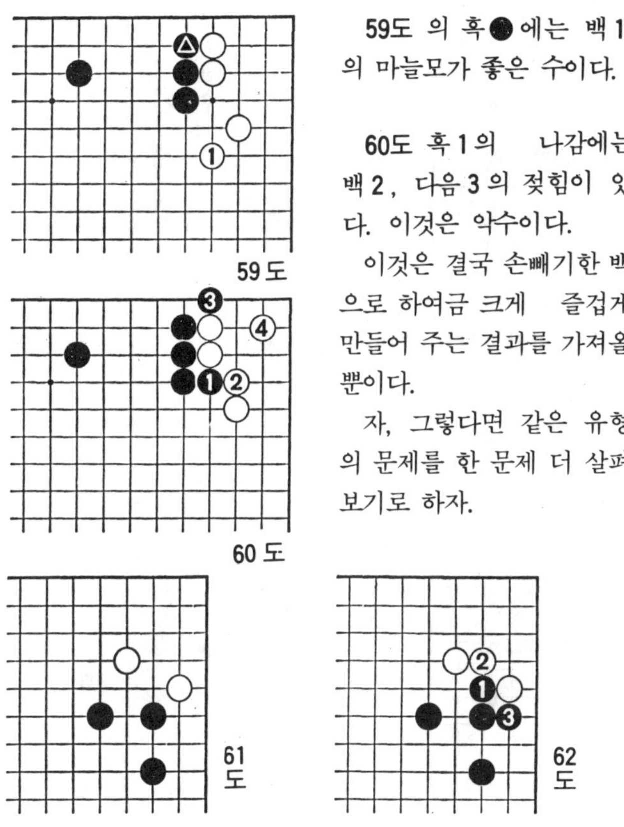

59 도

60 도

61 도

62 도

59도 의 흑●에는 백 1 의 마늘모가 좋은 수이다.

60도 흑 1 의 나감에는 백 2, 다음 3 의 젖힘이 있다. 이것은 악수이다.

이것은 결국 손빼기한 백으로 하여금 크게 즐겁게 만들어 주는 결과를 가져올 뿐이다.

자, 그렇다면 같은 유형의 문제를 한 문제 더 살펴보기로 하자.

61도 앞문제에서 나온 모양이다. 이곳에 어떤 수가 있을까?

62도 흑 1 로 나가면 백 2 다음 흑 3 이다.

이것은 좋은 양책(良策)일까? 자, 이후의 변화를 생각하여 보자.

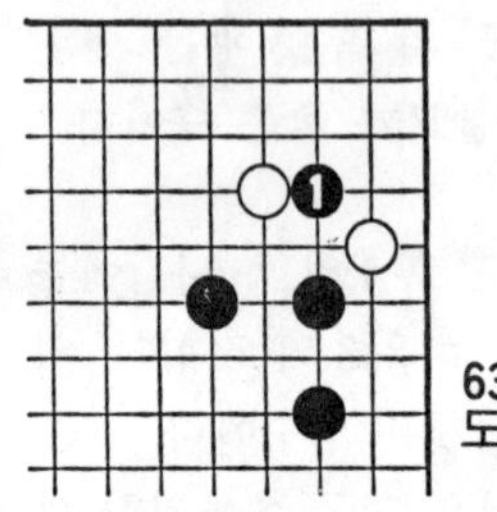

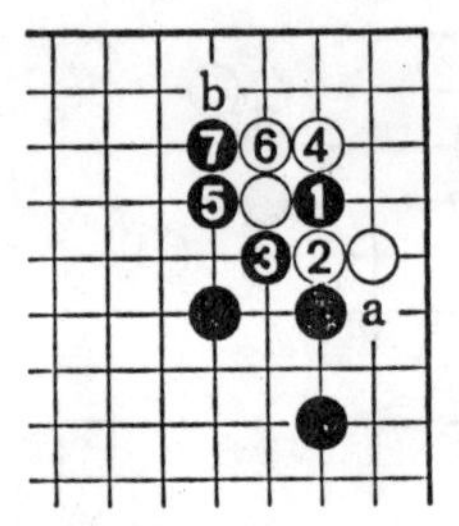

63도 흑 1의 건너 붙임이다.

64도 백의 저항 수단이 없다. 흑7 까지 귀의 전개를 봉쇄시킨다.

이 다음에 a나 b의 내려섬이 선수이다

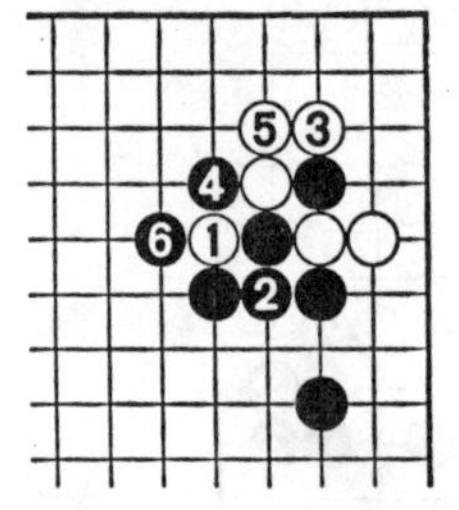

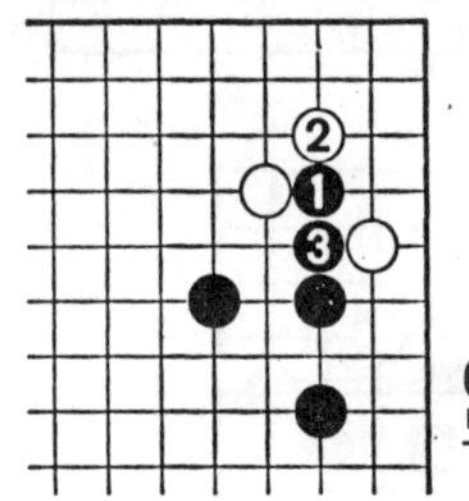

65도 백에서는 저항의 여지가 없다. 64도의 도중 백4는 본도의 백1은 흑2로 잇고 백4로 이으면 흑3 으로 실리가 크다.

이 외세는 강대하다.

66도 건너붙임에 대하여 백2의 받음은 흑3의 이음이 좋다.

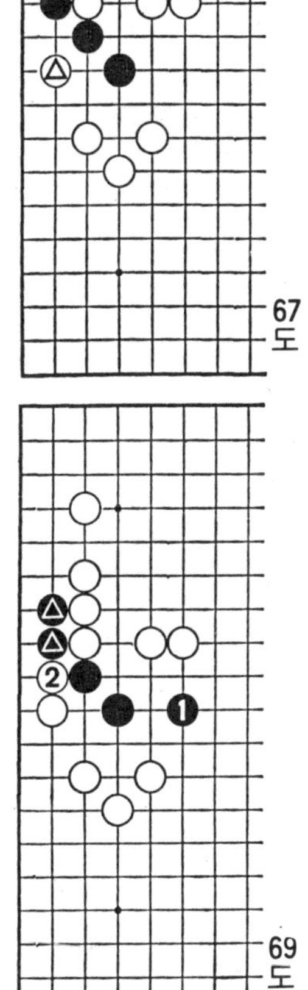

67도

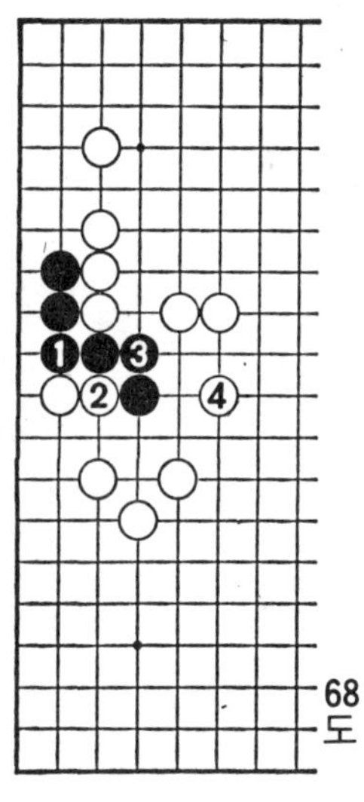

68도

69도

67도 백은 ⓐ로 미끄러져 와서 흑의 응수를 물었다.

68도 흑 **1** 은 보통이다. 백 **2** 에 **3** 으로 이으면 백 **4** 이다.

69도 흑 **1** 의 한칸이다. 흑 ▲ 2점을 사석으로 하여 뛰어나간다. 다음의 한수는 어떤 점일까? 효과적인 수습책이 있다.

여기에서는 수읽기의 힘이 필요하다. 결과도를 머리속에 그려본 후에 다음의 일착(一着)을 노려야 한다.

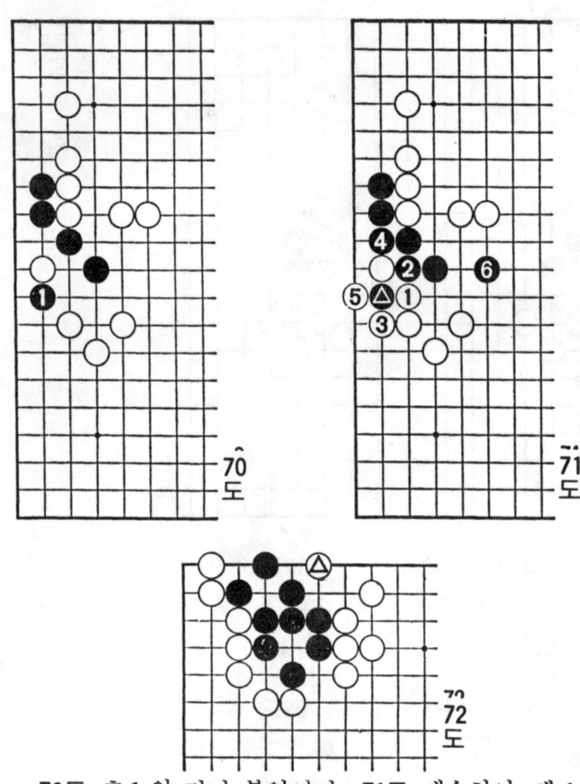

70도 흑 1 의 건너 붙임이다. 71도 계속하여 백 1 에는 흑 2, 4 로 흑 ▲ 를 사석으로 하여 탈출을 한다.

72도 비슷한 모양이다. 백 △ 가 흑의 2 집 모양을 위협하고 있다. 전도의 요령을 이용하여 보자.

수 읽기의 힘을 이용한다면 그다지 어렵지 않게 이 문제를 해결할 수가 있다. 사석을 만든 다음, 그 사석을 이용하여 국면(局面)을 타개해 보자.

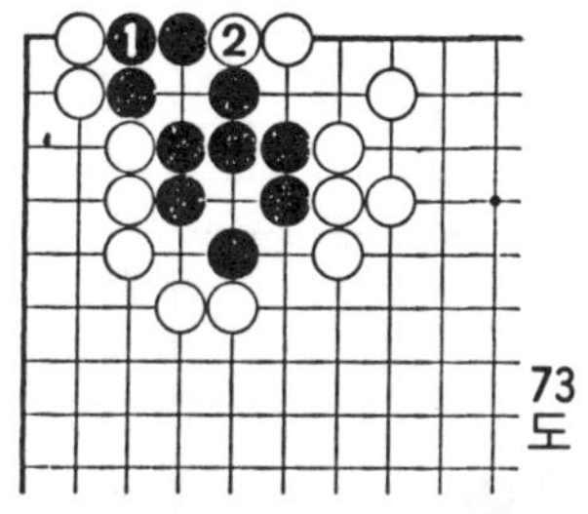

73도 흑 1 로 그냥 잇는 것은 백 2 로 실패이다.

흑은 백 2 로 인하여 결국 눈을 만들 수 없게 되어 백에게 궤멸당하게 된다.

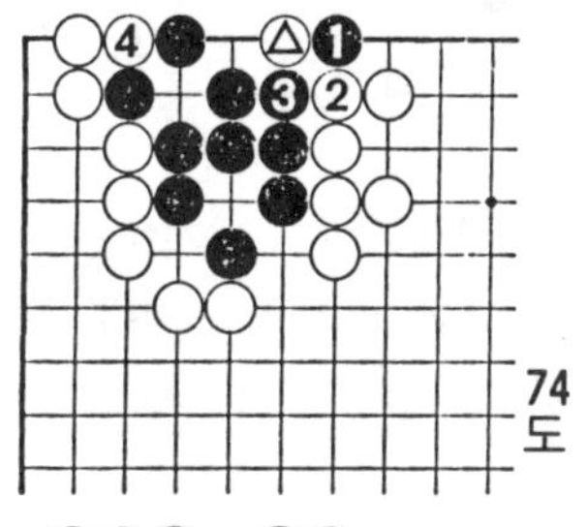

74도 흑 1 의 건너붙이는 맥이다. 백 2 에는 흑 3 의 응수가 잘못이다. 백 4 로 횡사이다. 흑은 △의 사석을 최대한으로 이용한다.

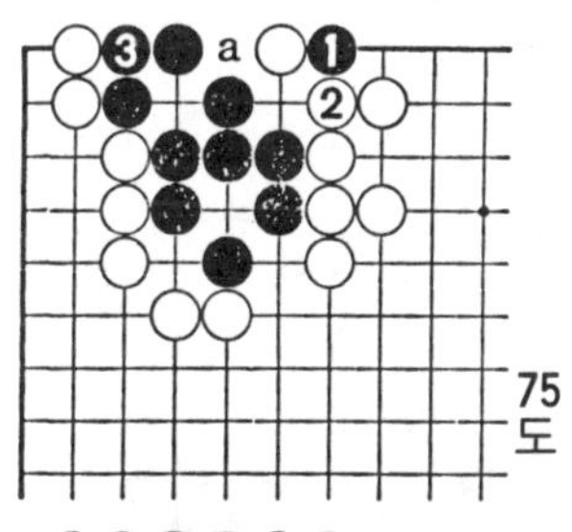

75도 흑 1 다음 백 2 의 응수는 좌측의 3 을 잇는 것이 정해이다. 흑 a로 두지 못함은 전부 다 흑 1 의 자랑이다.

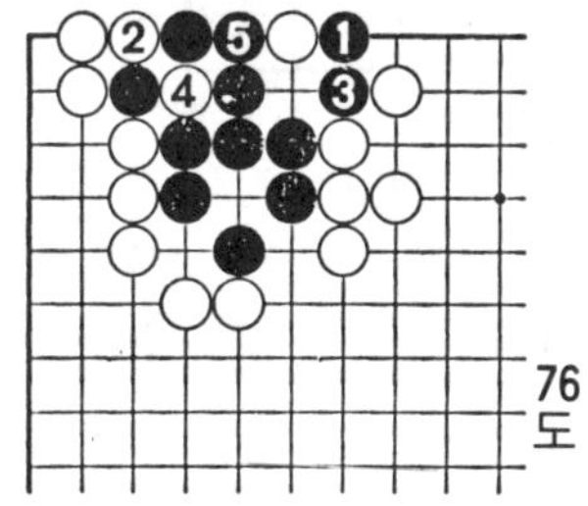

76도 흑 1 의 건너붙임에 백 2 는 흑 3 의 올라섬이다.

백 4 로 때리면 흑 5 이다.

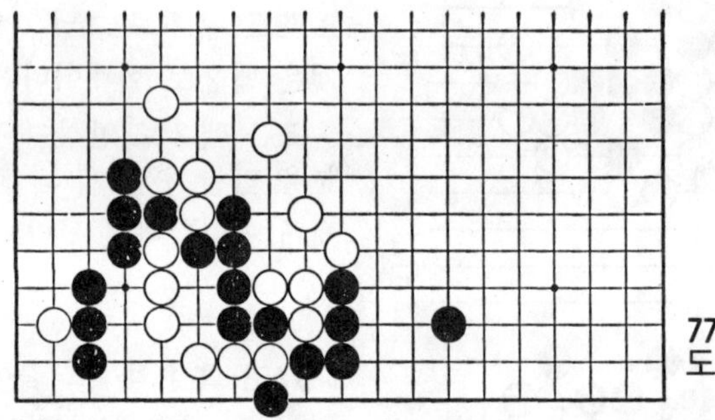

77도 전문가의 바둑에서 취재하여 보았다. 여기에서 수수를 소개하고자 한다. 이것을 감상하여 보자. 맥의 묘미가 있다.

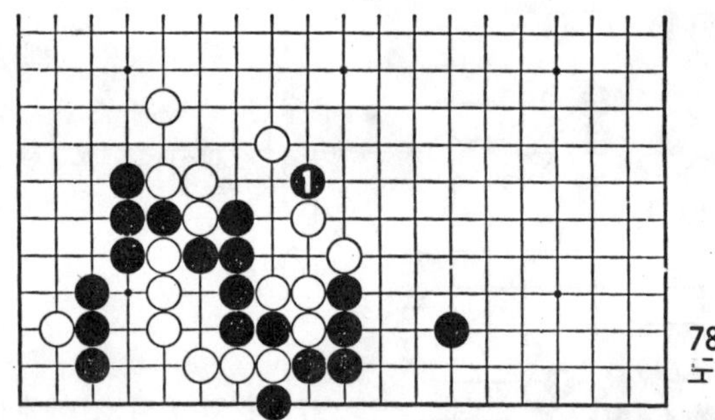

78도 흑이 도망하여 나가는 수수는 필연적으로 하변의 백 6 점의 잡음이다. 이 맥을 알고 있는 독자도 있겠지만 여기서 다시 소개하고자 한다. 바로 흑 1 의 건너붙이는 맥이다.

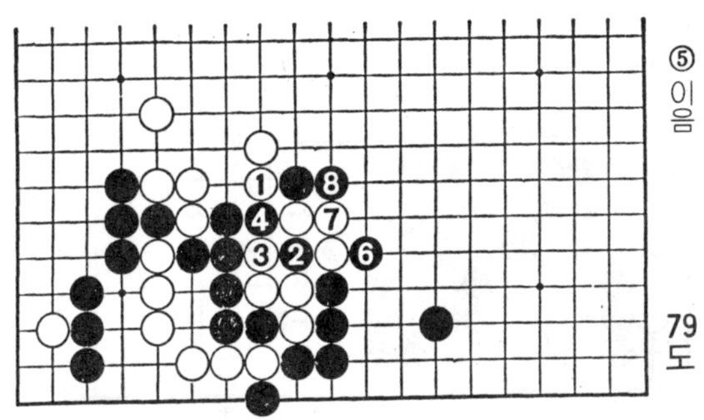

79도 백 1 의 끊음에는 흑 2 로 먹여치고, 다음 흑 4 의 단수이다.

백 5 의 이음에는 흑 6 , 8 로 축이 된다.

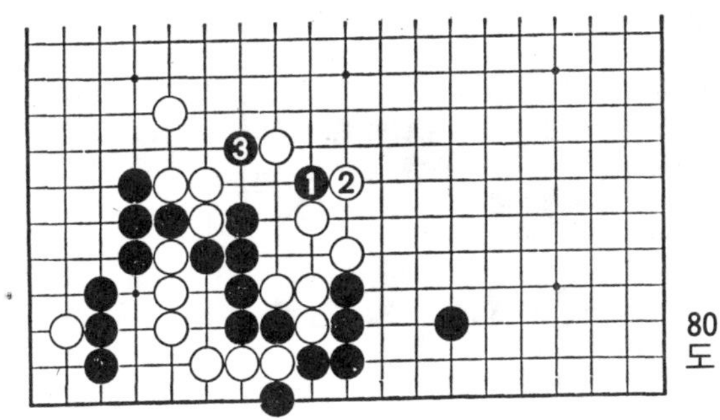

80도 전도를 다시 검토하여 보자. 흑 1 에 백 2 의 차단이면 흑 3 의 붙이는 맥이 절호의 맥이다.

그렇다면 과연 다음의 수순은 어떻게 전개될 것인가? 다음에 다가올 쌍방의 흥미있는 변화를 수읽기해 보자.

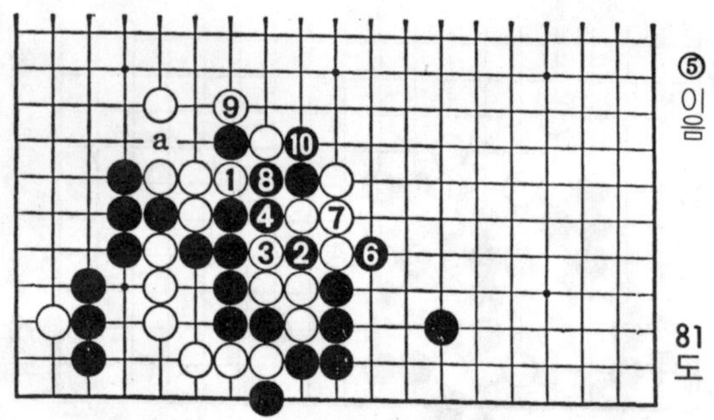

81도 전도의 흑3의 붙임에 백1의 받음이다. 흑2로 먹여친 다음 이하 79도와 같은 모양이다. 흑8, 10의 봉쇄는 백9 다음 흑10으로 대해로 나간다.

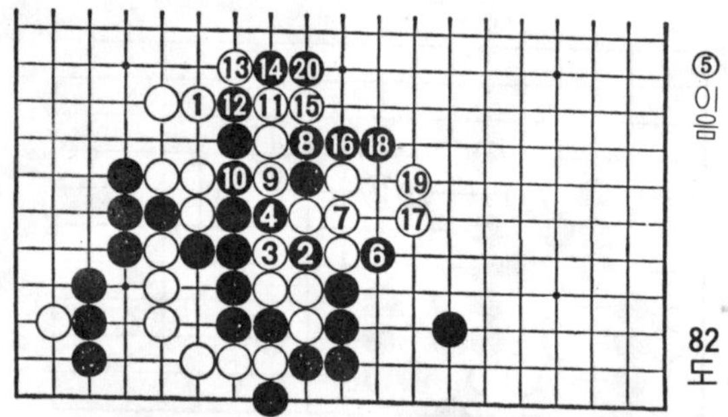

82도 전도 백1의 수로 1의 곳에 쌍립을 하는 것은 최강의 저항수단이다. 이것은 흑20까지 축이다.

백 전체가 붕괴될 위험에 처했다. 여기에 과연 묘수는 없을까? 전체적인 국면을 살펴보고 난국을 타개해나갈 수 있는 수를 찾아야 한다.

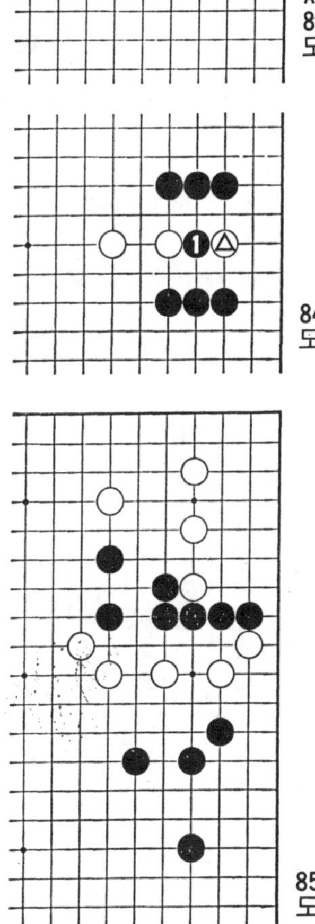

83도

84도

85도

3 끼움

한칸 뜀은 연락하는 맥점의 본명(本命)이다.

절단용의 전문도구는 끼움이다.

83도 끼움, 이 수가 알기 쉽다.

84도 흑 1 의 끼움이다. 이것은 흑돌이 많이있을 때 쓰는 수이다. 백은 즐겁게 △표 한점을 버리고 둔다.

85도 의 모양에서 끼움의 조건을 생각하여 보자.

흑의 입장에서는 과연 어떻게 하면 백을 분단시킬 수 있을까? 수가 없는 것은 아니다. 수읽기의 힘을 필요로 하는 곳이다.

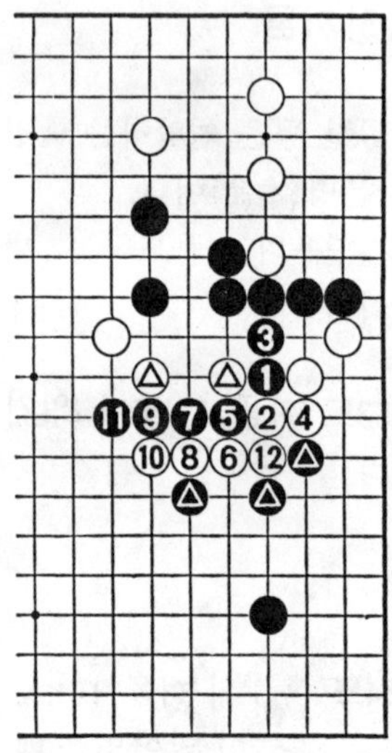

86도

86도 직접 끊는다면 1의 끼움이다. 백은 2에서 10까지 응수를 한다. 백12까지 둔 모양에서 백의 △표 2점이 잡힌 반면 흑 ▲표 3점은 피해를 보충하고 있다.

87도 흑1의 엿봄이 맥점이다.

88도 백1의 이음에는 흑2의 끼움에서 이하 6까지이다.

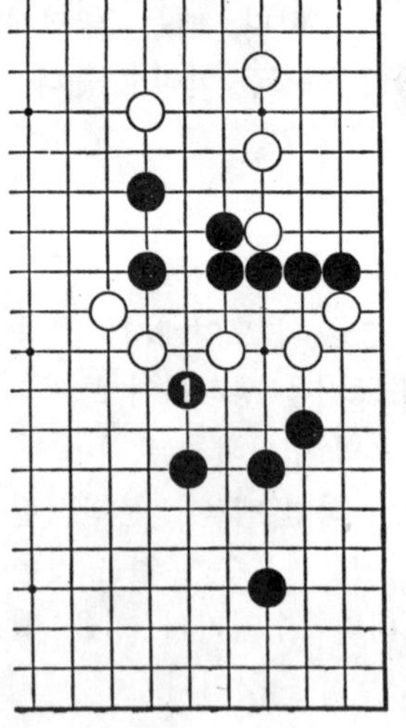

87도

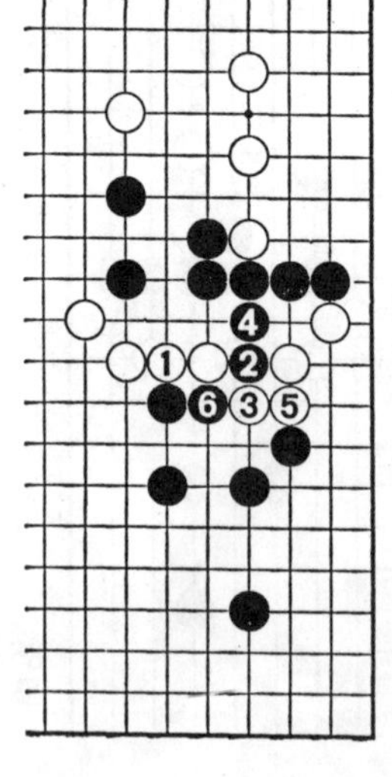

88도

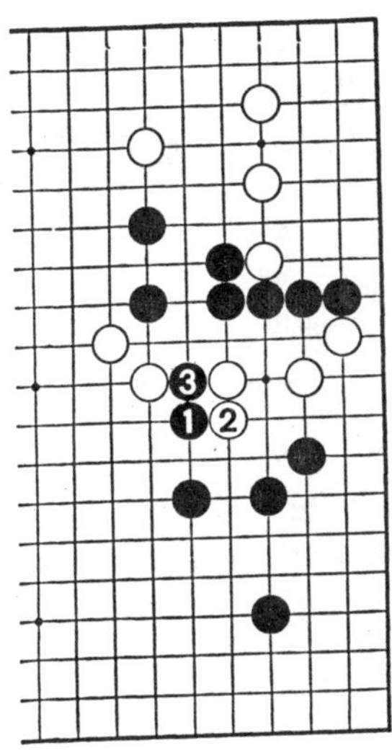

89도

89도 흑 1 의 엿봄에 백 2 는 저항이다. 흑 3 으로 뚫어 대전과이다.

백은 우변의 4 점을 흑에게 포위당하여 꼼짝할 수 없게 되어 여간 괴로운 것이 아니다.

흑으로서는 3 의 끊임이 절호의 찬스를 만드는 호쾌한 일착이 되었다. 갇힌 백 4 점은 어찌할 수 없는 박절한 운명이 되고 만 것이다.

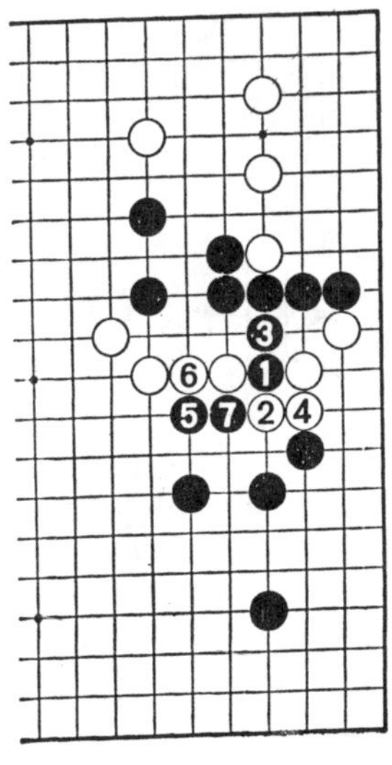

90도

90도 흑 1 로 먼저 끼워 두었을 때는 백 4 의 이음까지 진행된다. 그때 백 5 로 엿보면 백은 어쩔 수 없이 6 으로 잇지 않을 수 없게 된다. 백 6 의 이음에는 흑 7 의 끊음수가 호쾌한 일착이 된다.

그러나 이러한 감안은 속단이 될 수도 있다. 백은 흑의 생각대로 호락호락 넘어가지 않을 것이기 때문이다.

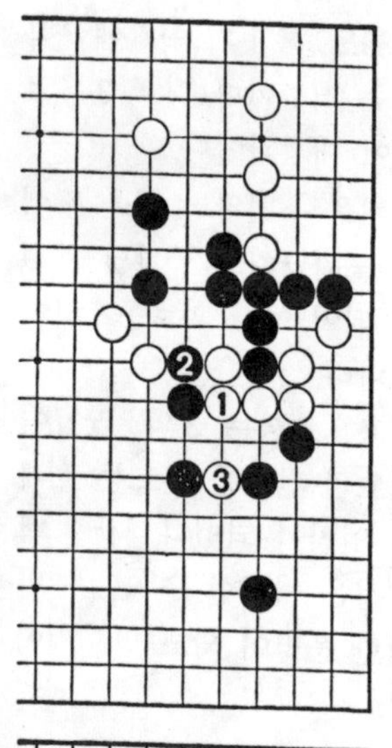

91도

91도 백 1로 이으면 어떨까? 흑 2로 나가면 백 3에 끼우는 수가 있다.

92도 1로 바깥을 막으면 이하 4, 6까지이다. 여기서 93도의 안쪽 단수는 4, 6까지 내려서는 수가 있다.

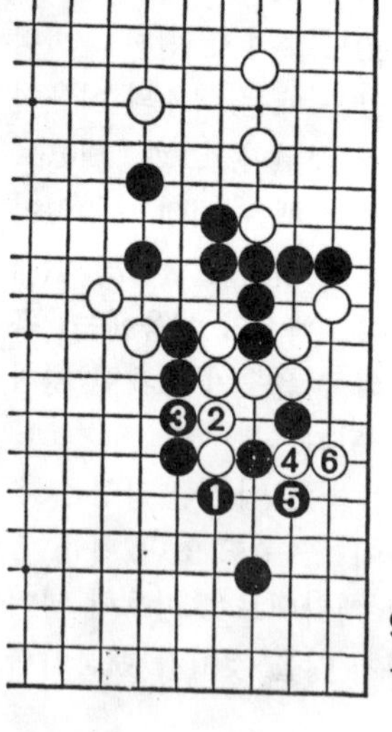

92도

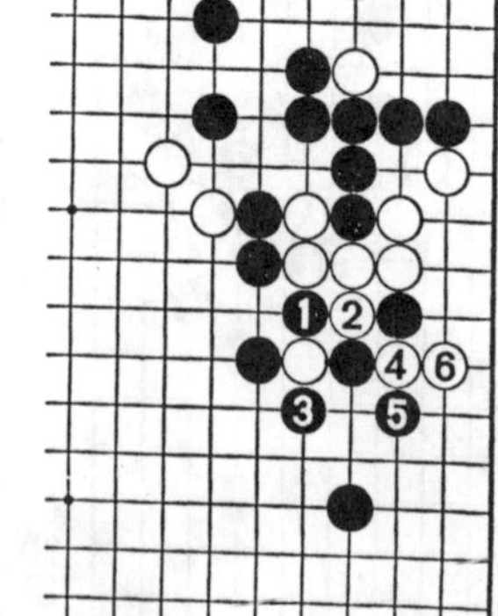

93도

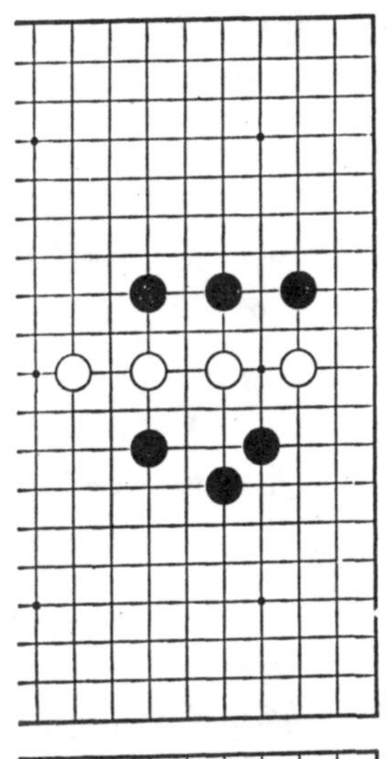
94도

94도 여기에서 건너가는 수는 효과가 대단하다.

만약 흑이 백의 돌을 절단하고 양쪽을 연결 시키고자 한다면 어떤 수가 성립할 수 있을까?

여기서 만약 흑이 백을 절단하고 건너갈 수만 있다면 그 세력 확보는 대단한 것이 된다. 수읽기의 힘을 이용하여 진행도를 머리 속에 그려보자.

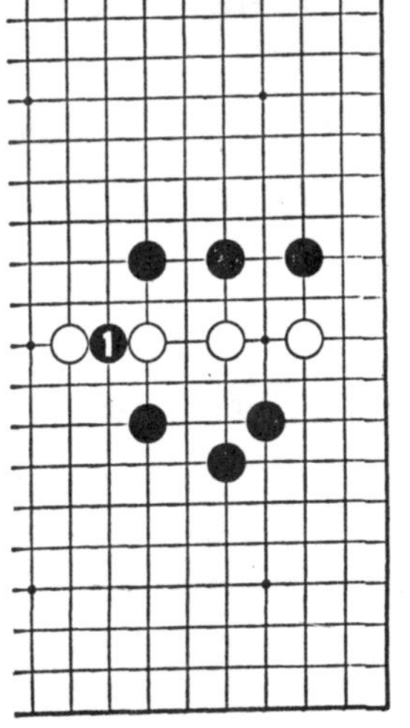
95도

95도 이 모양에선 흑 **1** 의 끼움이다. 즉, 이 끼움은 일종의 전주곡이다.

한칸의 우수성은 대단하지만 차이는 후술하는 **98**도와 **52**도의 차이다.

흑 **1** 의 끼움 다음에는—

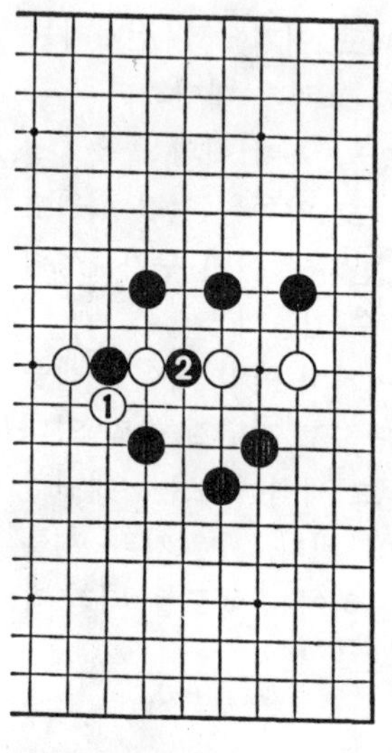

96도

96도 백 1 로 응수를 하면 흑 2 가 제 2 의 끼움이다.

결국 백은 절단(切斷)되고 만다. 백은 처음부터 절단의 수를 염두에 두고 한칸 뜀을 진행했어야 했다. 수읽기의 힘을 무시한 채 바둑을 두었기 때문에 이와 같은 결과가 나타난 것이다.

97도 계속하여 백 1 단수하고 흑 2 , 다음에 백 3 의 이음에 흑 4 로 끊으면 백 5 로 잡는다. 흑 6 까지 목적 달성이다.

97도

98도 이것은 완성된 도형이다. 이것은 흑의 성공의 국면이다. 실리와 외세가 크다. 흑은 한점이 잡힌 반면 4 점의 백을 잡고 있다.

98도

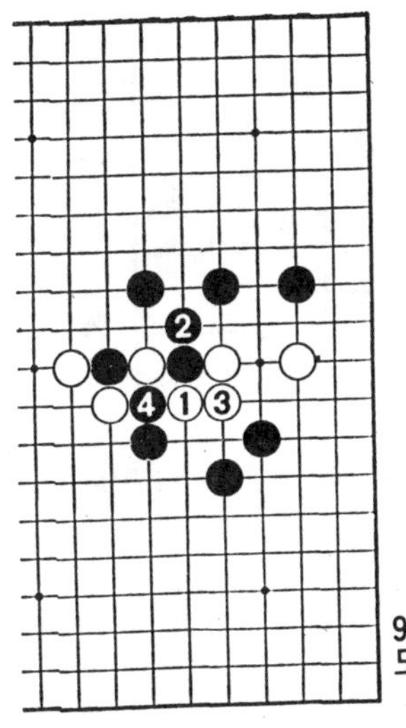

99
도

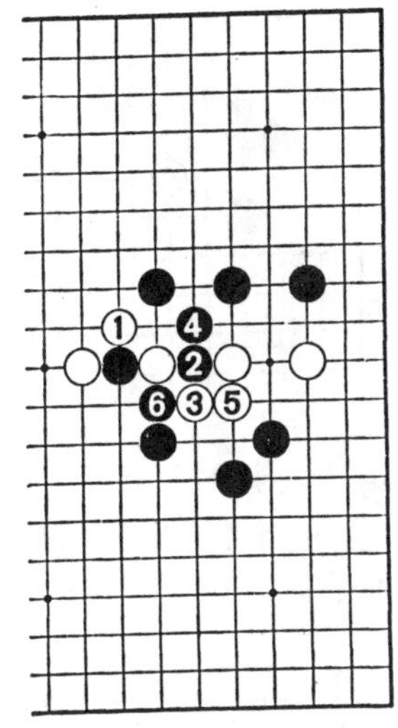

100
도

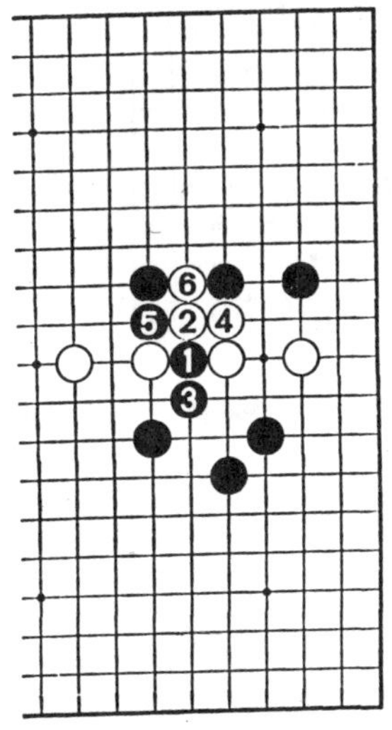

101
도

99도 여기서 다른 변화를 생각해 보자.

백 **1** 에서 계속하여 흑 **2**, 백 **3**, 흑 **4**, 이 흑 **4** 가 문제이다.

100도 백 **1** 은 반대쪽이다. 흑 **2** 로 같은 결과이다.

101도 직접 끼움의 실패도이다.

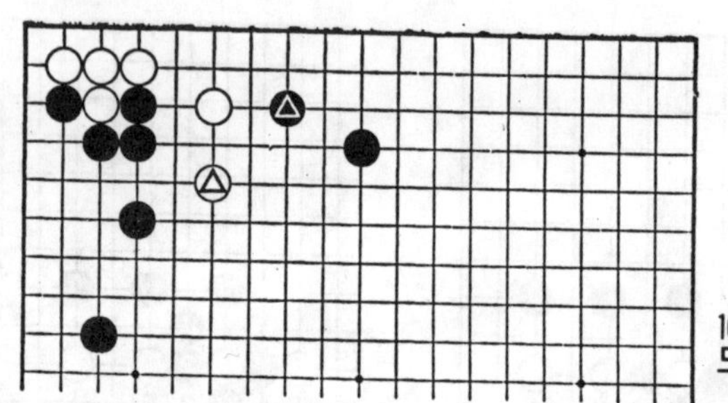

102 도 흑▲와 백△가 교환이 되어 있는 모양이다.

이곳에 어떤 수단의 여지가 있는 것인가? 흑▲의 다가섬에 무슨 수가 있을까?

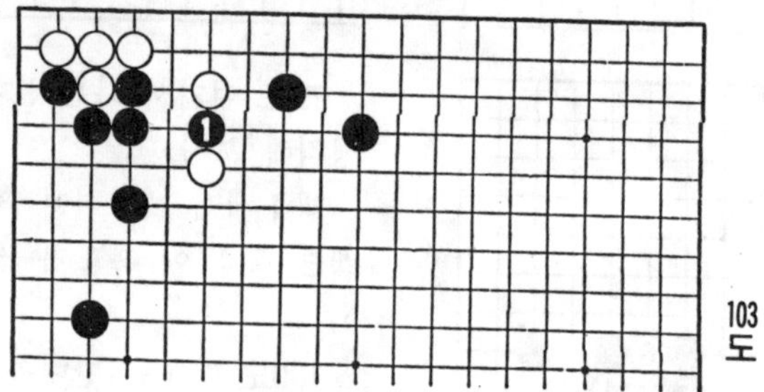

103 도 흑 1 의 끼움이다. 이 끼움은 앞에서 나온 문제와 비슷하다.

독자는 이 끼움을 생각해 보아야 한다.

흑은 과연 1 의 끼움수를 성립시킬 수 있을까? 수 읽기의 힘을 이용한다면 충분히 문제 해결의 실마리를 찾을 수 있을 것이다. 이 모양은 그다지 어려운 문제가 아니다.

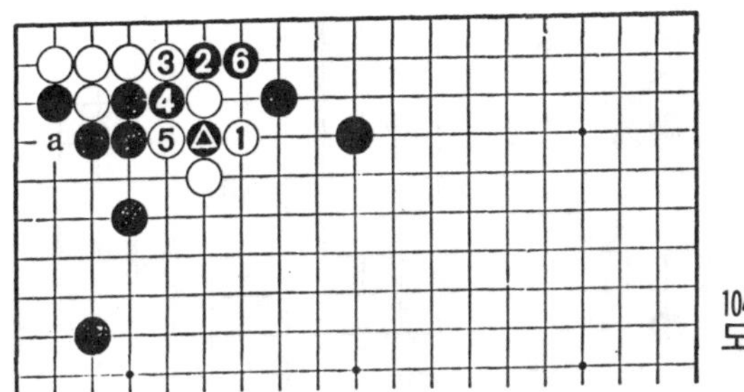

104 도 백 1 에는 흑 2 이다. 끼움과 관련된 맥이다. 흑 4 의 끊음으로 흑▲를 6 까지 사석으로 이용을 하고 있다. 백 5 에 흑 6 의 성공이다.

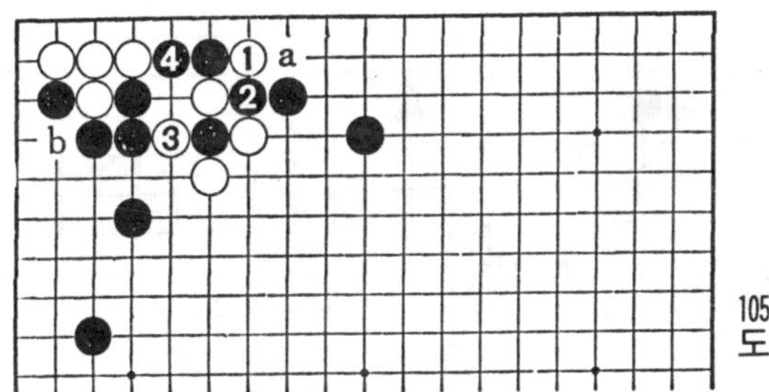

105 도 윗 그림 백 3 으로 본도의 백 1 이 있다. 이때 흑 4 가 냉정하다. 흑 4 로 a는 백 4 로 되는 것에 주의가 필요하다. 나중에 백 b의 끊음이 있다.

이 그림 역시 끊음(切斷)의 맥점을 제대로 알고 있어야만 풀 수 있는 문제이다. 여기에서도 수읽기의 힘이 필요하다. 진행도를 예상하면서 바둑을 두는 것이 현명한 방법이다.

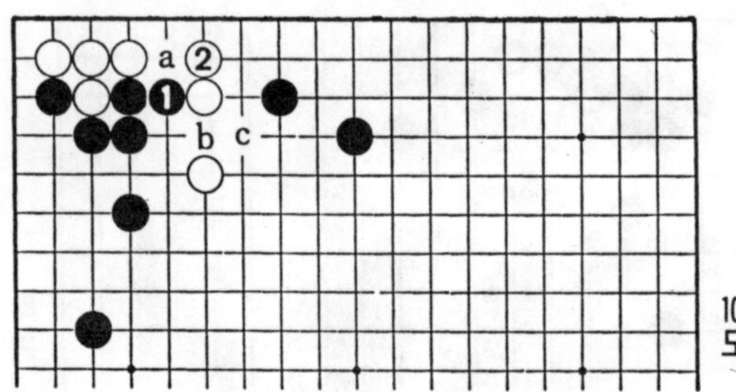

106 도

106 도 흑 1 로 꼬부리는 것은 백 2 로 내려선다. 여기서 백a이면 흑b, 백c다음 흑2 이다. 이 모양은 흑1 에 백 2 이다.

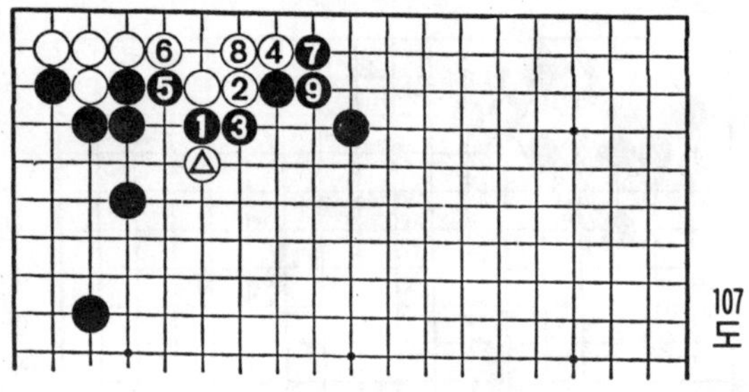
107 도

107 도 흑 1 의 끼움에 백 2 로 굴복하는 것은 흑 3 으로 뻗는다.

흑은 9 까지 압도적인 우세이다. 백 Ⓐ 표 한점이 고립이 되어 있다.

백으로서는 Ⓐ 한 점을 어떻게 이용할 것인가? 그냥 폐석으로 던져버릴 것인가? 아니면 요석으로 만들어 충분히 이용할 것인가? 여기에서도 수읽기의 힘은 어김없이 필요하다.

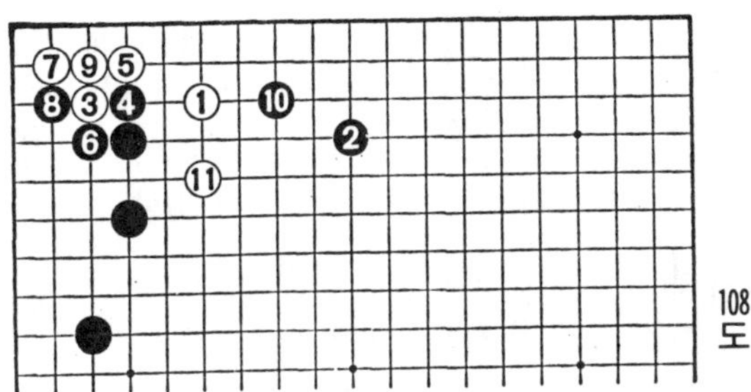

108도 이 모양이 접바둑에서 많이 나타난다. 본도의 수순이 전형적이다. 백 1의 걸침에 흑 2의 협공, 다음 백 3·3의 곳에 침입을 하였다. 11까지이다.

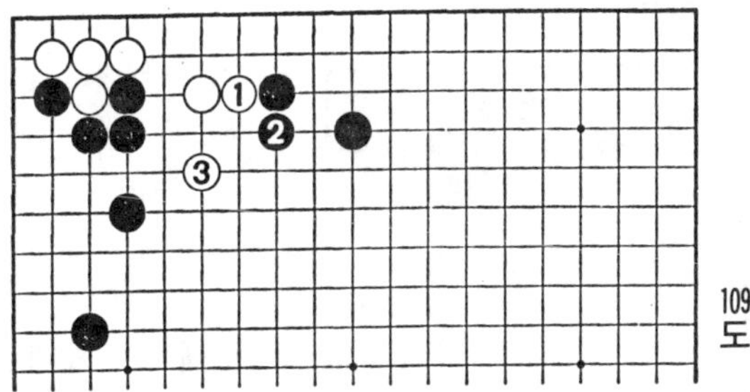

109 도 전도의 백11로는 본도의 백 1 이다. 흑 2 에는 3이 정착이다.

백 3 은 세력을 삭감하는 좋은 점이다.

그렇다면 과연 백 3 에 대하여 흑은 어떻게 응수해야 할까? 이곳에서도 수읽기의 힘을 발휘하여 맥점을 찾아야 한다. 최선의 착점(着點)이 문제이다.

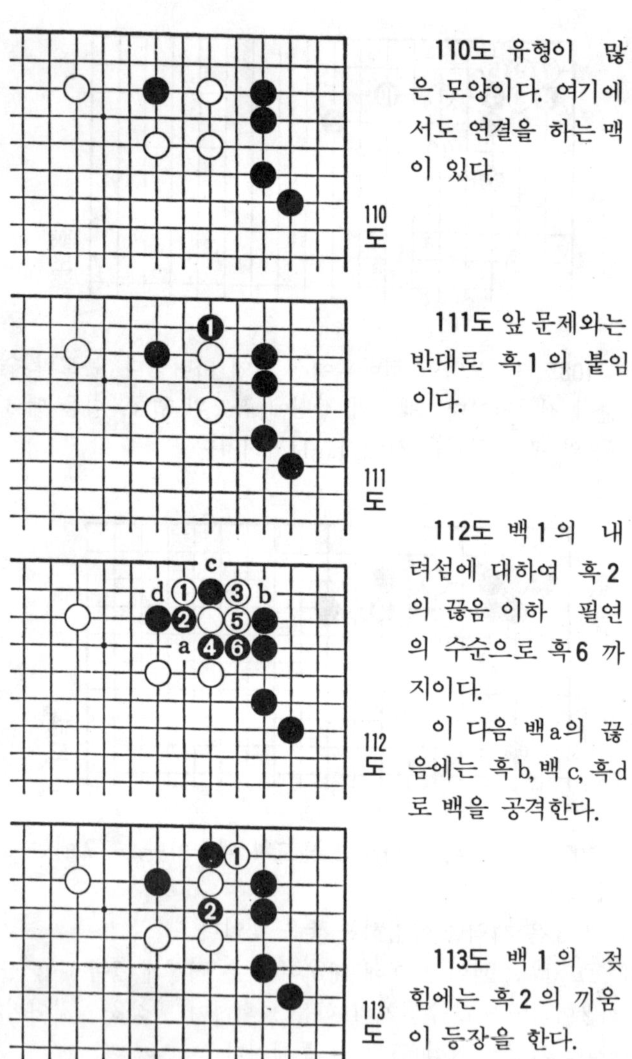

110도 유형이 많은 모양이다. 여기에서도 연결을 하는 맥이 있다.

111도 앞 문제와는 반대로 흑 1 의 붙임이다.

112도 백 1 의 내려섬에 대하여 흑 2 의 끊음 이하 필연의 수순으로 흑 6 까지이다.

이 다음 백 a의 끊음에는 흑 b, 백 c, 흑 d로 백을 공격한다.

113도 백 1 의 젖힘에는 흑 2 의 끼움이 등장을 한다.

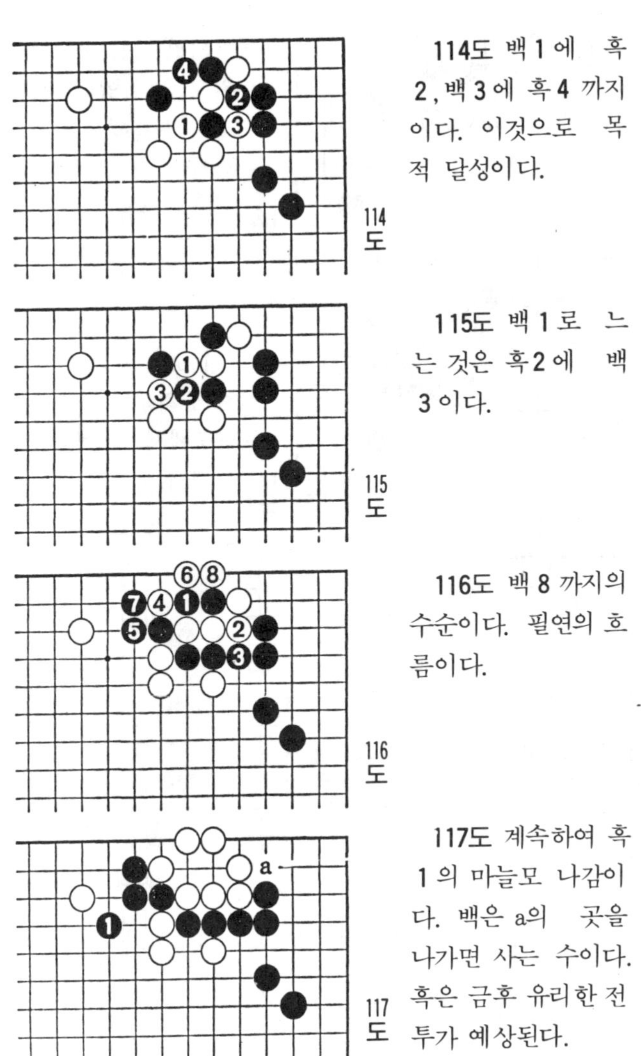

114도 백 **1**에 흑 **2**, 백 **3**에 흑 **4**까지이다. 이것으로 목적 달성이다.

115도 백 **1**로 느는 것은 흑 **2**에 백 **3**이다.

116도 백 **8**까지의 수순이다. 필연의 흐름이다.

117도 계속하여 흑 **1**의 마늘모 나감이다. 백은 a의 곳을 나가면 사는 수이다. 흑은 금후 유리한 전투가 예상된다.

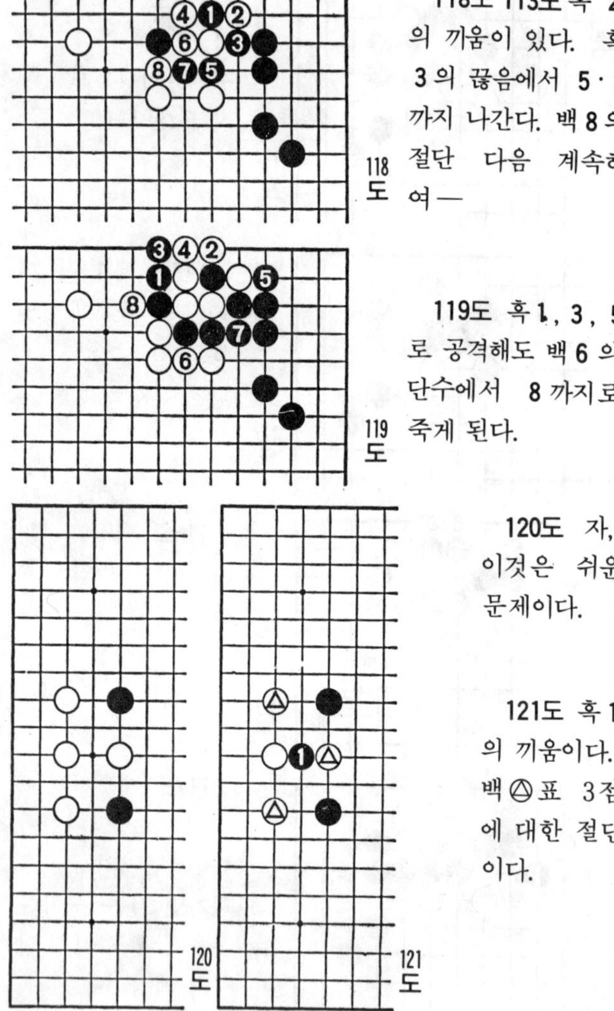

118도 113도 흑 2의 끼움이 있다. 흑 3의 끊음에서 5·7까지 나간다. 백 8의 절단 다음 계속하여—

119도 흑 1, 3, 5로 공격해도 백 6의 단수에서 8까지로 죽게 된다.

120도 자, 이것은 쉬운 문제이다.

121도 흑 1의 끼움이다. 백△표 3점에 대한 절단이다.

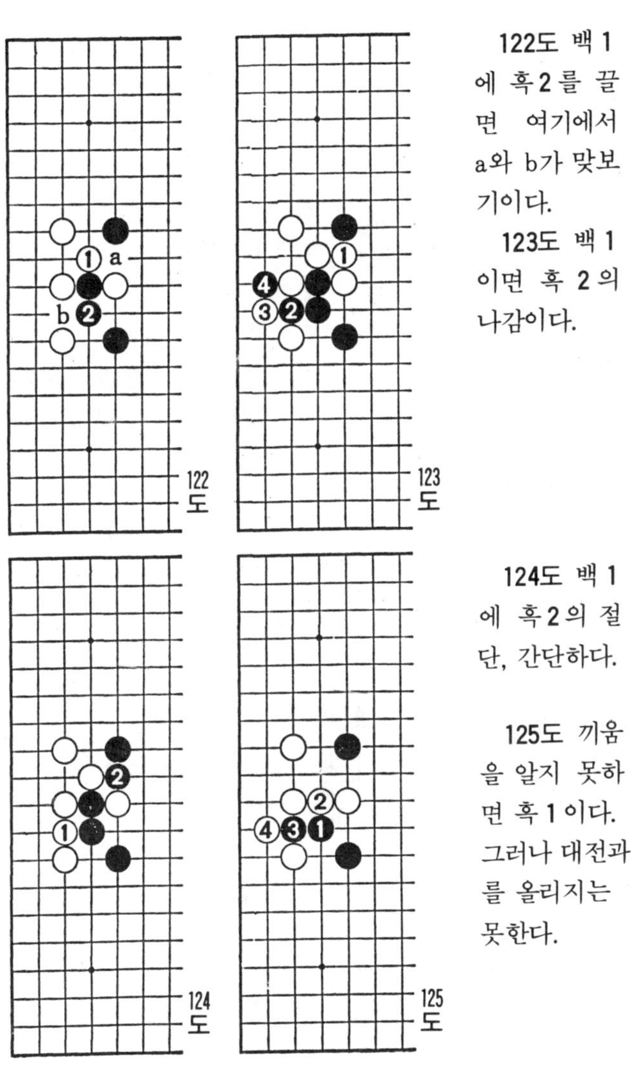

122도 백 1에 흑 2를 끊으면 여기에서 a와 b가 맞보기이다.

123도 백 1이면 흑 2의 나감이다.

124도 백 1에 흑 2의 절단, 간단하다.

125도 끼움을 알지 못하면 흑 1이다. 그러나 대전과를 올리지는 못한다.

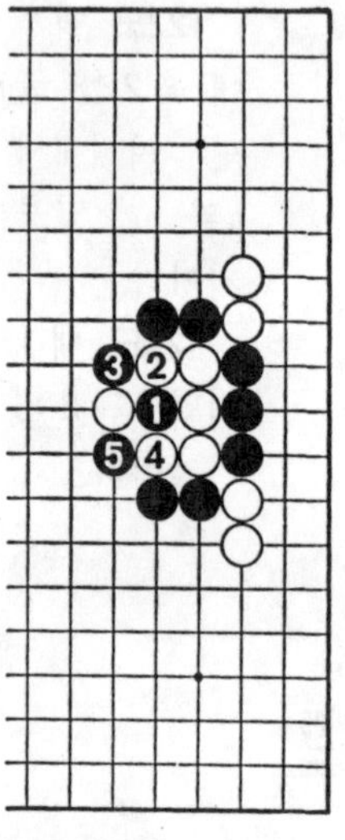

126도

126도 유명한 끼움의 맥이다. 이 모양에서의 주제는 1의 곳 끼움이다.

이 절단의 맥을 소개하고자 한다.

흑 1의 끼움수에 대하여 백 2는 궁여지책의 필연적인 수순이다. 흑은 기회를 놓치지 않고 3으로 단수, 백 4의 따냄에는 흑 5로 되쳐서 마무리 짓는다.

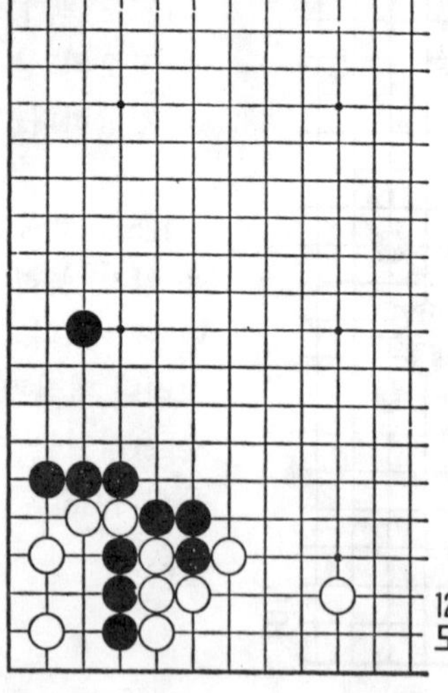

127도

127도 복잡한 그림이다. 여기에 고급스런 맥점이 있음을 알 수 있을 것이다.

수순을 정확히 알 수 있어야 한다.

이 그림 역시 수 읽기의 힘을 필요로 하는 곳임을 알 수 있다. 수 읽기는 맥점을 찾기 위한 필수적인 조건이다. 정확한 수순으로 맥점을정확히 밟지 않으면 안된다.

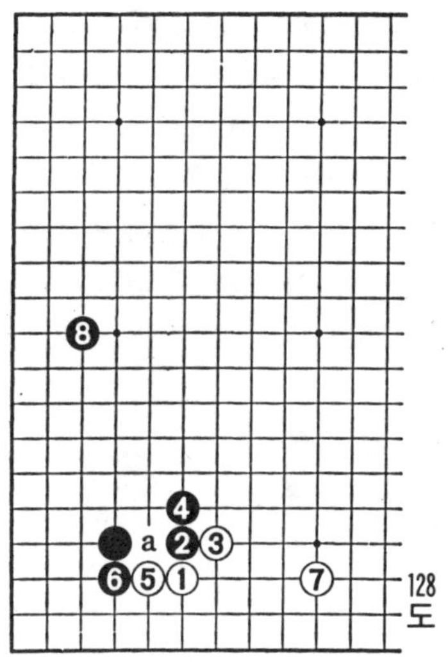

128도 접바둑 정석의 제 1보이다. 이것은 정석의 기본형인데 8의 벌림까지이다. 백a로 나가는 수는 어떨까?

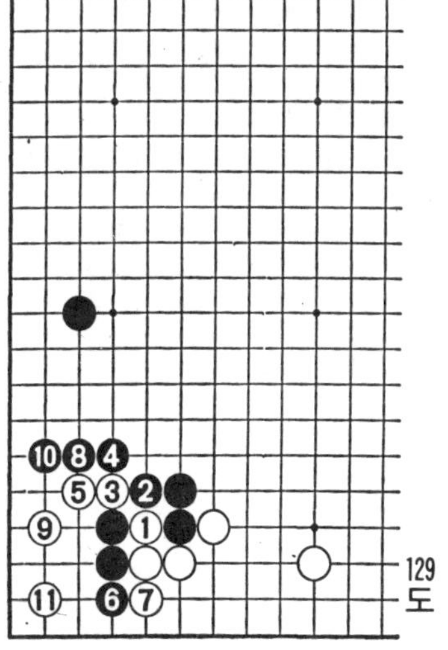

129 도 백 1로 나가면 이하 11까지이다.

이다음의 수순을 읽음이 중요하다. 이 수순을 알 수 있어야만 바둑의 국민학교 졸업이다.

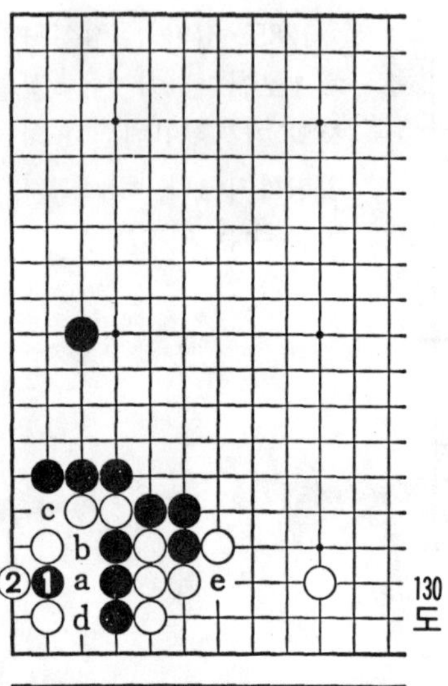

130도 흑 1 의 끼움이 다. 백의 응수는 a나 2 이다. 백a는 계속하여 흑b, 백 c, 흑d 이하 패이다. e의 곳에 팻감이 있어 백이 나쁘다.

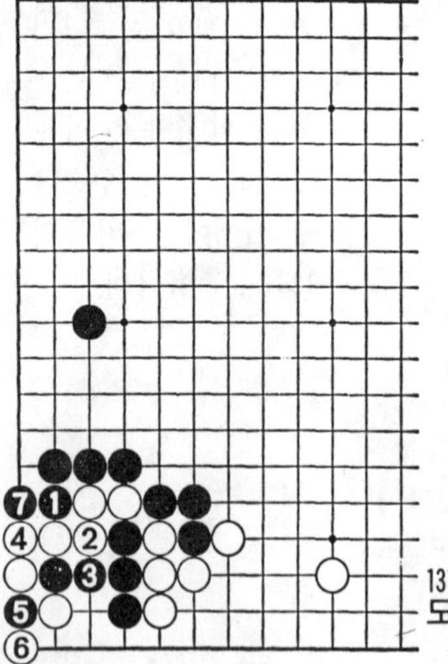

131도 흑1, 3의 단수에서 4의 이음이 최대의 관문이다. 흑5 의 먹여치기에서 유일절대의 수는 7의 단수이다.

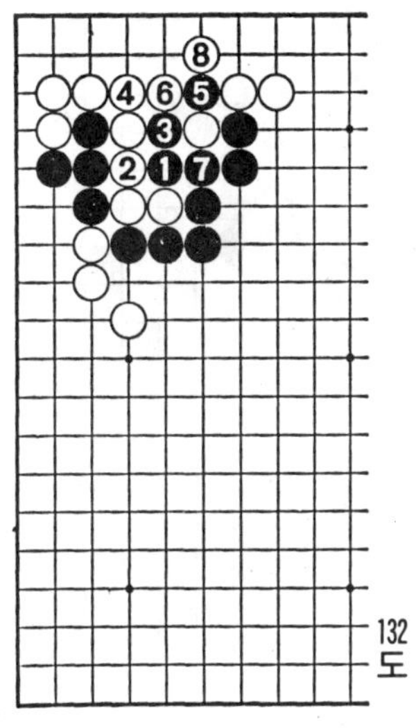

132도 마지막으로 하나의 맥을 설명하고자 한다.

실전에서 자주 나타나는 맥의 하나이다.

흑 1의 젖혀끼움에서 8의 때림까지이다.

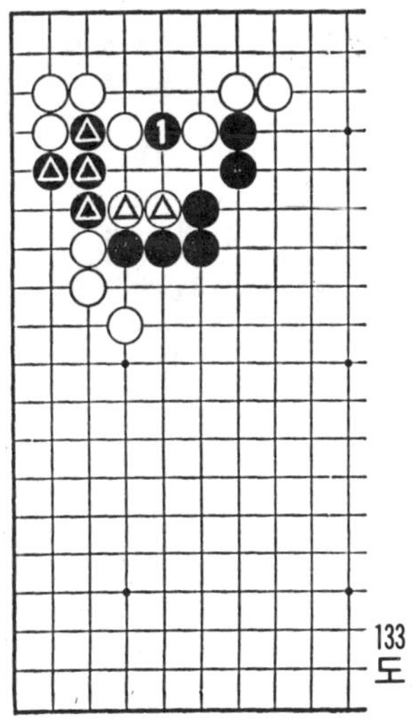

133도 흑 1의 끼움은 순간이다. 백 Ⓐ표 2점에 대한 흑 ▲표 4점의 생환이다.

백의 입장에서 생각을 하여 보자.

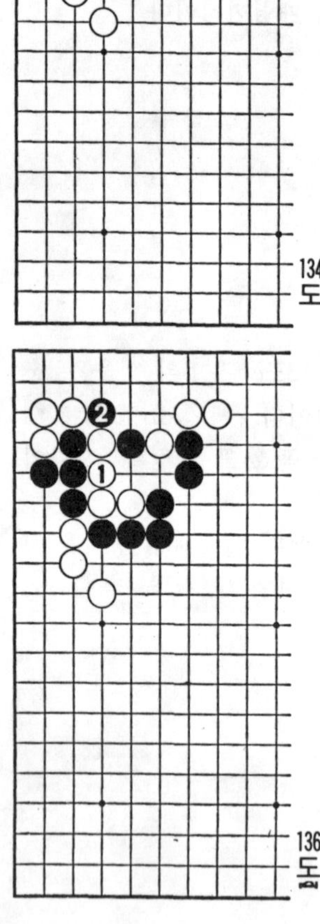

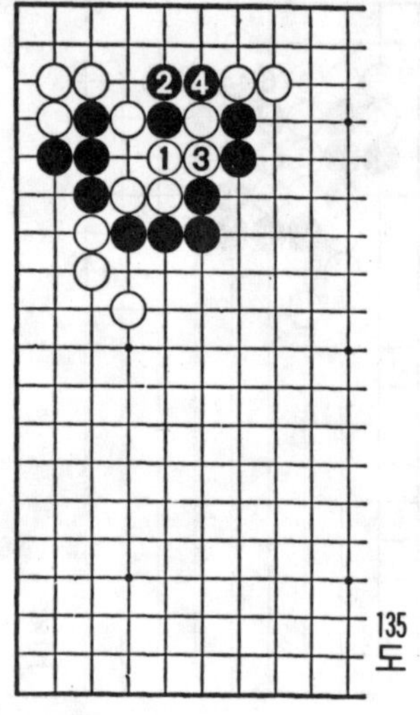

134도 백 1 에서 흑 2 이다.

135도 백 1 에는 흑 2 에서 4 의 조임이다.

136도 백 1 의 이음은 2 의 단수이다.

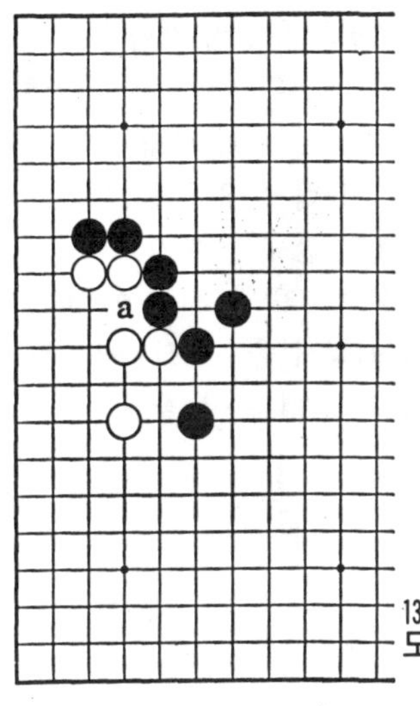

137도 절단의 맥에 있어 마지막 항을 열기 전에 '다음 한 수'를 형식상 복습하기로 한다. 이것은 나가 끊음의 조건이다. 흑a로 나가기 전에 다른 수를 검토하여 보아야 한다.

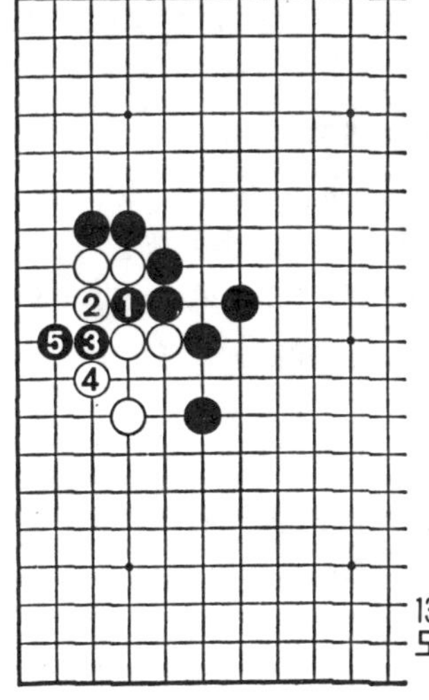

138도 흑 1, 3의 단수는 흑 5의 뻗음이다.

이 문제는 작지 않지만 흑 1, 3의 관점에서 생각을 해보기로 한다.

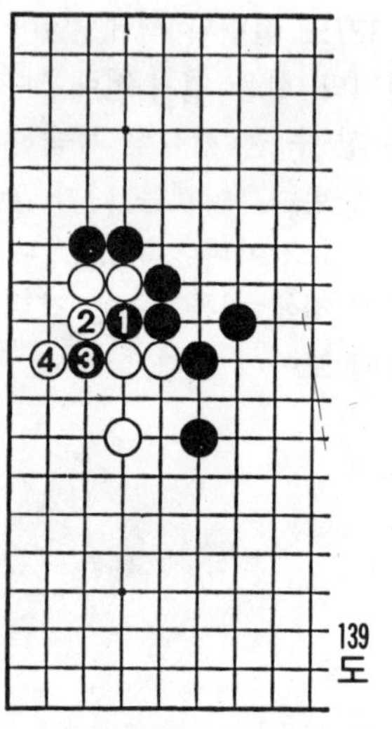

139도 흑 1 의 끼움수에 대하여 백 2 의 막음은 당연한 수단이다. 이때 흑은 기회를 놓치지 않고 3 으로 끊었다. 백 4 의 단수는 불가피한 수단이지만, 흑으로서는 이 다음에 어떻게 응수하느냐에 따라서 손익(損益)이 갈린다.

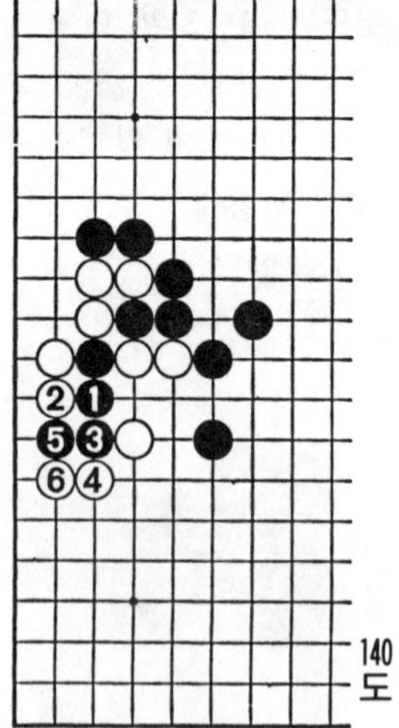

140도 흑 1 의 뻗음에는 백 2 로 미는 수이다. 이 모양은 백 6 까지이다.

여기에서 흑 1 은 필연적인 수순이다. 그러나 백 2 의 뻗음에 대한 흑 3 의 나감은 무리한 응수라고 할 수 있다. 백 4 의 젖힘에 흑 5 도 무모한 착수이다. 백 6 으로 일단락 지어진 모양이다. 지금까지 흑의 무리한 수순이었다고 지적할 수 있다.

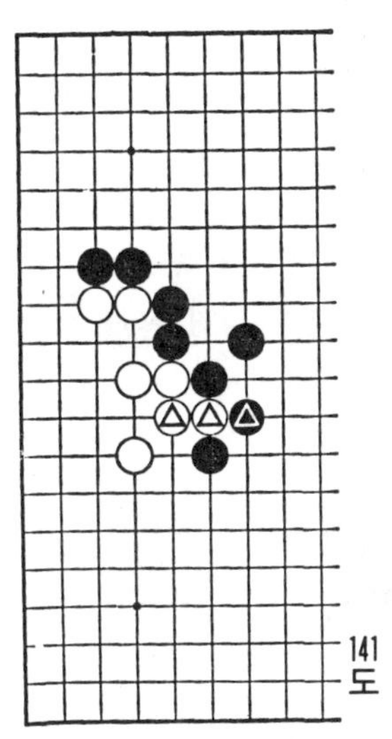

141
도

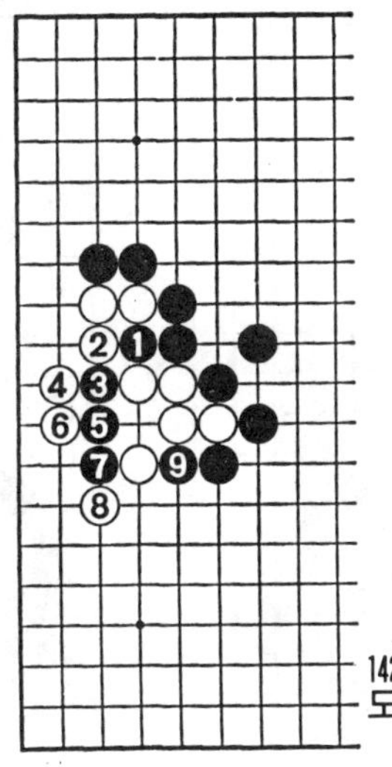

142
도

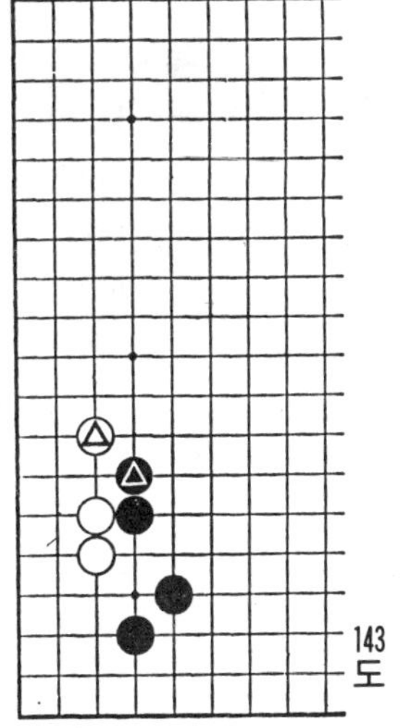

143
도

141도 **137도**에서 백△와 흑▲를 교환을 한 모양이다. 이곳에 어떤 수가 있을까?

142도 이 도는 흑**1**, **3** 이 성립을 한다. 이것은 **9**의 단수로 실패이다.

143도 흑▲의 뻗음에는 백△로 한칸이다. 백△ 는 **9**도와 혼동하여서는 안된다. **9**도는 **10**도와 다르다.

이런 모양에서는 어떻게 두어야 할까?

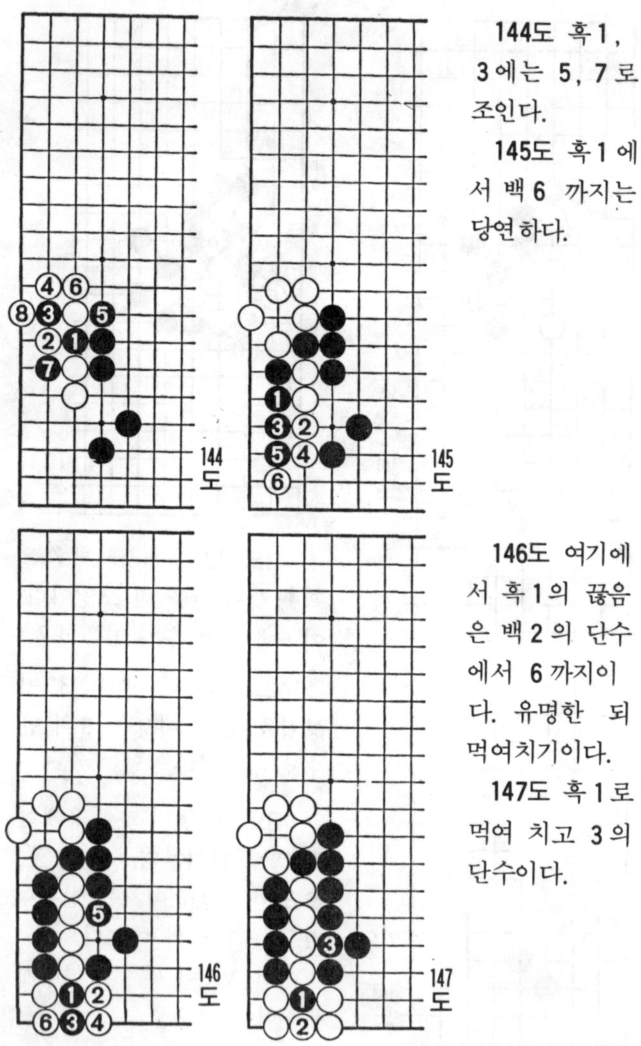

144도 흑 1, 3에는 5, 7로 조인다.

145도 흑 1에서 백 6 까지는 당연하다.

146도 여기에서 흑 1의 끊음은 백 2의 단수에서 6까지이다. 유명한 되먹여치기이다.

147도 흑 1로 먹여 치고 3의 단수이다.

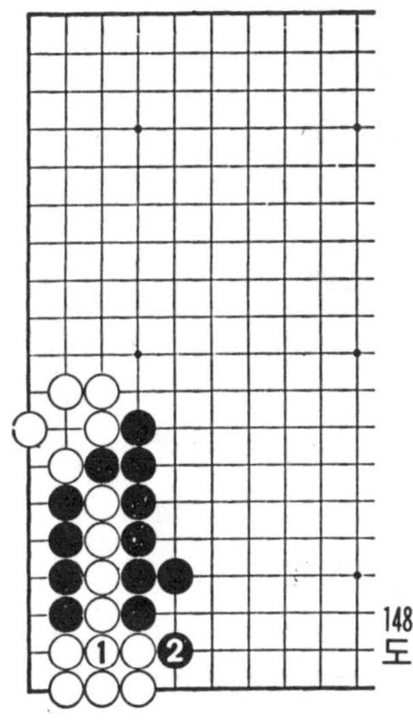

148도 백 1 의 이음에는 흑 2 로 내려서 공격을 한다. 이것이 공격의 맥점이다. 본제의 교훈을 생각하여 보기 바란다.

이 그림에서는 백이 무모한 진행을 거듭하였음을 한 눈에 파악할 수 있다. 돌이 뭉쳐져 있으면 결국 승리의 바둑으로 이끌어갈 수 없다는 기리(棋理)를 다시 한 번 되새기게 하는 그림이다.

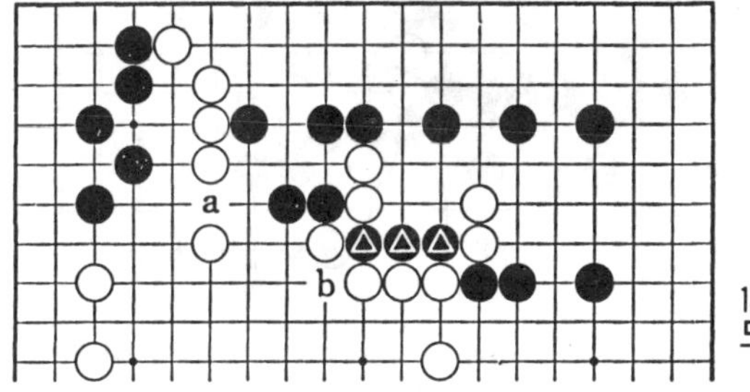

149 도 흑▲의 3점을 돕는 문제이다. 이에는 왼쪽의 백에 관련이 있다는 얘기다. 흑a의 끼움이나 흑b의 끊음은 밀접한 관계가 있다.

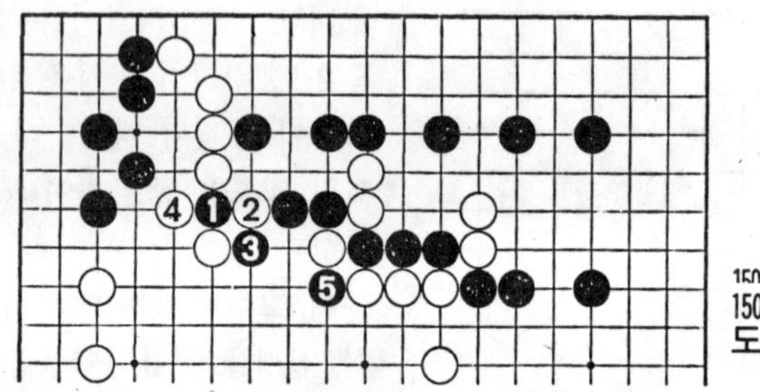

150 도 흑 1 의 끼움부터 시작을 한다. 끼움에 있어서는 백 2 의 단수이다. 백 4 로 때려내면 흑 5 가 간단히 성립을 한다. 백 2 로는 다음 도에서 처럼 ——

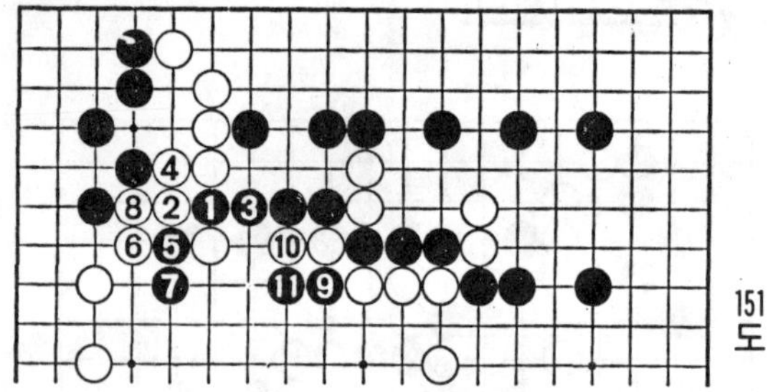

151 도 백 2 의 방향에서의 단수는 백 4 의 이음에 흑 5 의 끊음까지이다. 이것이 준비공작의 마지막이다. 11까지 추급이 된다.

결국 흑 1 의 끼움수가 성공을 거두었다고 할 수 있다. 백10에 대한 흑11의 단수는 중앙에 갇힌 백 4 점까지 사석이 되게 만들었다.

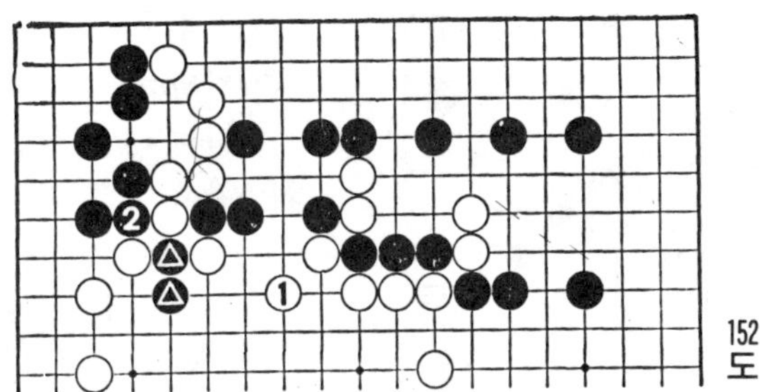

152 도

152 도 전도의 백 **8** 을 본도 **1** 로 우측에 두는 것은 흑 ▲의 2점이 있음을 본다. 그곳에 약점이 있는 것이다.

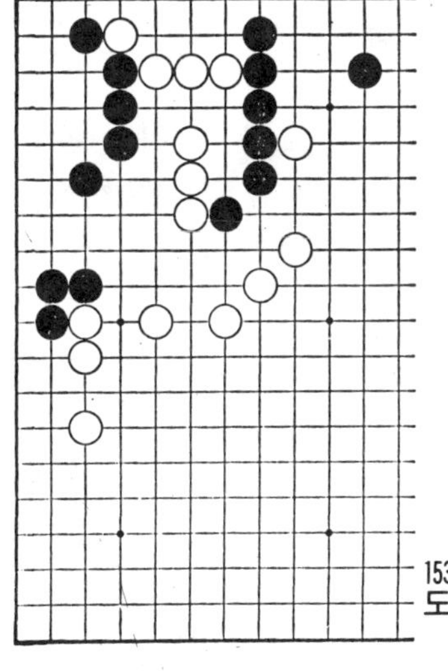

153 도

153도 고래로부터 유명한 그림이다. 끼움의 수단이 있는 곳이다.

수순을 따라 해설을 하여야 한다.

이 그림에서는 백에 대한 흑의 끊음 수가 성립할 수 있을까? 수읽기의 힘을 이용하여 진행도를 머리 속에 그려 본 연후에 착점을 시도하는 것이 현명한 방법이라고 판단된다.

매우 재미있는 양상이

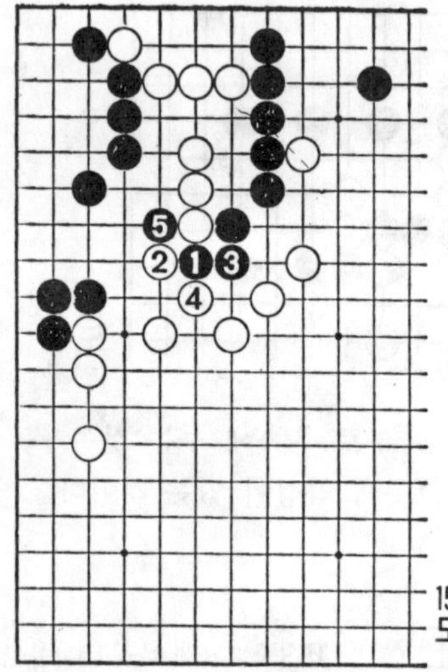

154도

빛어질 수 있는 곳이라고 생각된다. 자, 수읽기를 한 후에 정확한 맥점을 찾아 보자.

과연 흑은 백돌을 끊어서 분리시킬 수 있을까? 흑의 끊음수에 대한 백의 대응책은 무엇인가? 어떤 접전이 벌어질 것인가?

계속하여 진행도를 살펴보기로 하자.

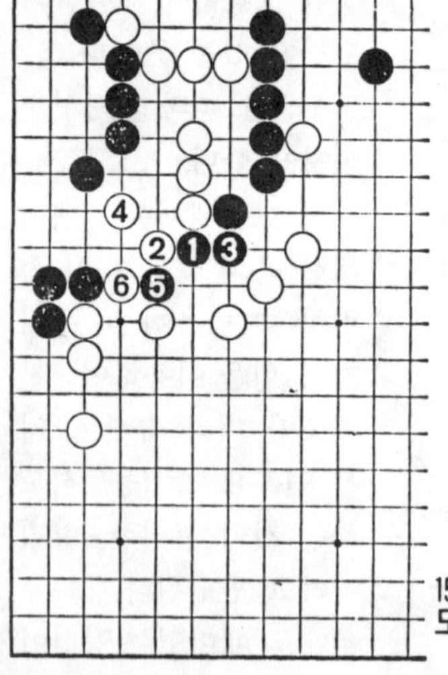

155도

154도 흑 1, 백 2, 흑 3은 보통 진행이다. 백 4에서 흑 5의 젖힘까지이다. 이것은 백 4가 최선이다.

155도 흑 1, 3은 백 4까지이다. 이 다음에 5의 건너감에는 6의 곳에 끼우는 수가 있다.

그렇다면 변화도를 살펴보자.

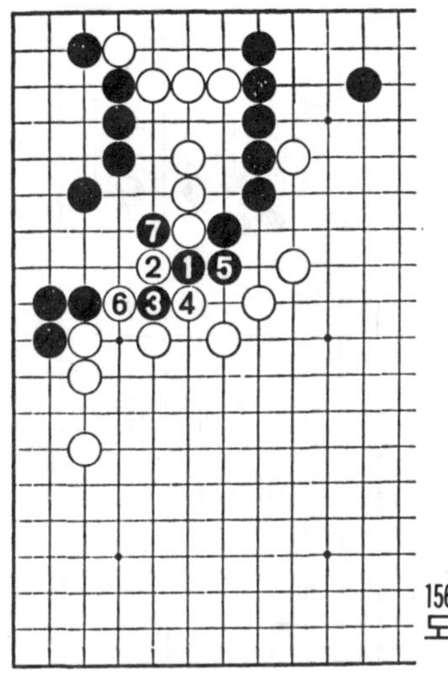
156 도

156도 흑 1, 백 2, 흑 3이 맥이다. 흑은 3의 한점을 사석으로 하여 7의 끊음까지이다. 백 4로 5의 끊음은 흑은 4의 이음이다. 백 4로 6은 흑 7, 백 4, 흑 5까지이다.

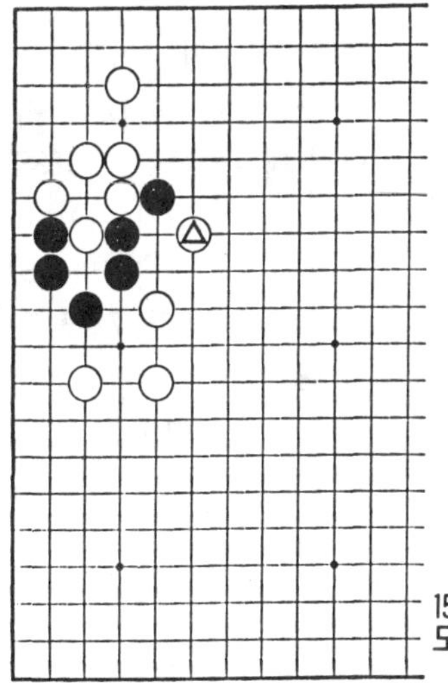
157 도

157도 백△로 공격을 하고 있다. 절단은 적의 돌을 끊는 것인데 한 점을 사석으로 이용을 하는 경우가 많이 나온다. 본제는 하나의 예이다.

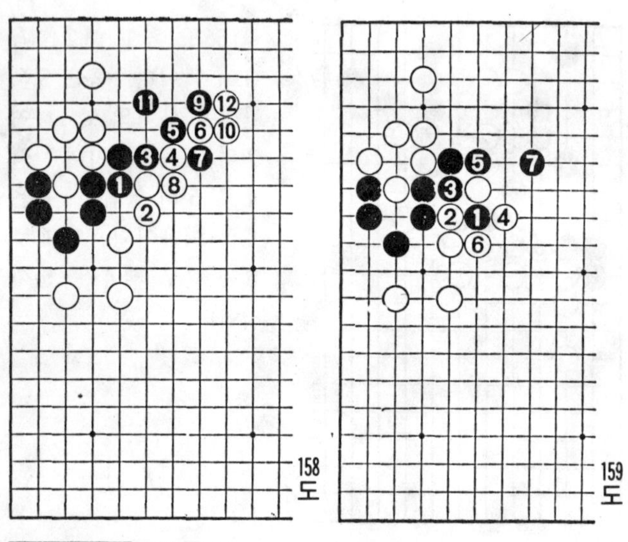

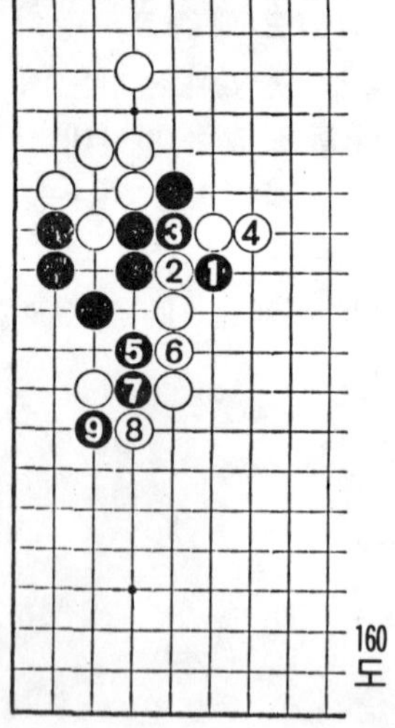

158도 흑 1 의 이음에는 백의 주문이다. 백12 까지 내려서 대만족이다. 159도 흑 1 의 건너붙임이 맥이다. 7 까지 즐거운 탈출이다. 160도 백 4 로 뻗으면 7 , 9 로 나가 끊는다.

다음 진행도까지를 머리 속에 그려 보자. 이러한 모양은 실전에서도 자주 활용되는 문제들이므로 기억해 두기 바란다.

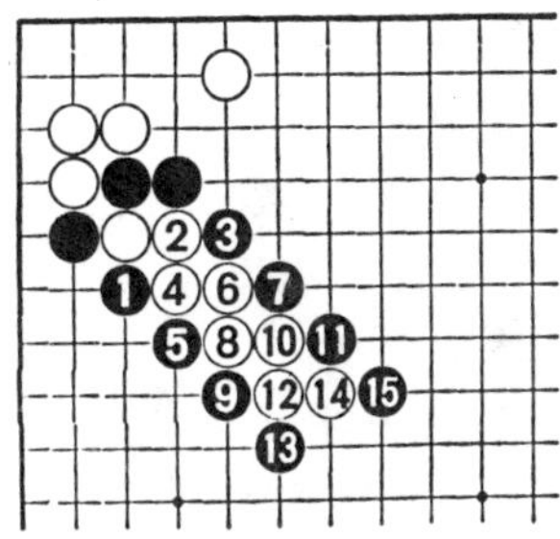
1 도

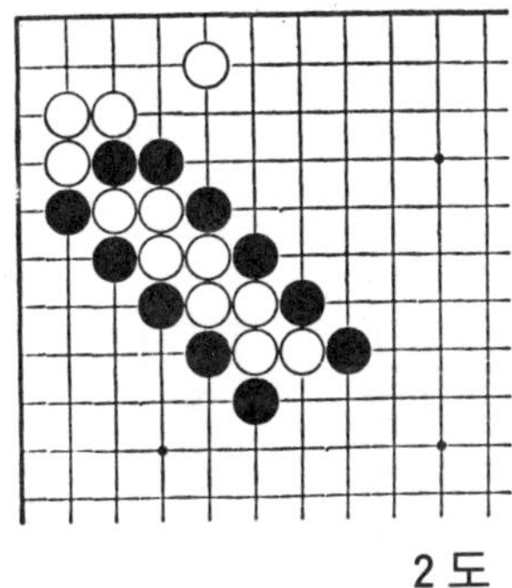
2 도

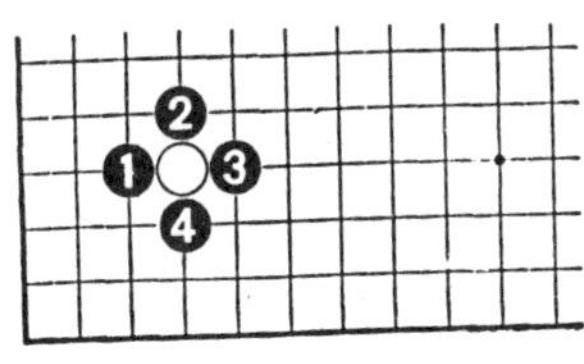
3 도

3. 돌을 잡는 맥점

상대의 돌을 잡는다. '2집'을 빼앗는 것은 후술 하기로(사활의 맥)한다.

1 축

이 모양은 축의 모양이다. 백 2 다음 계속하여 피해 나가면 15까지 몰아서 축이다.

2 도는 과정을 나타내었다. 3 도의 한점을 잡기 위해서는 4 곳을 에워싸야 함을 볼 수 있다.

이것은 돌을 잡는 맥점을 설명한 것이다. 바둑에 있어서는, 도망가는 것보다는 뒤쫓아가서 붙잡는 것이 얼마나 더 많은 힘을 필요로 하는가 하는 점을 이 그림을 통해서도 잘 알 수가 있다.

백돌 하나를 잡기 위해서 흑은 4개의 돌을 사용하지 않으면 안된다. 물론 상황에 따라서는 달라진다.

여기에서는 돌을 잡는데 필요한 돌의 수(数)보다는, 어느 곳에 착점(着點)하여야만 원하는 돌을 잡을 수 있을까 하는 맥점에 관해서 알아보고자 하는 것이다.

축은 나가는 돌의 머리를 조이는 것이다.

이에 대해서 해설을 하기로 한다. 또한 축을 연구하여 보기로 한다.

4도 백의 진로상에 백 ◬가 있다면 축은 성립이 되지 않는다.

5도에서나 **6도**에서처럼 백 ◬가 존재하고 있다면 축은 어떻게도 성립하지 않는다.

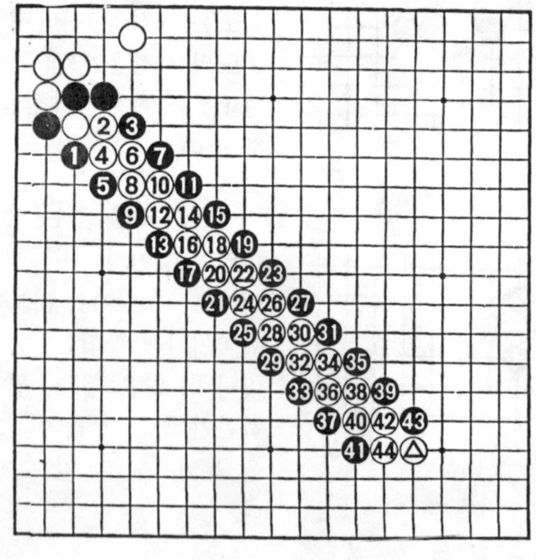

4도

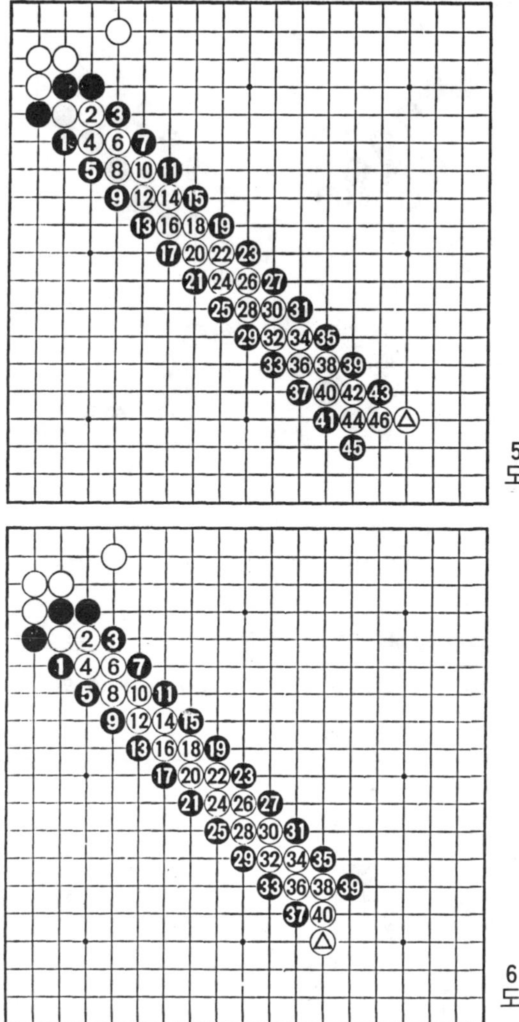

5도

6도

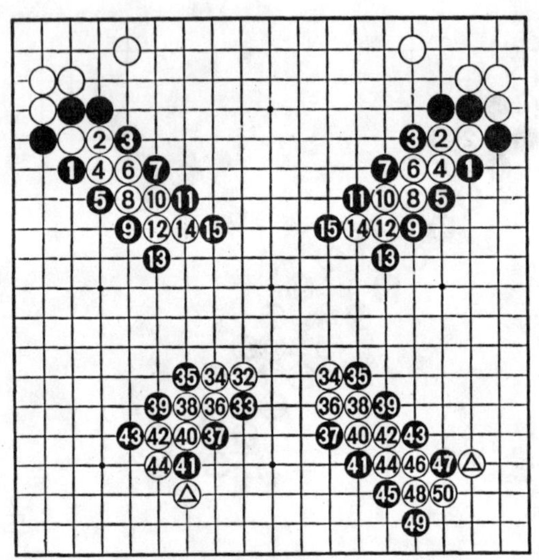

7 도 이것을 나타내본다면 도중은 생략을 하기로 하고 흑의 진로는 한길 바깥쪽의 존재이다. 축이 성립되지 않는다.

8 도 여기에서 백 ◬ 의 진로는 흑 ◭ 표로 밖을 조여 바깥에 흑▲를 따라가면 축이다. **9** 도의 백 ◬ 의 6점이 있어 축이 성립되지 않는다.

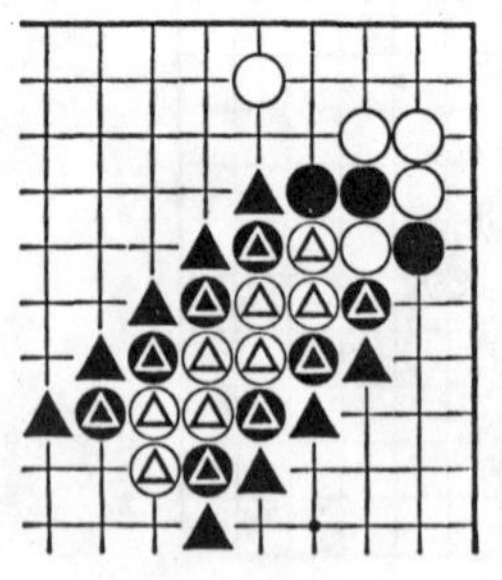

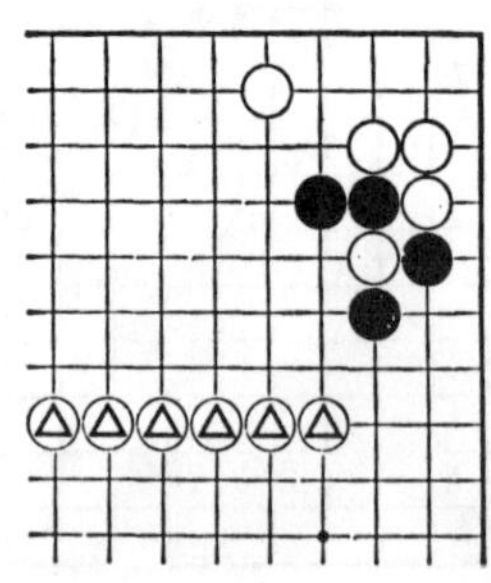

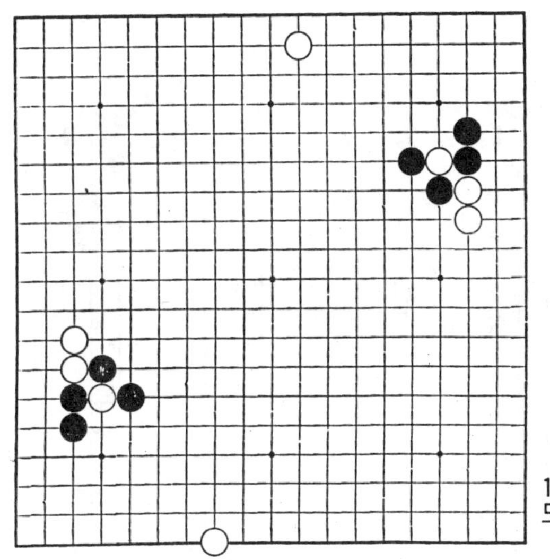

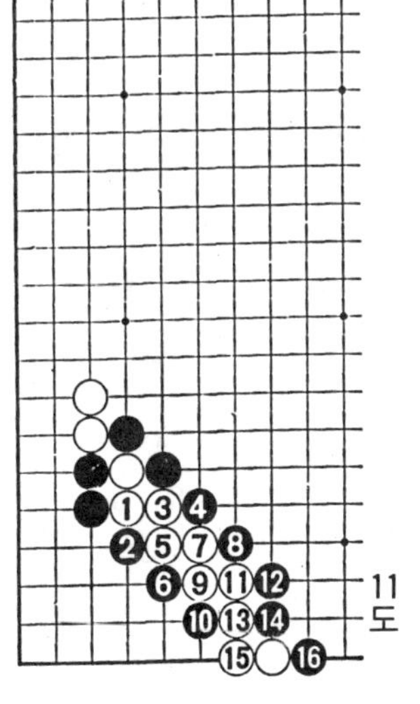

10도 좌하의 축을 피하여 나간다.

피하는 진로상(進路上)에 백돌이 있기 때문에 백으로서는 안심이다.

11도 **13**다음에는 **14**로 단수를 한다. 2선에서는 1선으로 오는 축이 성립함이 중요하다.

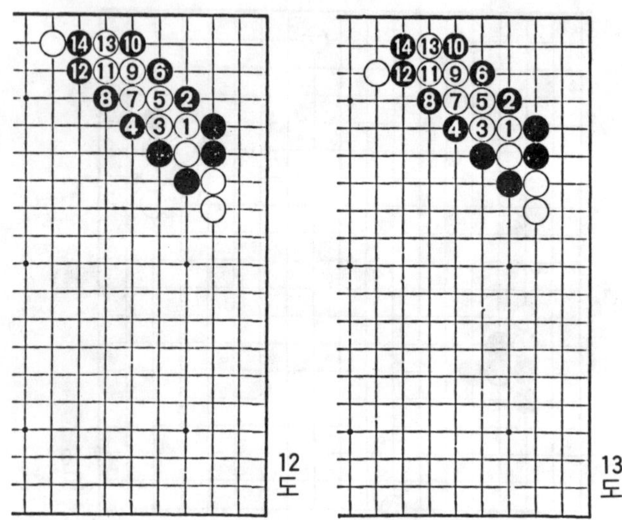

12도 10도의 우상의 모양이다. 이것은 백 한 점이 2선에 있다 하여도 흑14까지 축이다.

13도 백 한 점이 한 길 위라고 하여도 축이 성립을 한다.

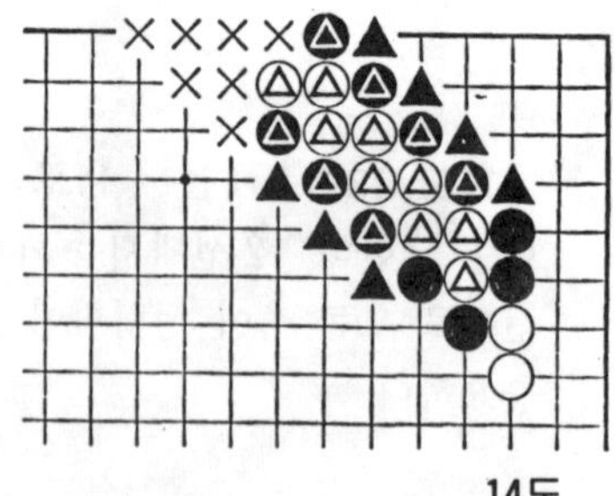

14도

14도 8도의 축단수의, 변에 가까운 보정도이다.

×표한 일곱 군데는 축단수가 되지 않는다. 이 그림은 단순한 흑의 모양을 나타낸 것이다.

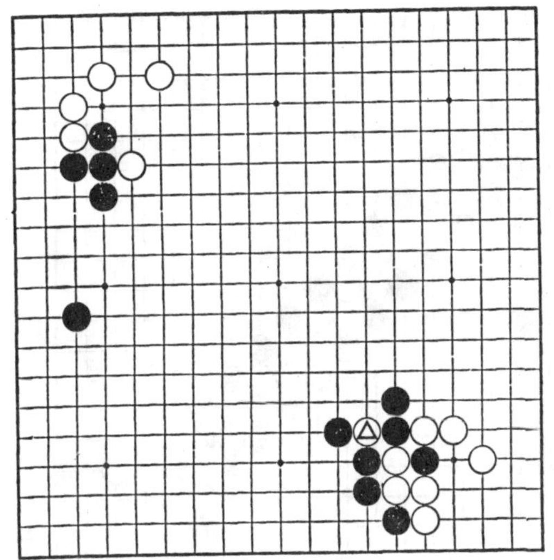

15
도

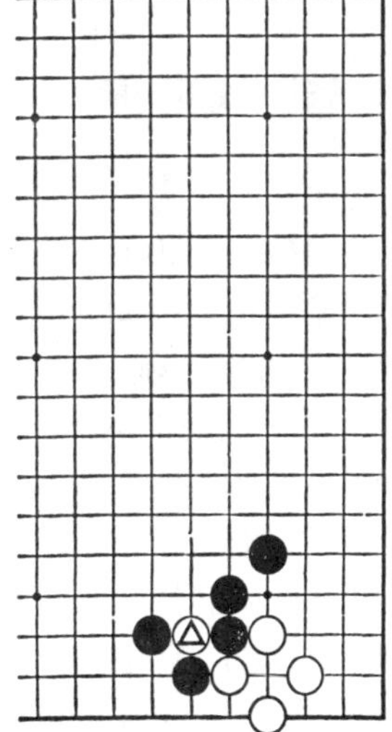

16
도

15도 백◎표가 도망하여 나갈 수 있을까?

16도 (좌상귀의 모양은 같다) 백◎가 도망을 하여 나갈 수 있을까?

현재로서는 축이 성립되어 있다. 이 경우에 백은 ◎한 점에 대한 축의 진행도를 그려본후, 수읽기의 힘으로 결과도를 계산해야 한다.

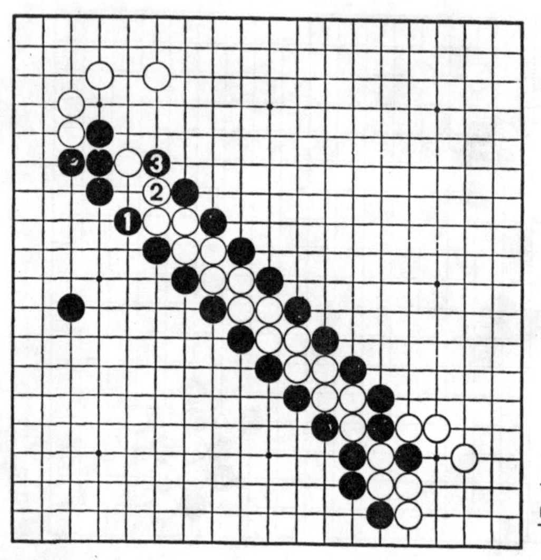

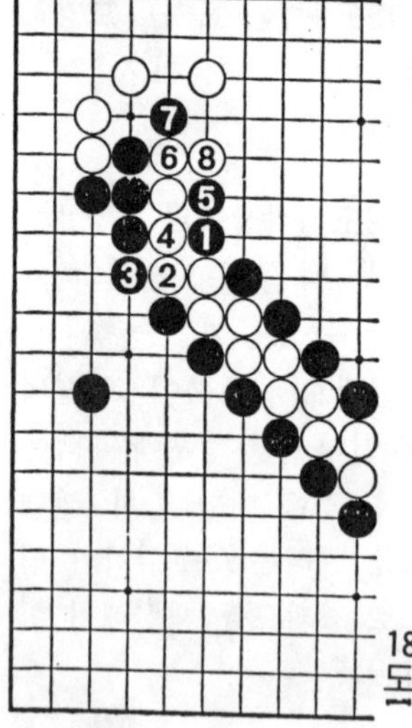

17도 15도의 답이다. 이것은 축이 성립을 하는 곳이다.

18도 16도의 답이다.

이상에서 보는 바와 같이 결과도를 머리 속에 그려본 후에, 축이 성립이 된다면 일찌감치 포기하고 손을 빼는 것이 현명한 방법이다. 그러나 축 성립이 안되는 곳이라면 끝까지 진행하여 큰 이익을 취할 수가 있다.

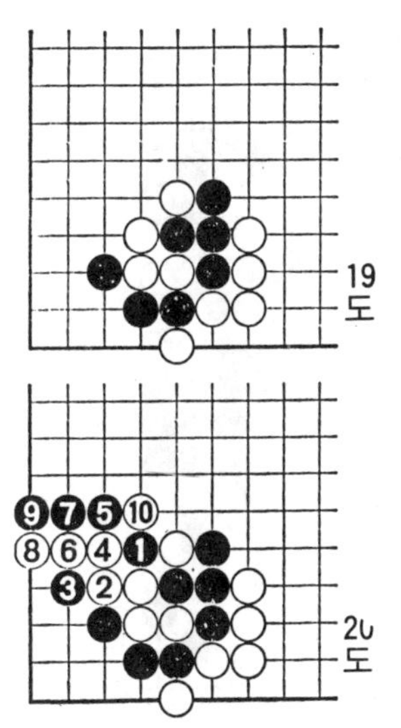

19도 흑의 차례이다. 이 모양에서는 축이 성립이 되는 걸까?

20도 흑 1의 단수가 제1보이다. 백10으로 때려낸 다음——

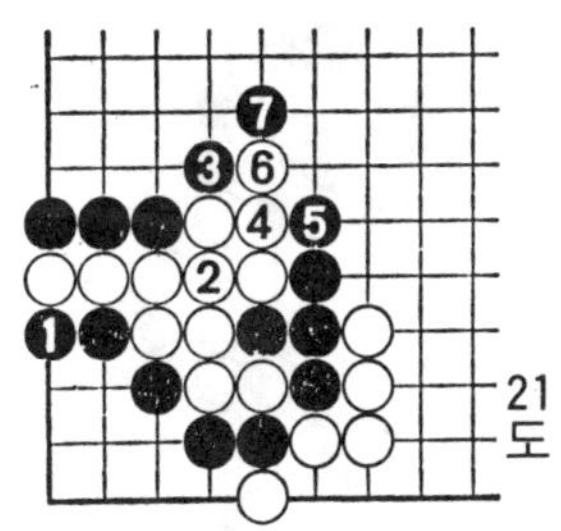

21도 흑 1의 단수, 백 2의 이음 다음에 흑 7로 다시 축이 된다.

이것은 반상에 나온 명작을 예시한 모양이다.

22도 축의 발단이다. 5점에 대한 90도(度)의 회전이다.

23도 19에서 180도(度), 53과 65, 91로 90도(度) 회전이다.

24도 19로 180도(度), 41로 45도(度), 66다음에—.

25도 흑11로 장렬한 최후를 맞는다고 할 수 있다.

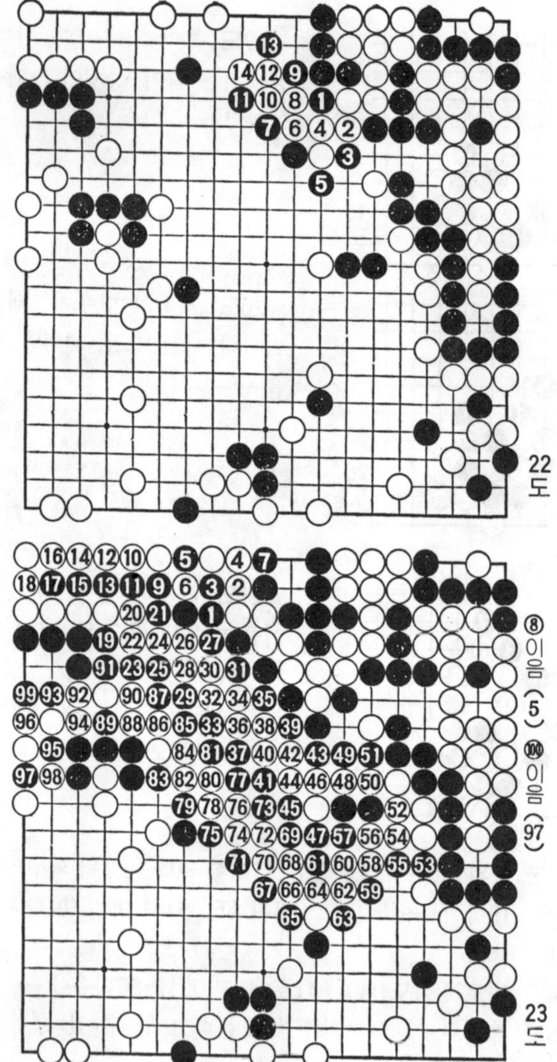
22도
⑧ 이음 (5)
⑩⓪ 이음 (97)
23도

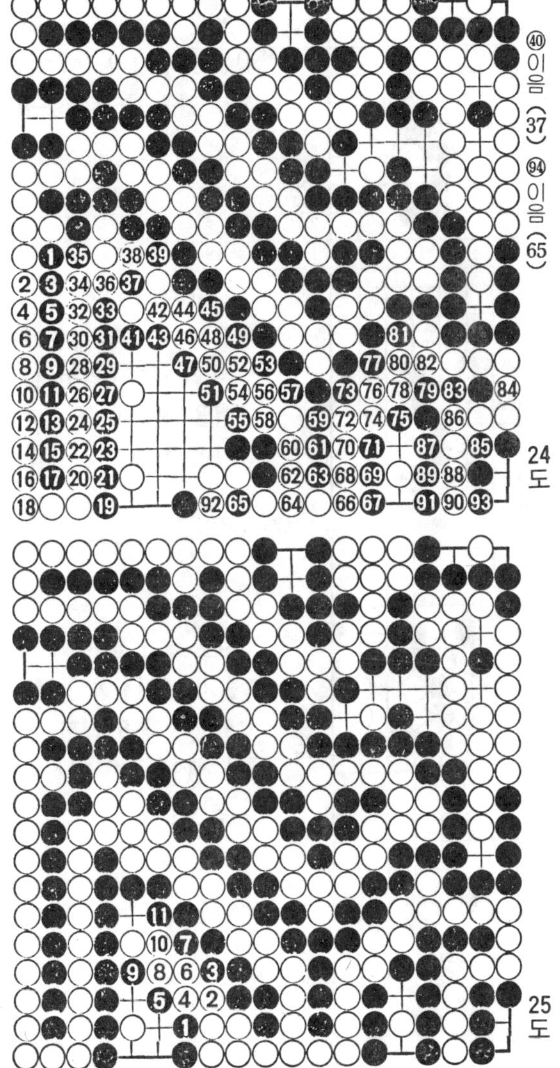

24도

25도

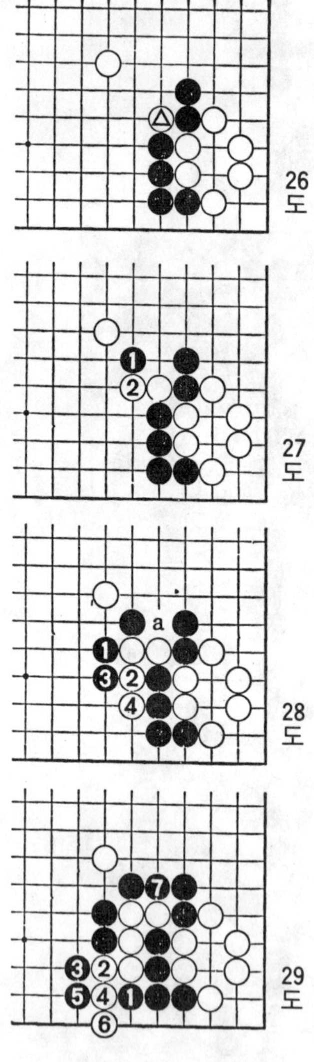

26도 백 ◬ 로 갈라치고 있는 모양이다. 이 점을 축으로 잡을 수는없을까?

27도 흑 **1** 의 씌움이다. 백 **2** 로 나가면 계속하여 **28**도의 **1** 로 내려선다. a의 단점을 염두에 두고 축으로 몰아야 한다.

29도 흑 **1** 로 민 다음에 흑 **3** 의 내려섬까지이다. 백 **4** 에는 흑 **5** 로 잡는다. 도중에 백이 **7** 로 나가면 축이 된다.

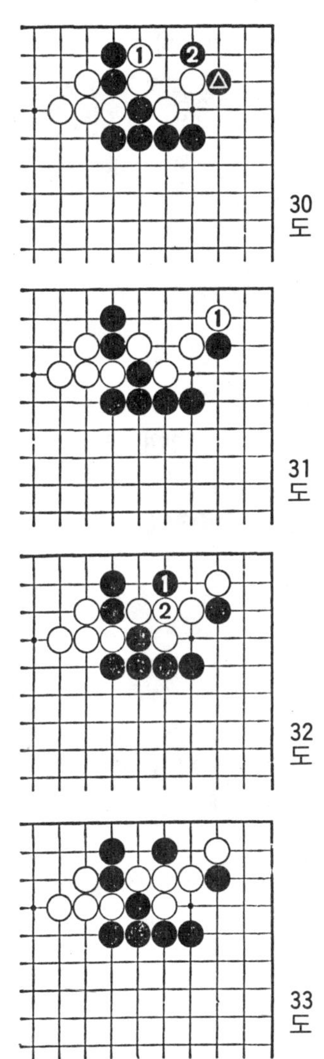

30도 정석의 변화형이다. 흑▲의 붙임에는 백을 1로 내려선다. 이것은 굴복이다. 흑은 2의 곳을 젖혀 둔다.

31도 이유를 알고 있다면 백 1의 젖힘은 당연하다.
귀의 실리와 관련이 있는 필쟁점이다.

32도 흑은 1의 곳을 노리는 엿봄이 있다.

33도 이 모양이 출제된 문제이다. 이 곳에 어떤 수가 숨어있는 것일까?

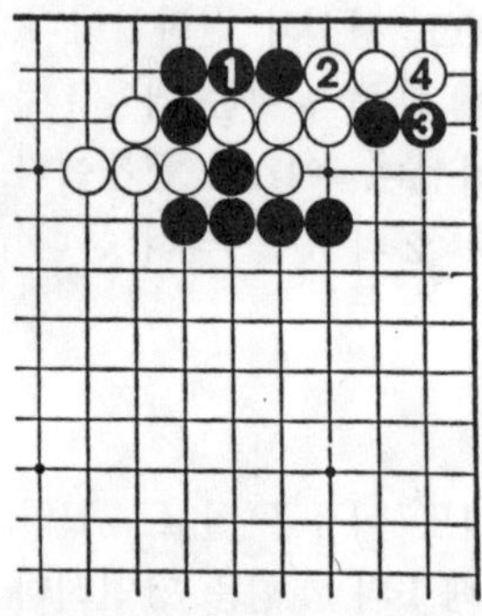

34도 흑 1의 이음으로 공격을 한다. 그러면 백은 크게 잇고 싸운다.

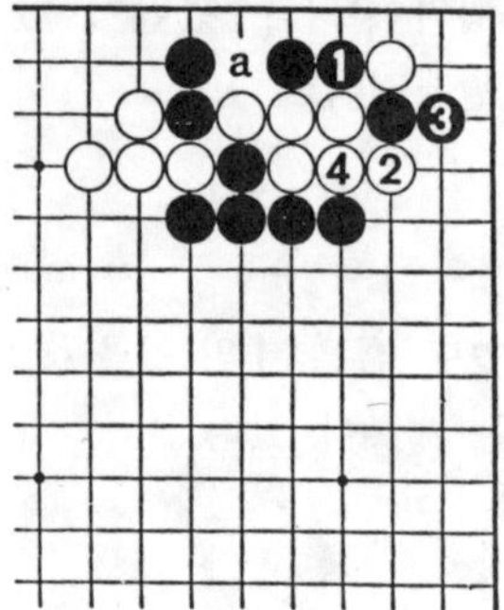

35도 흑 1의 끊음이 정해이다. 백 2의 단수에는 흑 3 이다. 앞 문제와 비슷한 맥이 출현을 하였다.

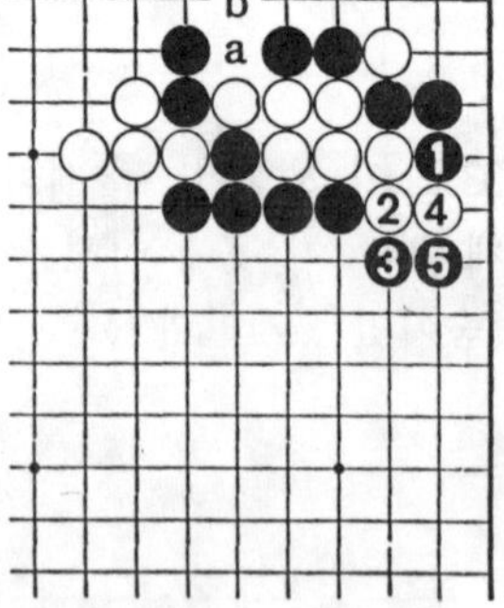

36도 흑 1 로 꼬부리고 백 2 다음에 흑 5 로 내린다. 백a에는 흑b로 받아서 그만이다. 도중에 a로 나오는 것은 흑b로 축이 된다.

2. 장문

장문은 움직이지 못하게 씌워서 포위한다는 것이다.

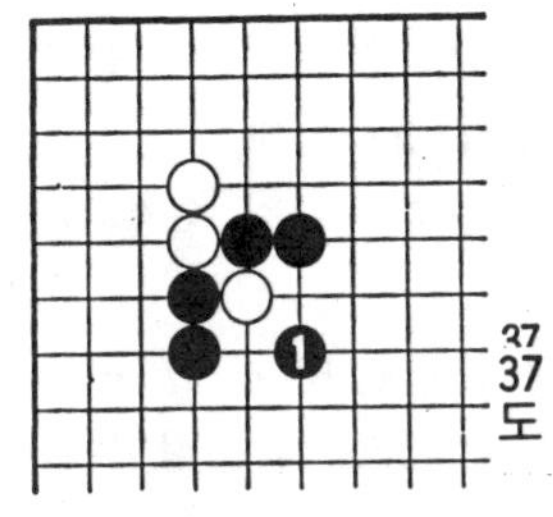

37도

37도 이것은 장문의 기본형이다.

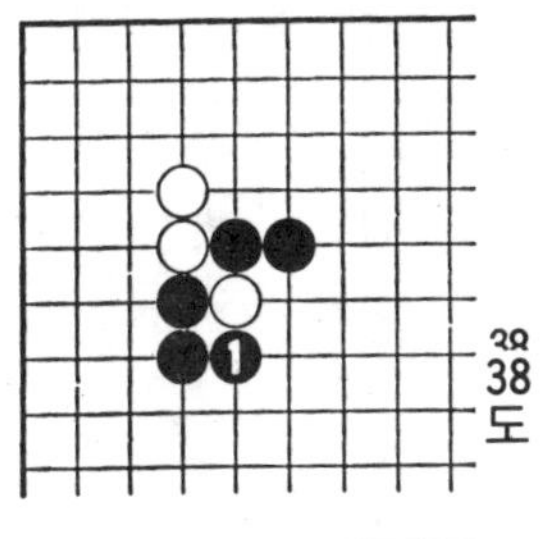

38도

38도 흑 1로 축으로 둔 모양에서 축이 불리하다면 잡을 수가 없다.

여기에서——

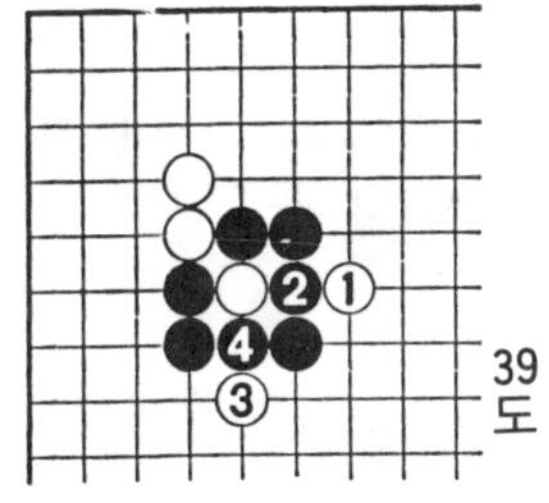

39도

39도 장문이란 축과는 다르다. 국부적으로는 1, 3의 선수 행사가 남아 있는 곳이다.

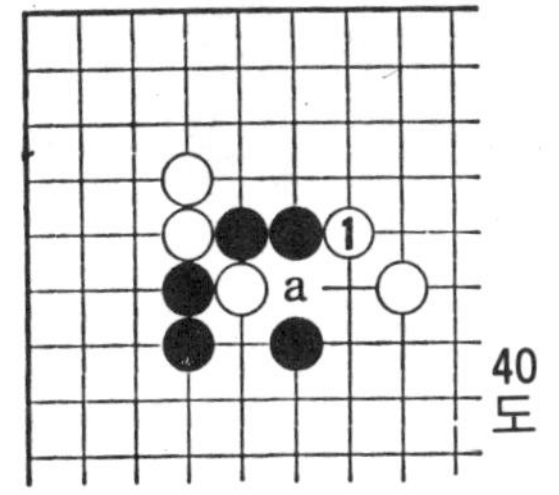

40도

40도 백 1의 마늘모도 선수 행사의 자리이다. 나중에 a로 도망함을 노린다.

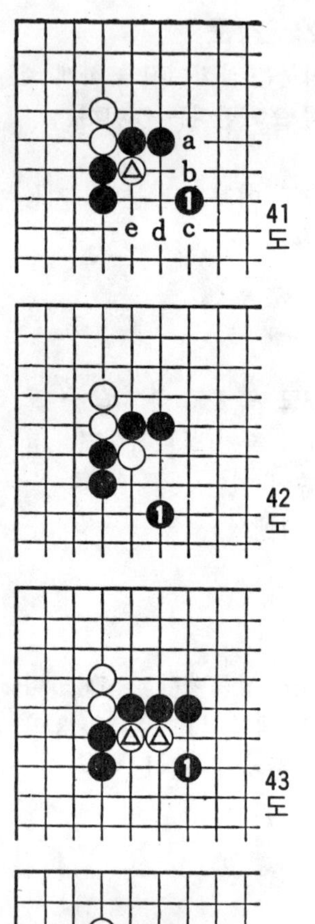

41도 37도와 같은 모양인데 흑 1의 장문이다.

백△는 피해나갈 수가 없다.

백에서는 a, b, c, d, e를 이용한다. 37도가 본형이다.

42도 도 41도의 변화이다.

43도 장문의 기본형이다. 여기에서 백△의 2점이 완전하게 잡힌다.

44도 이곳은 4곳이 급소이다. 이것은 기본적인 모양이다.

44 도

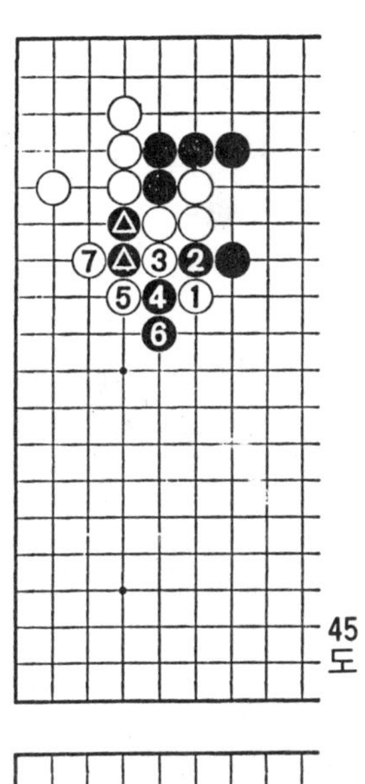

45도 백이 도망을 하는 방법이다. 여기에서 일례를 들어 보자.

본도의 1의 뜀, 흑2, 4의 나가끊음으로 흑▲가 생환이 되지 않는다.

이 그림에서 보는 바와 같이 사활(死活)의 맥점은 미묘한 것이다. 흑4에 백은 5로 단수를 부르게 되고, 흑은 6으로 이어나가지 않을 수가 없다. 이때 백은 7로 흑▲ 두 점에 대해 축단수한다. 결국 흑▲ 두 점은 꼼짝할 수 없이 죽게 되었다.

사활(死活)의 미묘한 맥점에 대해 여러 가지로 생각해 본다는 것은 기력(棋力) 향상을 위해서도 매우 바람직한 일이다.

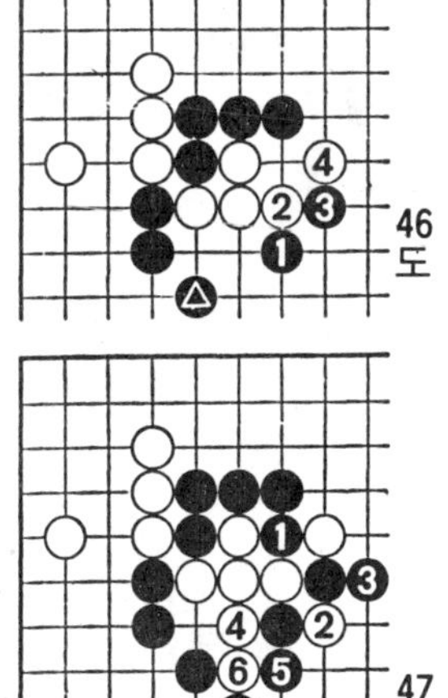

46도 흑▲의 마늘모이다. 흑1의 씌움이 백2, 4이다.

47도 1로 차단을 하면 백2 다음에 6까지인데 7의 단수까지 원칙이다.

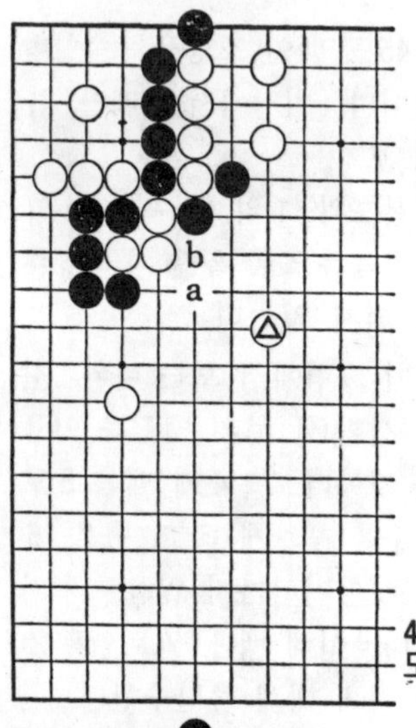

48도 백은 △로 두었다. 축과 연관이 있는 수이다. 흑a의 장문은 b로 나가서 성공할 수가 없다.

그러므로 흑은 a의 장문보다는 다른 수순을 택하는 것이 더욱 바람직한 수단이 될 것이다.

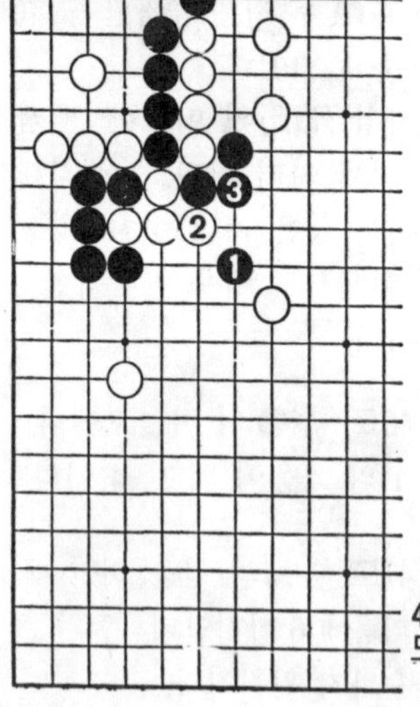

49도 흑1이 정해이다. 백2에는 흑3이다. 이 기본형의 생환을 유의해 보아야 한다.

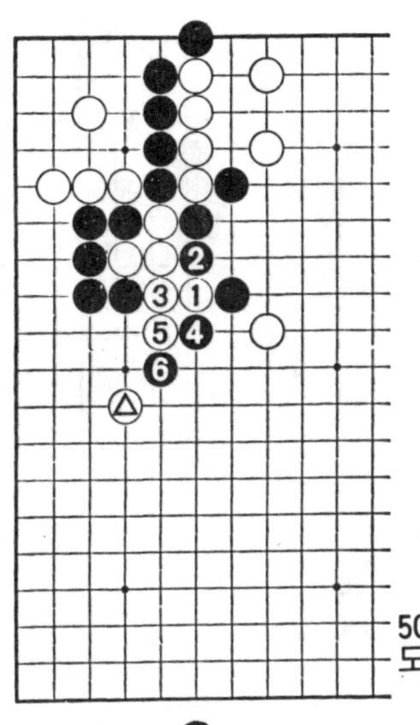

50도 백1 로 두는 저항이 있다. 그러면 흑2 에서 4, 6 까지이다. 이것은 축이 아닐 수 없다.

이 수순을 잘 기억하여야 한다.

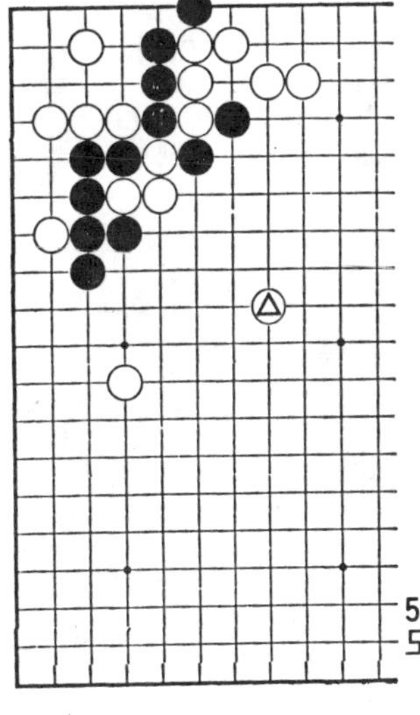

51도 백△가 축의 모양을 견제하고 있음과 비슷하다. 이곳에 무슨 수가 있는 것일까? 이것은 비슷한 맥이다.

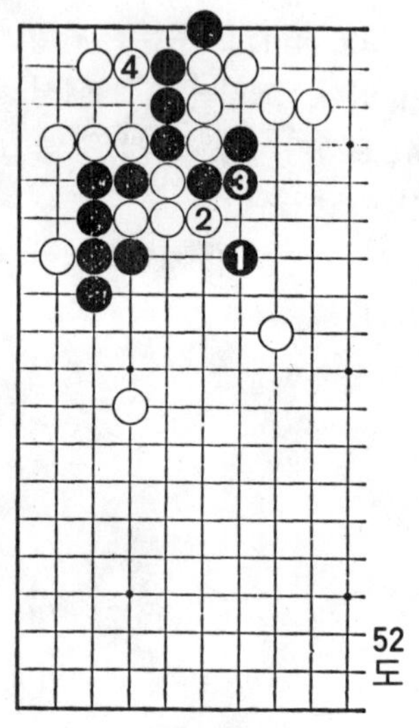

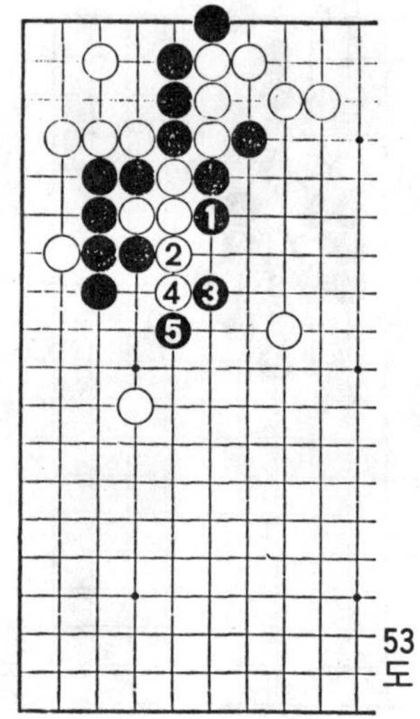

52도 앞 문제의 맥의 증명이다. 흑 **3** 까지이다. 흑은 2수로 공격하고 있음을 본다.

53도 흑 **1** 로 단수를 하고 **3** 으로 씌움이 정해이다. 흑 **5** 까지이다.

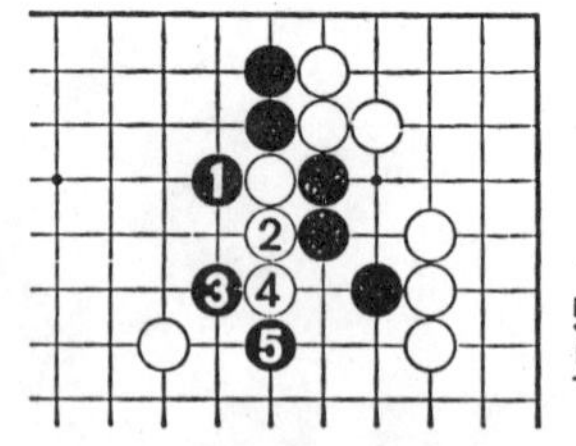

54도 흑 **1** 에서 **3**, 이것도 같은 원리이다.

여기서 일견 모양이 좋음을 배려할 필요가 있다.

백 **4** 의 나감에는 흑 **5** 의 머리 누름이 주효하다. 결국 백 3점은 꼼짝없이 잡히게 되었다.

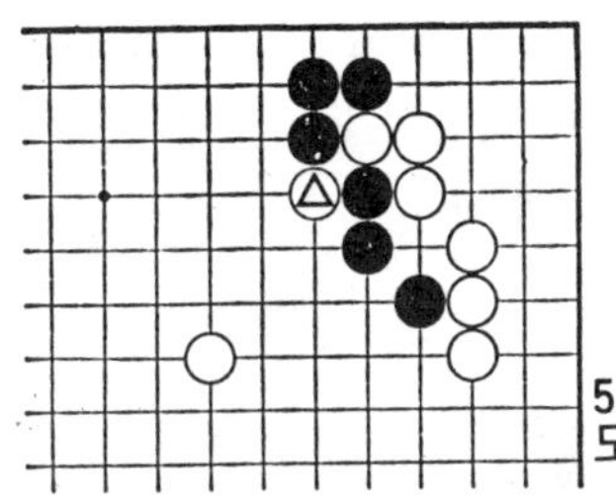
55도

55도 백◎로 끊고 있는 모양이다. 축은 백이 유리하다.

56도 흑 1, 3은 생각할 수 없는 곳이다. 54도와 55도를 보면 중요성을 느낄 수가 있을 것이다.

56도

57도 흑 1의 씌움에서 다음 축이 성립함이 정해이다. 비어있는 공배가 있는 곳이지만 이것도 축의 일종이다.

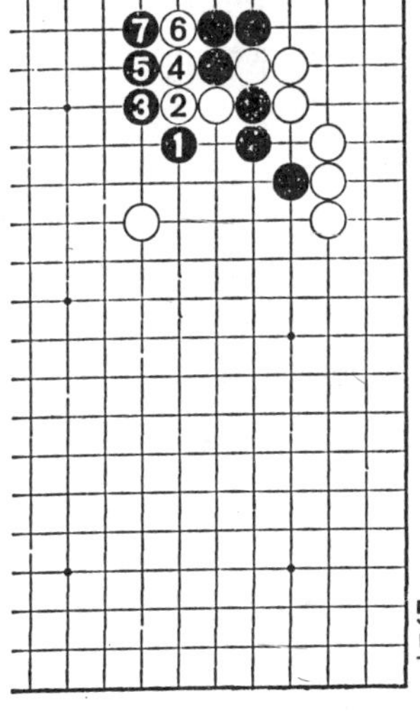
57도

흑 1의 씌움에 백은 2로 붙여 뻗었다. 흑은 3으로 젖혀 축몰이를 한다. 백 4의 나감은 궁여지책의 수순. 흑은 5로 따라 막으면서 나간다. 백 6의 나감에는 흑 7로 쐐기를 박는다.

백으로서는 꼼짝달싹 못하고 잡히는 꼴이 되었다. 그러므로 항상 수읽기를 한 연후에 무모한 착점(着點)은 하지 않도록 해야 한다.

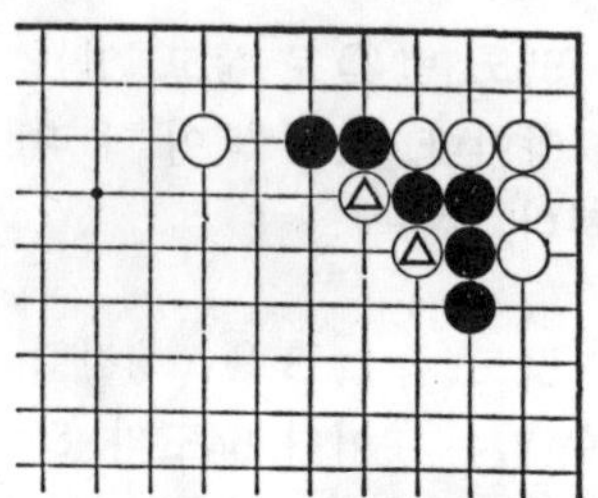

58도 백 Ⓐ가 끊어져 있다. 백 2점을 어떻게 잡아야 할까?

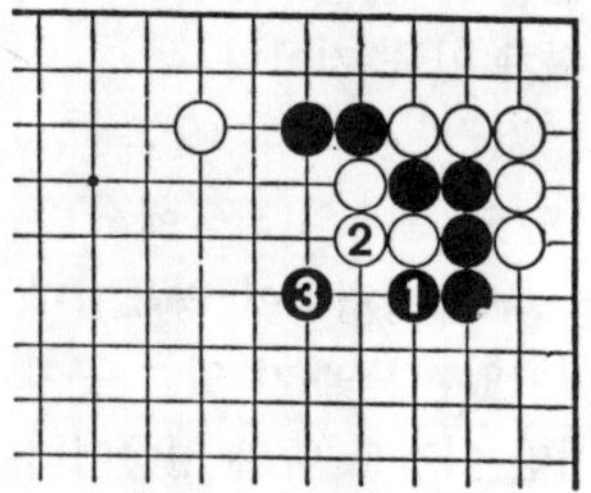

59도 흑 1의 단수에 백 2이면 흑 3의 장문이다. 그러나 백이 2로 잇지 않고—

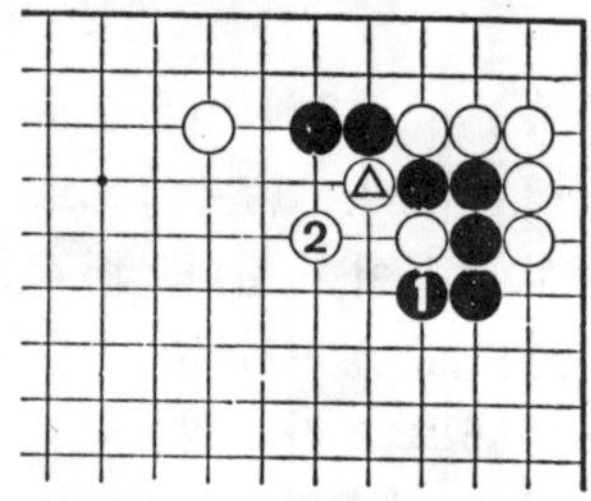

60도 흑 1의 단수에 2의 곳을 호구친다면 어떻게 될까? 여기에서는 백 Ⓐ를 잡는 수가 없다.

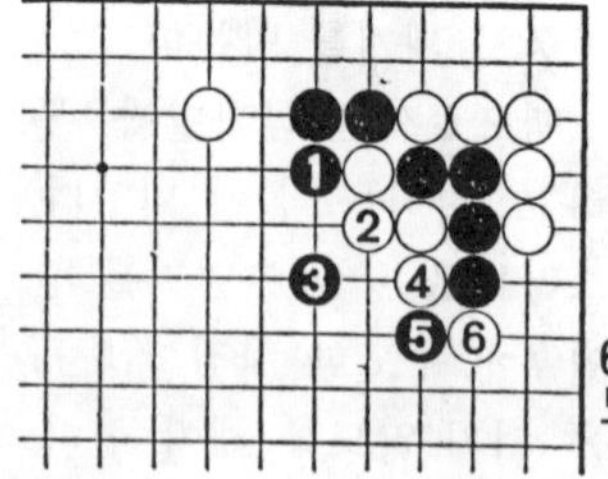

61도 전도의 교훈을 삼아 흑 1로 밀어 올리는 것은 2로 잇는다. 흑 3에는 4, 6으로 둔다.

59도의 모양의 변화는 다음 도이다.

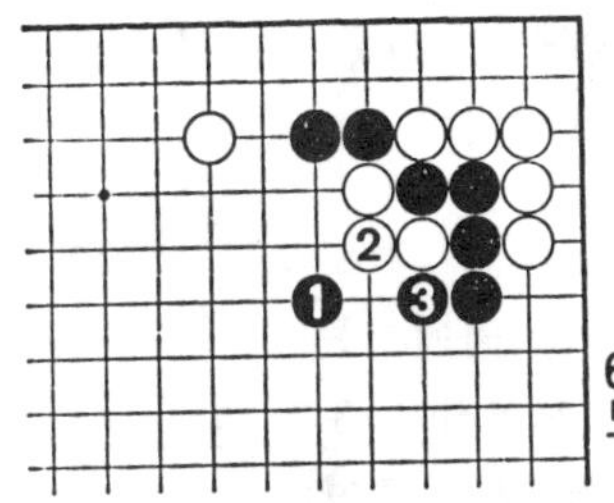

62도 흑 1 로 두면 백 2 의 이음이다. 그러면 3 으로 올린다. 이것은 성공이다.

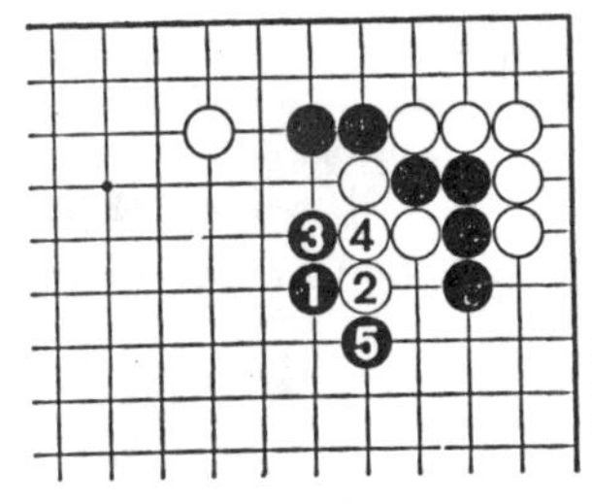

63도 흑 1 에 백 2 는, 흑 3 이 침착한 수이다. 백 4 의 이음에는 흑 5 로 젖힌다.

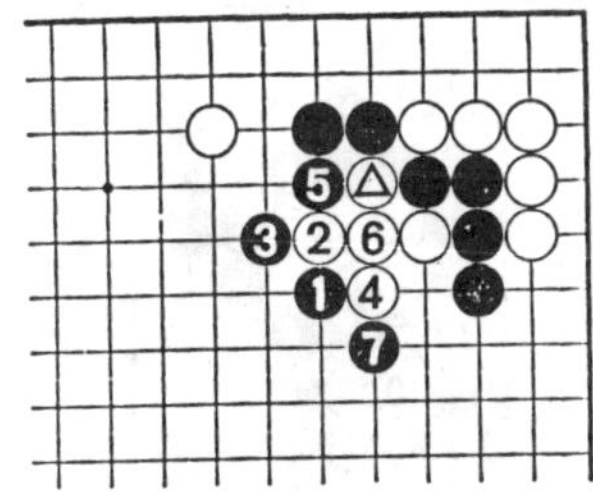

64도 백 2 에는 흑 3 의 젖힘이 침착하다. 이것은 7 까지 백 △표 요석이 탈출할 수 없다.

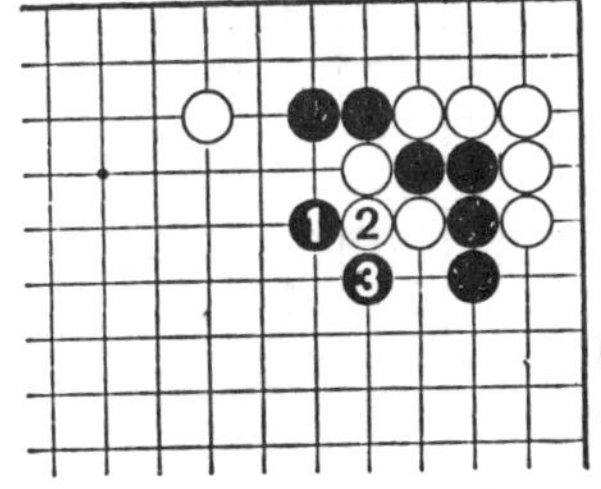

65도 이 도에서는 사실은 1, 3 의 수순이 알기쉽다. 이 돌들은 요석의 의미가 있어 반드시 잡아야 하는 점이다.

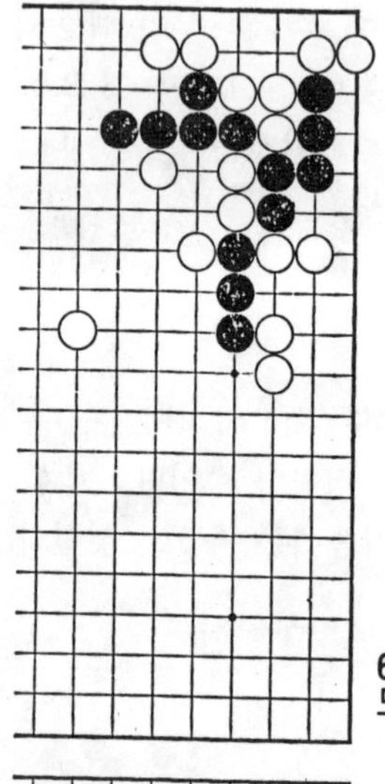
66도

66도 큰 싸움이 벌어진 다음의 모양이다.

67도 흑에서는 1의곳을 끊음. 계속하여 3의 단수 다음에 5, 7로 조였다.

68도 흑 9의 싸움에 백10, 다음 13까지 회돌이를 당한다.

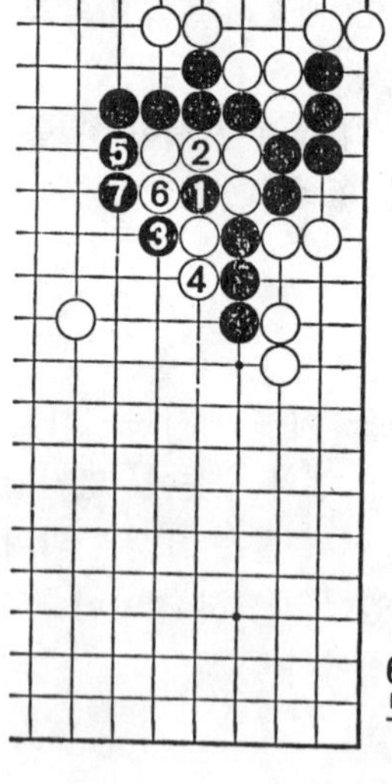
67도

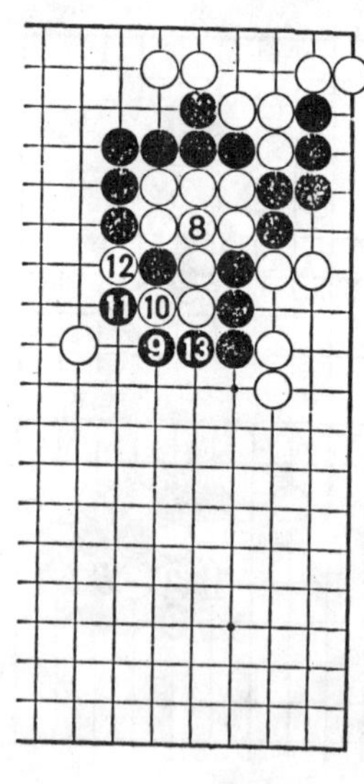
68도

69도 흑 1, 3에는 백이 4로 피해 나가면 어떻게 될까? 백 8까지 잡을 수가 없다.

70도 흑 1부터 둔다. 백 2에는 3, 다음에——

71도 백 2의 부딪힘, 흑 3 다음에 백 ◎와 관련하여 5의 꼬부림까지이다.

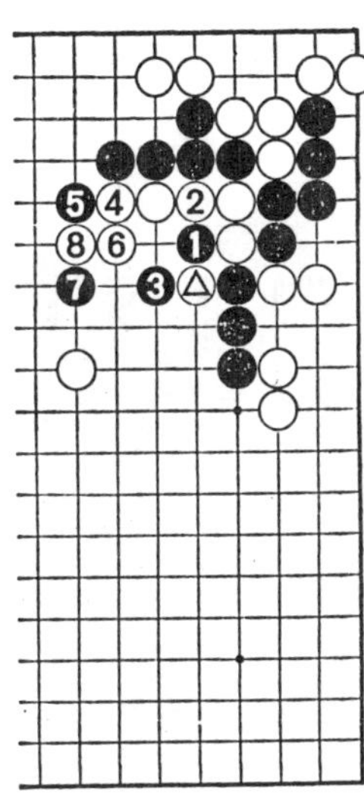

69도

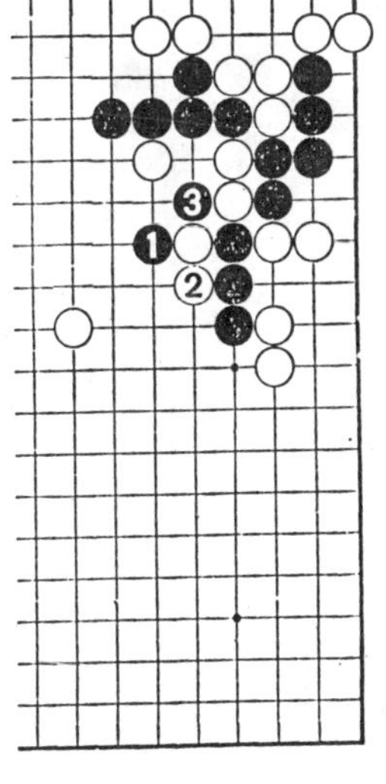

70도

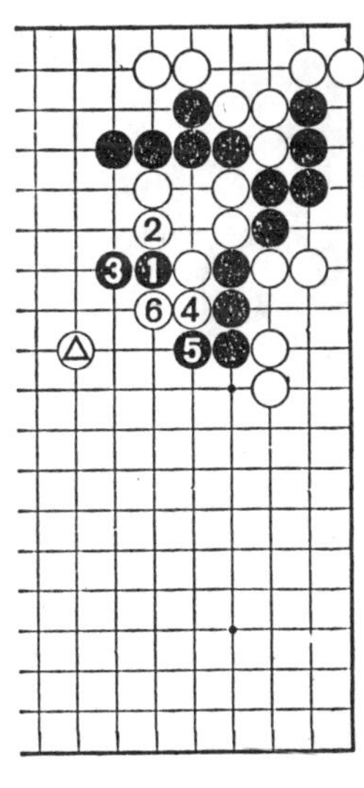

71도

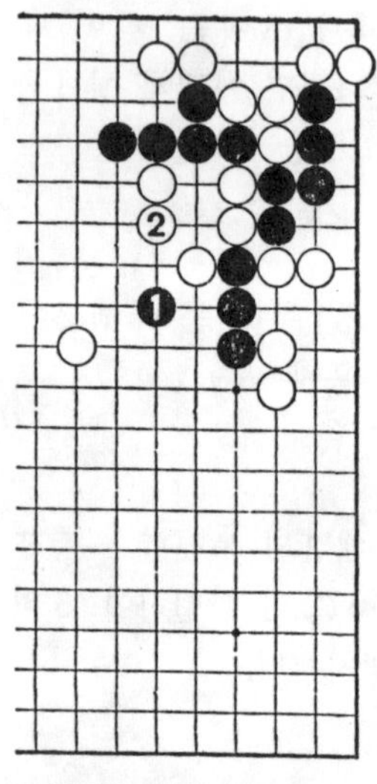

72도

72도 흑 1 에는 백 2 가 대장부이다.

73도 여기에서 흑 1 은 백 2 그러넌 3 을 선수하고 5 의 곳을 조인다.

74도 백 2 에서 3 으로 나오게 되면 5, 7 로 조인다. 흑 1 이 본명(本命)의 수이다.

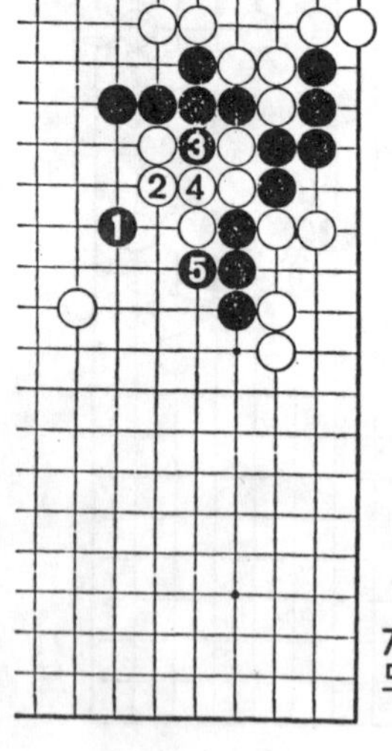

73도

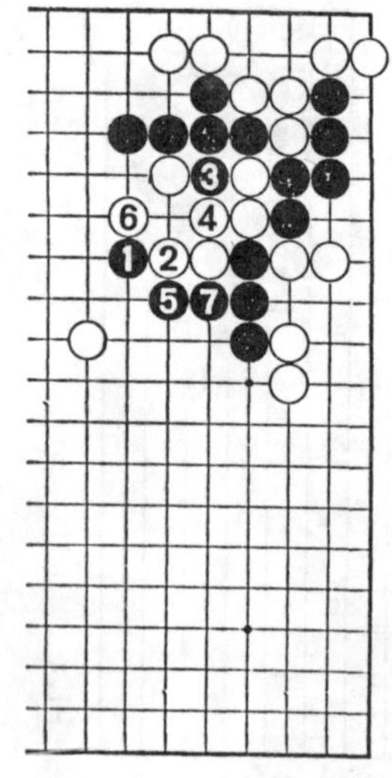

74도

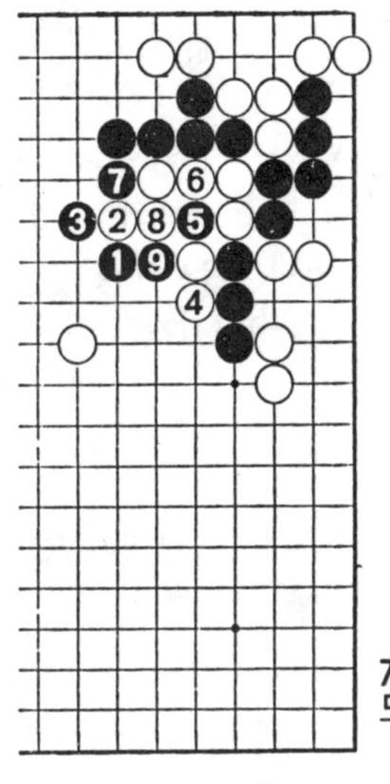
75도

75도 백 2의 마늘모붙임에는 흑 3 다음에 5의 끊음까지이다. 다음 9까지 조인 다음에 ——

76도 흑 11도 장문의 기본형의 하나이다.

77도 흑 1, 백 2로 두는 것은 수단의 여지가 없다.

이상의 2문제는 엄밀하게 말하면 하나의 모양이지만 자주 나타나는 문제이다.

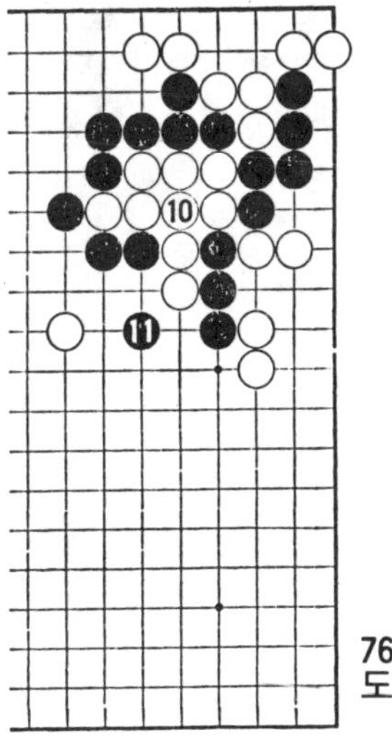
76도

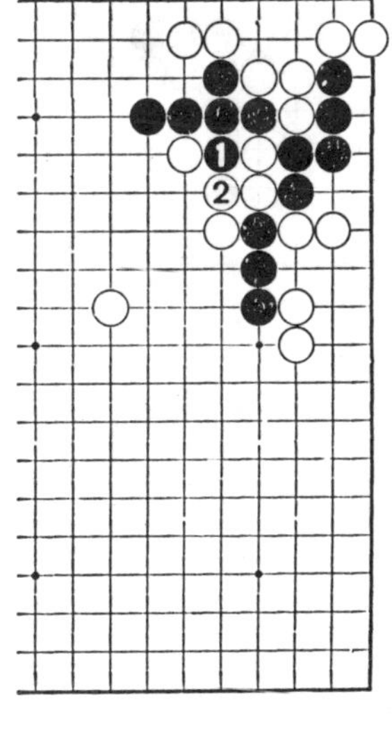
77도

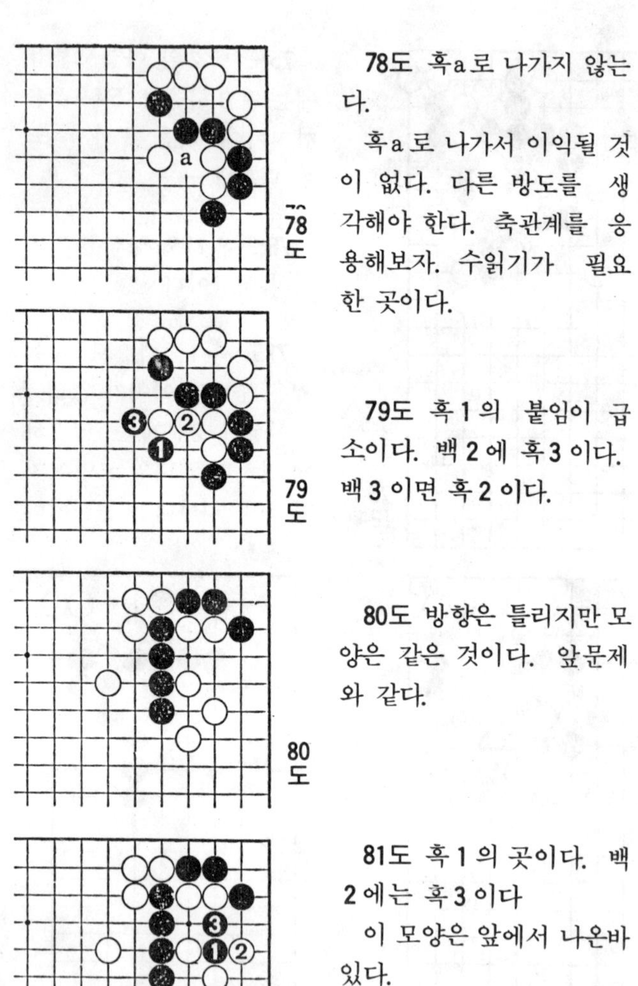

78도 흑a로 나가지 않는다.

흑a로 나가서 이익될 것이 없다. 다른 방도를 생각해야 한다. 축관계를 응용해보자. 수읽기가 필요한 곳이다.

79도 흑1의 붙임이 급소이다. 백2에 흑3이다. 백3이면 흑2이다.

80도 방향은 틀리지만 모양은 같은 것이다. 앞문제와 같다.

81도 흑1의 곳이다. 백2에는 흑3이다

이 모양은 앞에서 나온바 있다.

4. 사활의 맥점

바둑은 계산에 있어 사활에 의견이 있다. 여기에서 바른 판정이 매우 중요하다고 생각을 한다.

바둑은 쌍방이 사활을 다투는 중에 우위에 서는 결과를 가져와야 한다.

장기와는 달리 바둑은 돌을 잡는 방법이나 사활의 지식이 다르다.

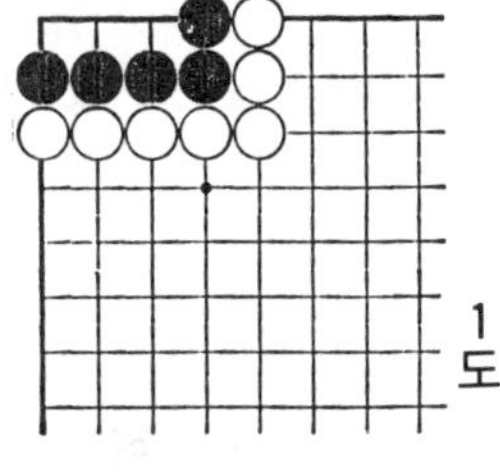

1도

특히 사활의 지식은 무엇보다도 중요하다. 이 장에서는 사는 맥과 죽이는 맥을 같은 시각에서 다루어 보고자 한다. 사는 것도, 죽이는 것도 따지고 보면 같은 맥락에서 이해될 수 있는 것이다. 이것은 표현은 다를지 몰라도 결국은 큰 차이가 없는 것이다.

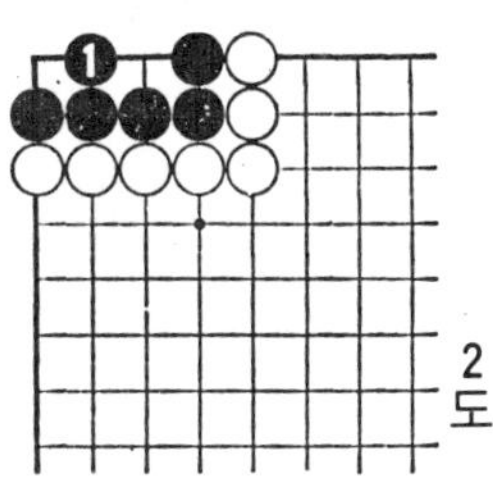

2도

1 집모양의 기본

1도 3집의 모양
이것은 2도의 흑 1로 산다.

사활의 맥점은 바둑에 있어서 필수적인 것이다. 사활의 맥점을 모르고서는 결코 바둑을 둘 수가 없다. 사활의 맥점은 상대방의 돌을 잡기 위해서도, 또 자기의 돌이 살기 위해서도 필요한 요건의 급소이다.

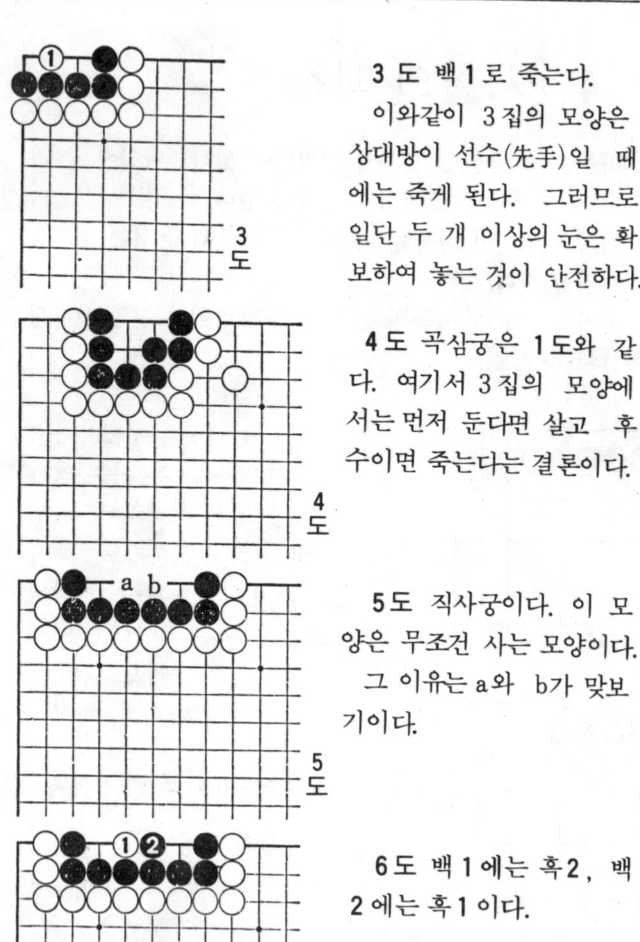

3 도 백 1 로 죽는다.

이와같이 3 집의 모양은 상대방이 선수(先手)일 때에는 죽게 된다. 그러므로 일단 두 개 이상의 눈은 확보하여 놓는 것이 안전하다.

4 도 곡삼궁은 1 도와 같다. 여기서 3 집의 모양에서는 먼저 둔다면 살고 후수이면 죽는다는 결론이다.

5 도 직사궁이다. 이 모양은 무조건 사는 모양이다.

그 이유는 a와 b가 맞보기이다.

6 도 백 1 에는 흑 2, 백 2 에는 흑 1 이다.

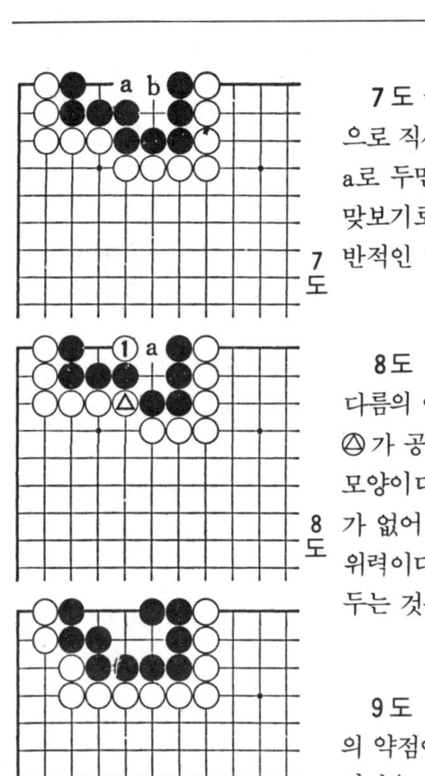

7 도 곡사궁이다. 일반적으로 직사궁과는 다르다. a로 두면 b로 두기 때문에 맞보기로 산다. 이것이 일반적인 곡사궁이다.

8 도 곡사궁과 직사궁의 다름의 예이다. 이것은 백 Ⓐ가 공배를 메꾸고 있는 모양이다. 이것은 a로 둘수가 없어 죽는다. 백 Ⓐ 의 위력이다. 백 1 로 a의 곳에 두는 것은 같다.

9 도 2 군데 모두다 공배의 약점이 커버되어 있다면 이것은 7 도와 같이 사는 모양이다.

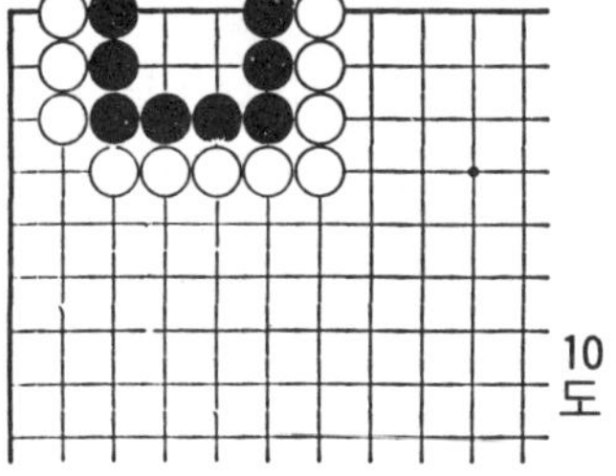

10도 그냥 정사궁인 경우는 어떠한가? 이것은 먼저 선수로 두어도 죽는다.

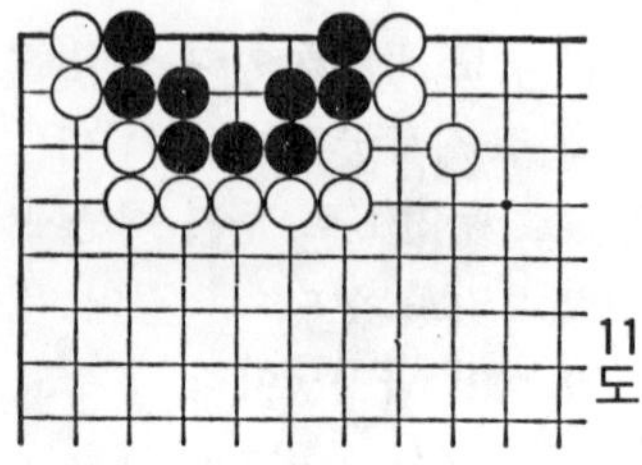

11도 凸모양의 사궁이다. 여기에는 3곳의 공배가 다 메꾸어져 있다. 성질은 곡삼궁과 비슷하지만 먼저 두면 살고, 나중에 두면 죽는다.

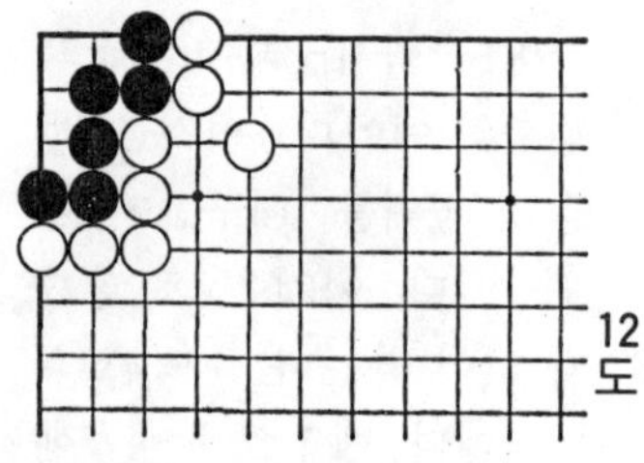

12도 이것이 귀에서 나오는 일반적인 사궁이다. '귀의 곡사궁' 이라 하는데 초심자가 두는 모양에서는 패이다. 고급자는 고급자대로 반상에 비극이 전개된다.

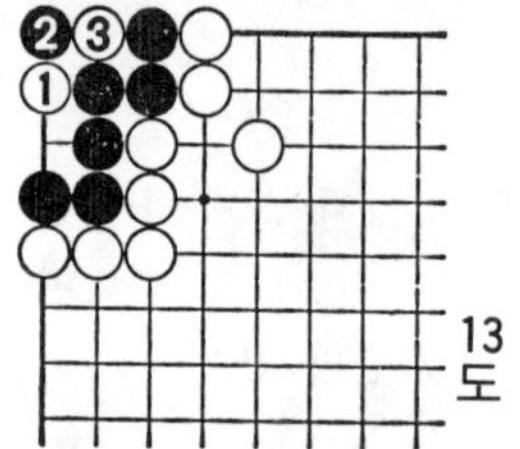

13도 백 1 이 급소이다. 다음에 흑 2 는 3 으로 패이다. 기억해 두기 바란다.

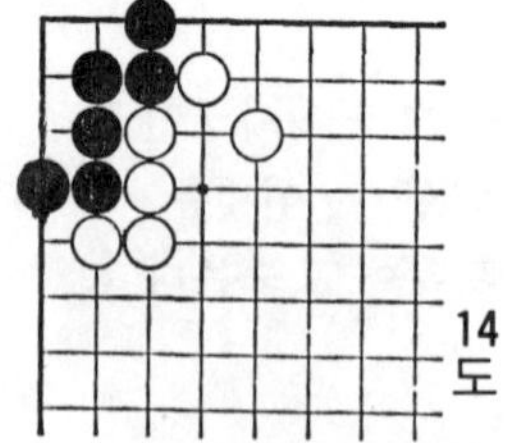

14도 양쪽이 터져 있는 모양이라면 어떨까? 공배가 2곳이나 있는 모양이다.

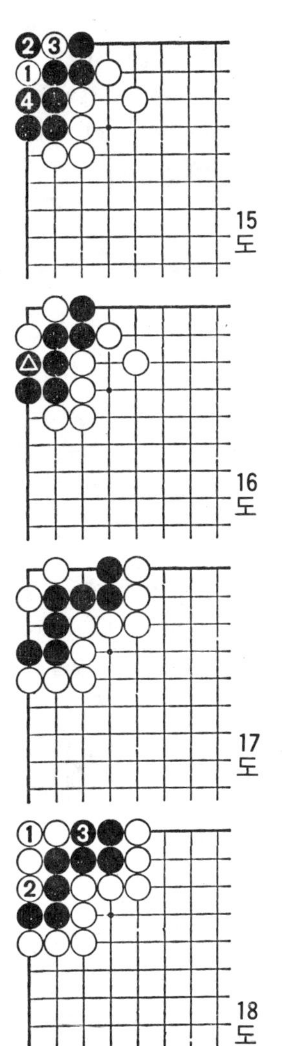

15도 백 1, 흑 2, 백 3 다음에 흑 4 로 두는 수가 가능하다.

16도 전도의 결과의 재현이다. 흑△로 조인 상태에서 귀는 백의 착수가 급해져 있다. 이것이 맥의 대표적이다.

17도 이것도 비슷한 모양이나 '바둑 규약'에 의하면 이것은 죽은 모양으로 간과하고 있다.

18도 흑에서 두지 않고 백이 일방적으로 두는 전리이다. 백 2 에는 흑 3 으로 때려낸다. 계속하여——

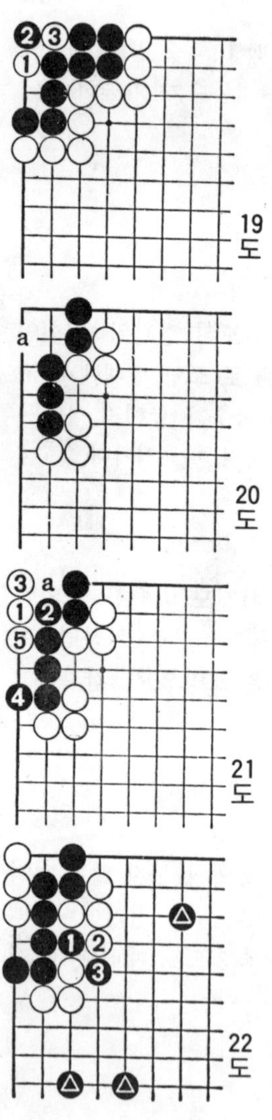

19도 백 1의 치중에서 3까지는 앞에서 설명을 한바가 있다. 이것은 18도 1, 2의 일방적 권리에 근거를 한다.

20도 이런 모양은 어떨까? 흑a로는 급소에 다가선다.

21도 백 1은 필연이다. 흑 2 다음에 백이 3의 곳에 늘면 흑4에 5까지 당연한 응수이다.

백에서는 a의 곳에 두지 않는다. 그렇게 되면 15도의 모양이 되어 무조건 산다.

22도 흑▲의 배치가 있는 모양이라면 흑 1 다음 3의 끊음에 백의 고전이다.

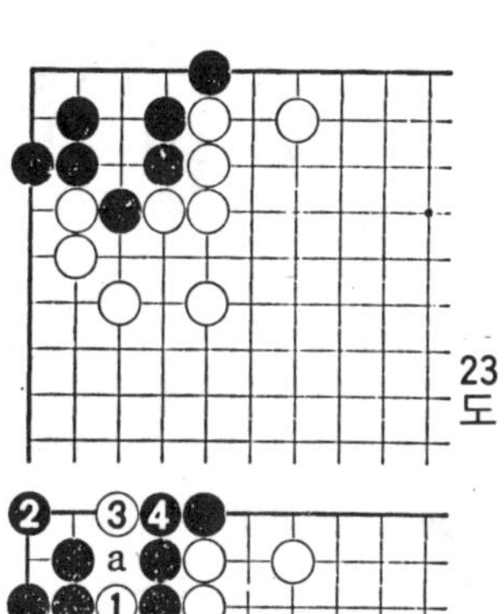

23도 조금 복잡한 모양이다. 주의를 요한다.

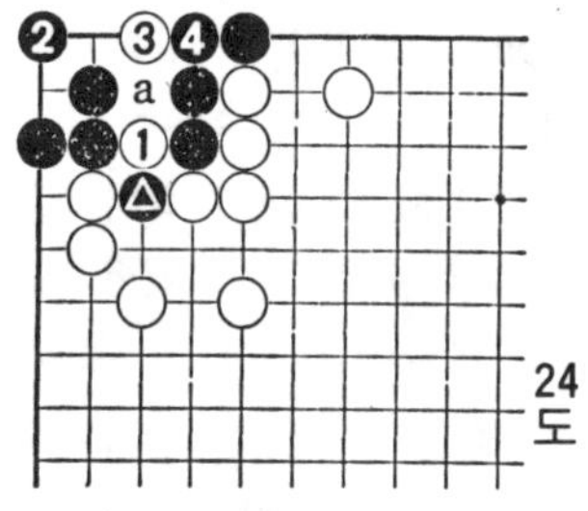

24도 백 **1** 에 먹여치는 것은 어떨까? 흑은 **2** 의 곳 급소에 둔다. 백 **3** 에는 흑 **4** 로 둔다. 흑△가 있기 때문에 이어갈 수가 없다.

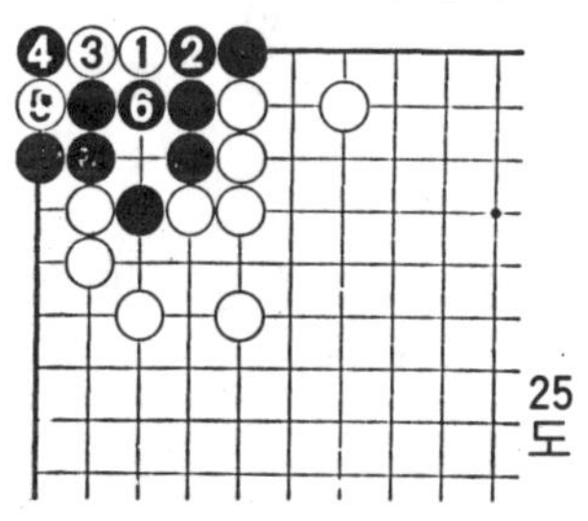

25도 백 **1** 의 치중은 어떨까? 흑 **4** 다음에 **6** 의 조임까지 흑이 사는 모양이다.

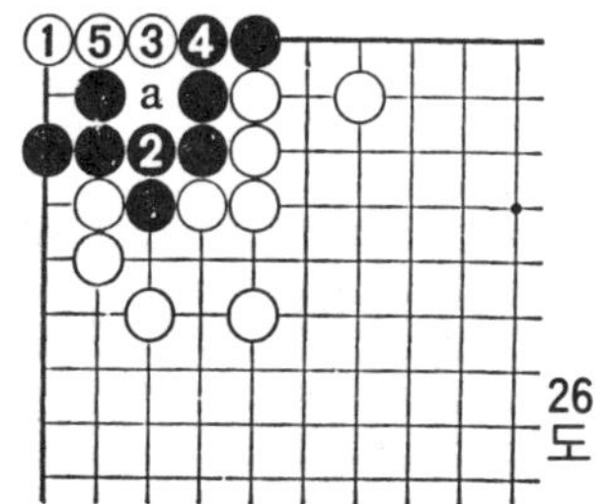

26도 백 **1** 이 급소이다. 흑 **2** 의 이음에는 **3**, **5** 로 이어서 일단은 빅이 나는 모양이다.

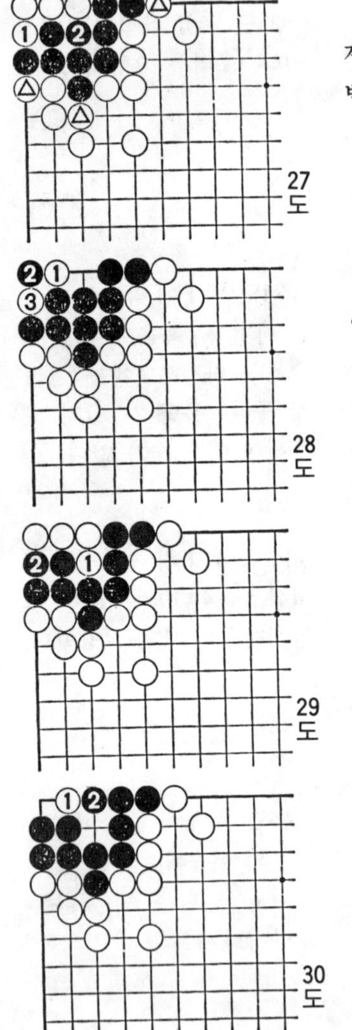

27도 전도의 끝내기의 단계에서 백 ◬가 놓여 있다. 백 1 로 흑을 잡고자 한다.

28도 패이다. 팻감은 백이 많아서 흑이 죽는다.

27도의 백 1 은 백의 일방적인 원리이다. 백은 압도적인 우위에 선다. 종국 후 26도의 모양은 두지 않고 그냥 따낸다.

29도 백 1 에 단수하면 어떨까? 이것은 흑 2 로 때린 다음에 ——

30도 이것은 귀곡사로 일반적으로 죽는 모양이다.

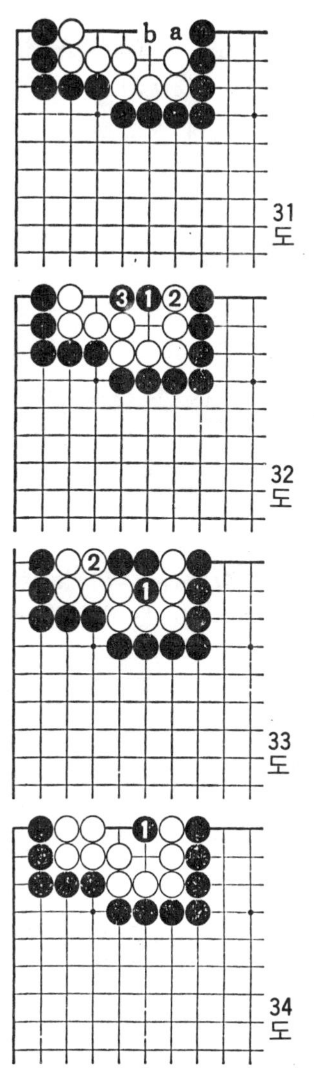

31도 4집 이상의 곳에도 잡는 방법이 있다. 흑a 는 백b로 간단히 산다.

32도 흑1로 급소의 치중이다. 백2에는 흑3 으로 가만히 늘어둔다. 계속하여——

33도 흑1로 3점을 키워 죽이면 곡삼궁의 모양이 된다.

34도 흑1의 치중은 직삼궁이나 마찬가지의 곳이다.

33도의 흑1은 이 모양에서 불필요한 수이다.

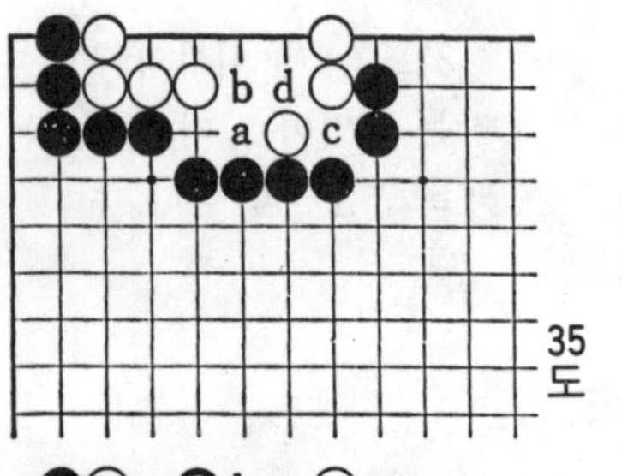

35도 여기에서 흑a는 백b, 흑c, 백d로 직사궁이 되어 백은 즐겁게 산다.

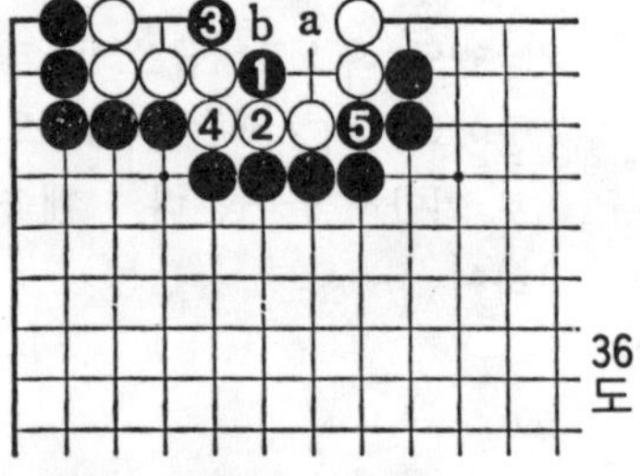

36도 흑1, 3은 어떨까? 이것은 5까지 백이 죽는다. 백a는 흑b이다.

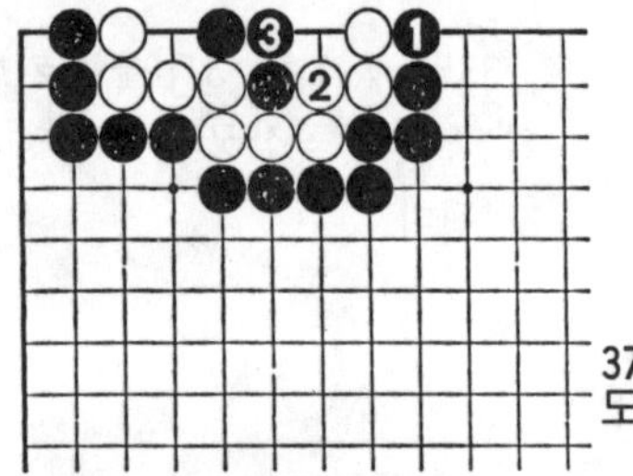

37도 흑1로 바깥을 조이는 것은 어떨까? 백2에는 흑3의 이음으로 그만이다.

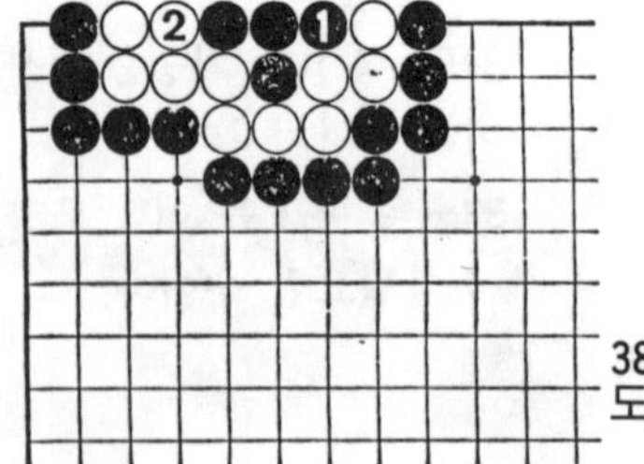

38도 흑1로 두면 凸 모양이 된다. 이 모양에서 곡사궁은 살 수 있지만 이건 어렵다.

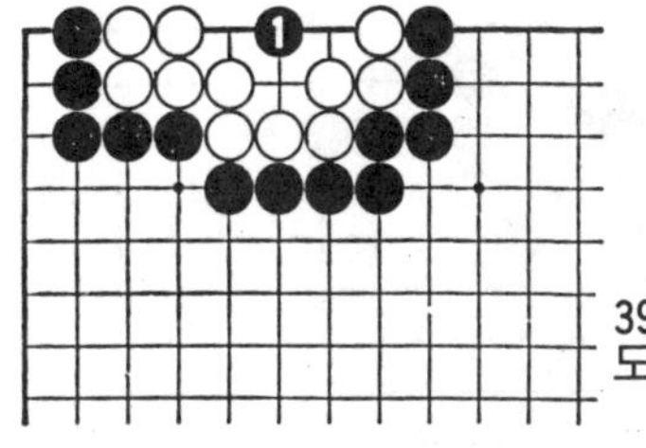

39도 흑1의 치중으로 그만이다. 40도 큰 모양이다. 이런 곳은 어떨까? 41도 흑1로 이으면 백2로 조여 사는 모양이다. 42도 이런 형에서는 흑1이 급소이다.

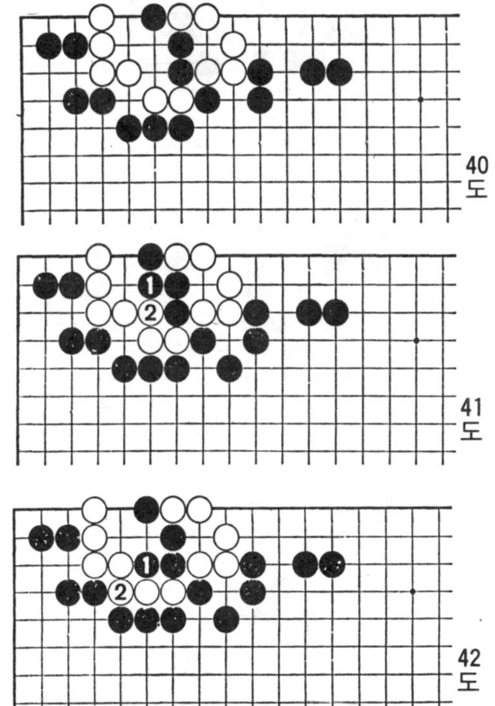

43도 흑1로 이어 공격하면 백2. 이다음 흑은 3으로 조여 그만이다.

44도 흑▲는 백△의 강요이다. 매화 6궁도화이다.

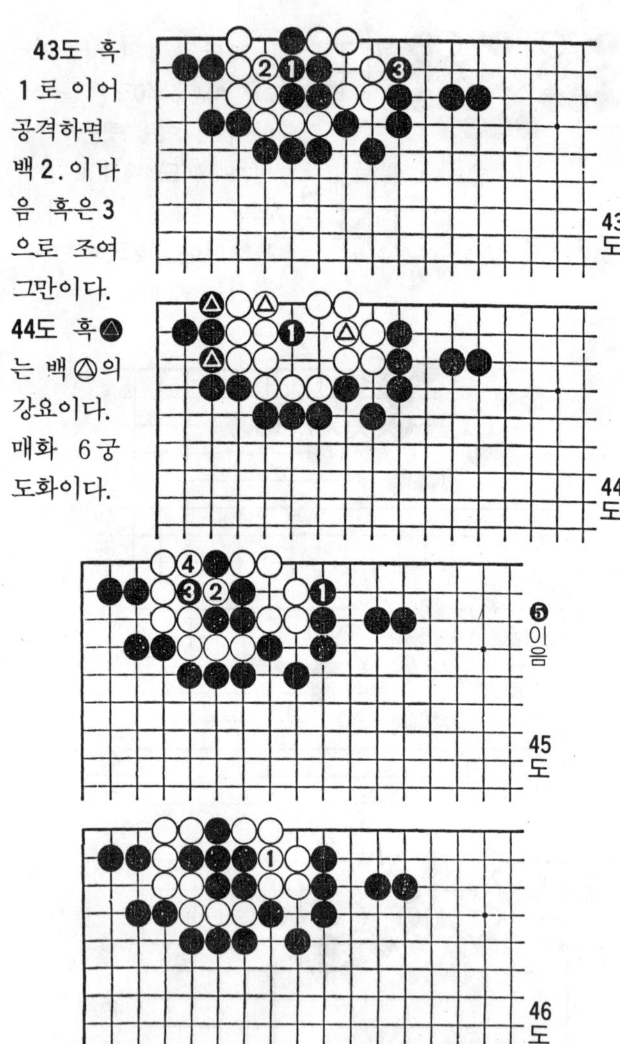

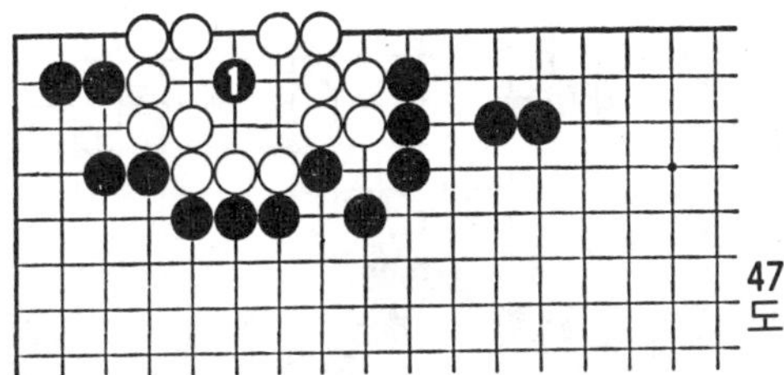

45도 **43도**의 흑 **1** 로 본도(本図) 흑 **1** 은 어떻게 될 것인가를 생각해 보자. 다음에 흑 **2** 로 집어넣으면 오궁(五宮)의 급소가 되는데, 백 **2** 로 집어넣은 후 **4** 로 단수한다.

47도 노력은 보람도 없이 헛되고 만다. 흑 **1** 의 뛰어듦으로 백은 꼼짝없이 죽고 만다. 이 모양을 '6궁치중(六宮置中)'이라고 한다.

치중은, 이상 서술한 '3궁치중(三宮置中)', '4궁치중(四宮置中)', '5궁치중(五宮置中)', '6궁치중(六宮置中)'의 4종류가 있다.

치중(置中 : 뛰어듦)에서 잊지 말고 기억해 두어야 할 것은, 뛰어들어서 죽은 돌은 존외수수(存外手教)가 길다고 하는 것이다.

48도 흑 **1** 로 뛰어들어서, 백도 집이 없지만, 밖의 흑도 봉쇄되고 있다. 상호 공격이 되고있는 모양이다.

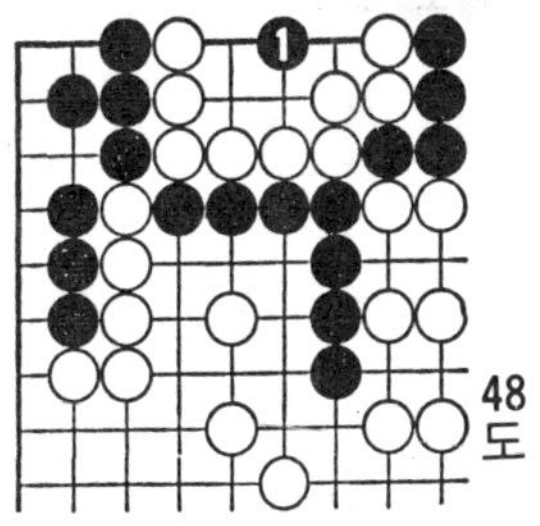

여기에서 생각하여야 할 것은 '치중(置中)의 구구(九九)', 즉 **3·3**, **4·5**, **5·8**, **62**라는 암호이다.

49도 기성 도책(道策)이 만든 묘수풀이로 일부를 소개한다.

강조되는 얘기 이지만 바둑에 있어서는 수 읽기의 힘이 무엇보다도 중요하다.

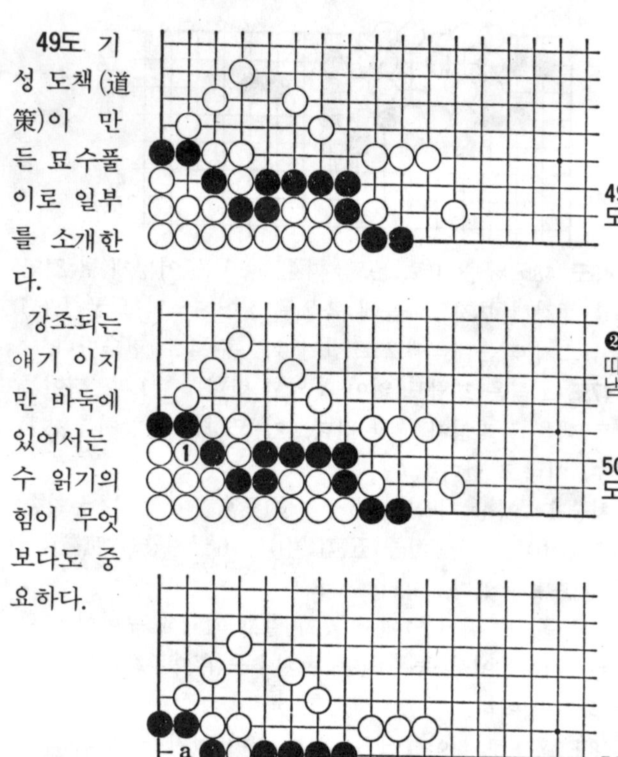

50도 백 1로 흑 한점을 때려내었다. 흑은 백15점을 잡는다.

51도 다음 백3의 끊음이다. 흑a는 백b로 그만이다. 흑집 전체가 2집이 나지 않는다.

실전에서도 이런 모양을 생각해 보아야 한다.

2 변의 사활의 기본형

이것은 유명한 7사(死) 8생(生)의 모양이다.

52도 2선에 7개의 돌이 막대기처럼 이어져 있다. **53도** 백이 두는 순서이면 이 흑은 죽는 모양이 된다. **54도** 흑이 선수라면 직사궁으로 사는 모양이 된다. **55도** 2선에 8개의 돌이 막대기처럼 있는 모양이다. 이 모양은 무조건 산다.

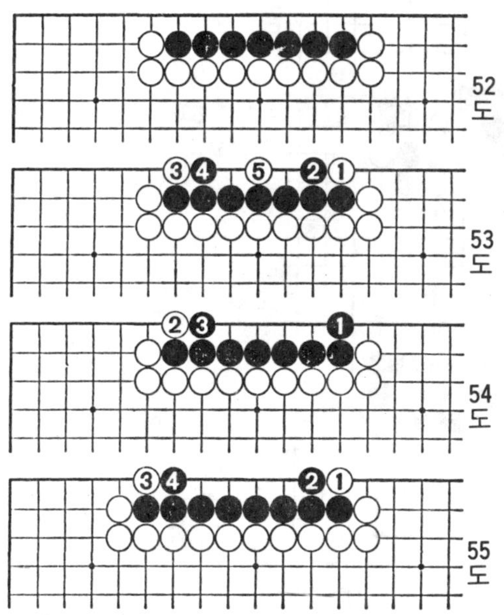

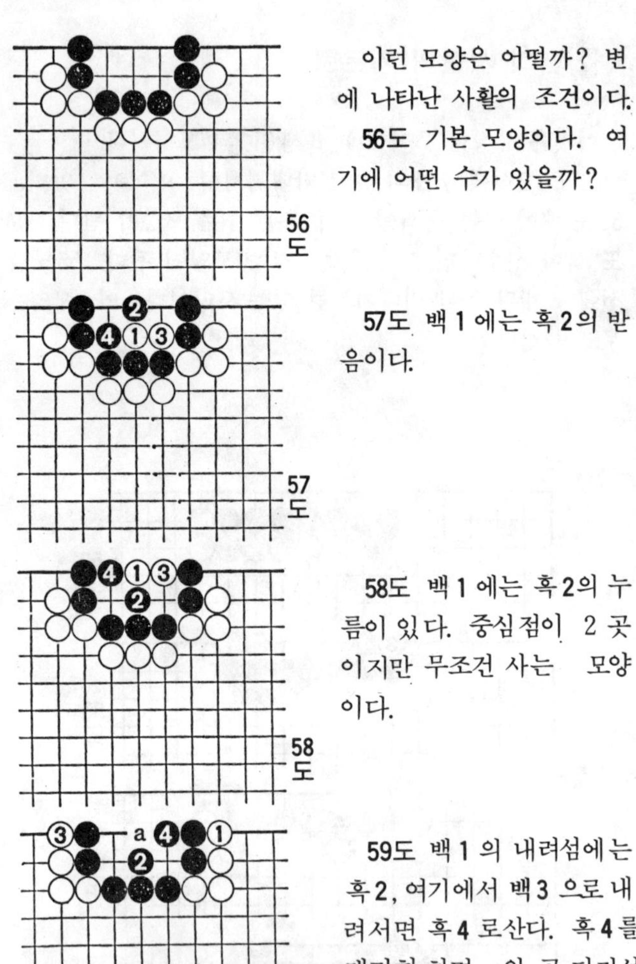

이런 모양은 어떨까? 변에 나타난 사활의 조건이다.

56도 기본 모양이다. 여기에 어떤 수가 있을까?

57도 백 1 에는 흑 2의 받음이다.

58도 백 1 에는 흑 2의 누름이 있다. 중심점이 2 곳이지만 무조건 사는 모양이다.

59도 백 1 의 내려섬에는 흑 2, 여기에서 백 3 으로 내려서면 흑 4 로산다. 흑 4 를 태만히 하면 a의 곳 다가섬이 맥이다.

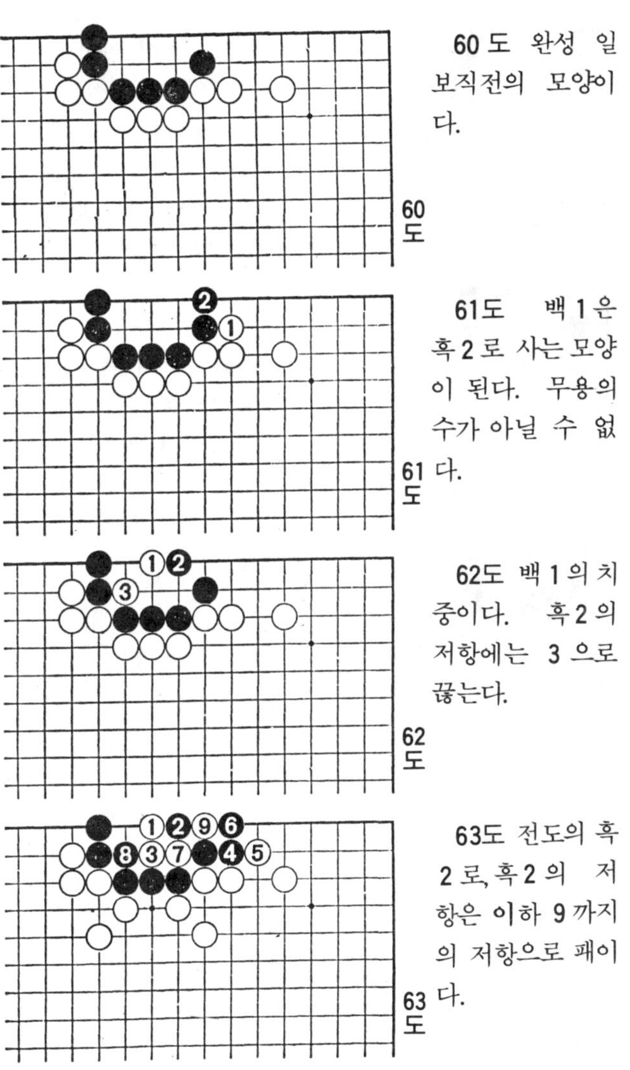

60도 완성 일보직전의 모양이다.

61도 백 1은 흑 2로 사는 모양이 된다. 무용의 수가 아닐 수 없다.

62도 백 1의 치중이다. 흑 2의 저항에는 3 으로 끊는다.

63도 전도의 흑 2로, 흑 2의 저항은 이하 9까지의 저항으로 패이다.

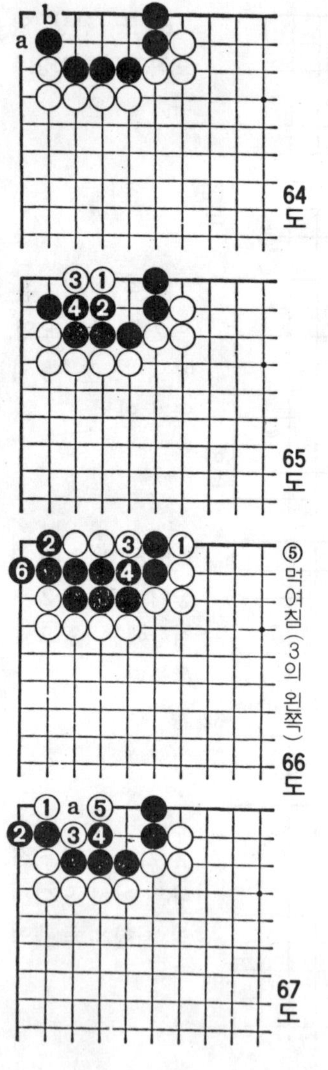

64도 귀쪽이 완성되기 이전의 모양이다.

이 경우 흑이 살수 있을지 없을지는 백의 공격과 흑의 응수 여하에 달려 있다고 보아야 할 것이다.

65도 변에서와 같이 백 1의 치중은 흑 2, 4로 사는 모양이다.

66도 이다음에 백 1의 단수는 흑 2, 다음 3으로 단수하여 4의 곳으로 때려낸다. 중앙을 치중하는 것은 6까지 살아버린다.

67도 이런 귀의 모양에서는 백 1의 붙임이다. 흑 2에는 3, 5로 패이다.

흑 2로 a의 곳은 백 2로 패이다.

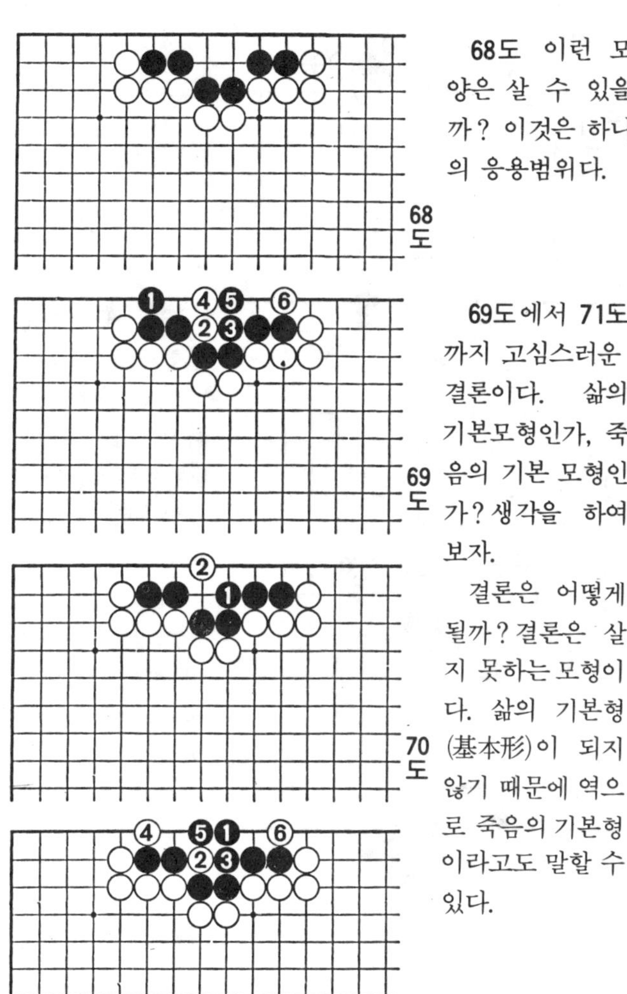

68도 이런 모양은 살 수 있을까? 이것은 하나의 응용범위다.

69도에서 71도까지 고심스러운 결론이다. 삶의 기본모형인가, 죽음의 기본 모형인가? 생각을 하여 보자.

결론은 어떻게 될까? 결론은 살지 못하는 모형이다. 삶의 기본형(基本形)이 되지 않기 때문에 역으로 죽음의 기본형이라고도 말할 수 있다.

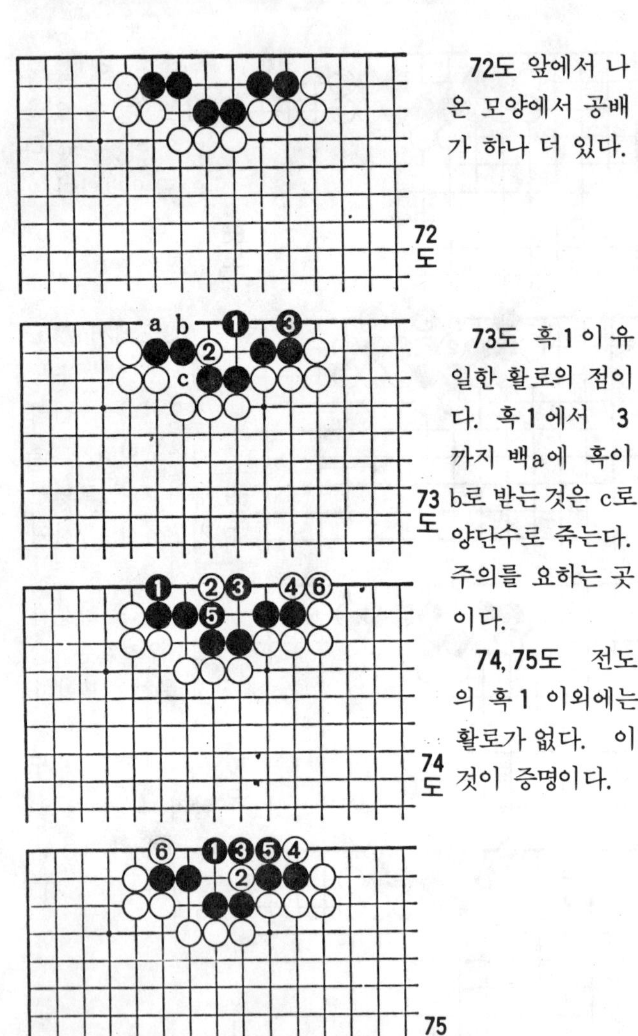

72도 앞에서 나온 모양에서 공배가 하나 더 있다.

73도 흑1이 유일한 활로의 점이다. 흑1에서 3까지 백a에 흑이 b로 받는 것은 c로 양단수로 죽는다. 주의를 요하는 곳이다.

74, 75도 전도의 흑1 이외에는 활로가 없다. 이것이 증명이다.

76도 이것도 기본 모형의 하나이다. 삶을 구하는 옳은 방법은?

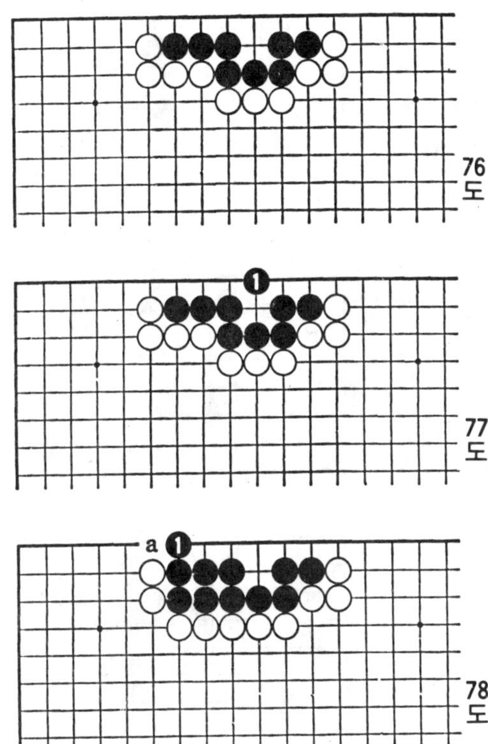

77도 흑 1이면 사는 모양이다. 그러나 이것으로는 만족할 수 없다.

78도 흑 1의 삶이 옳은 방법이다. 전도의 흑집보다는 한집이 더 많다. 외부에 영향이 미치는 것에도 유의를 하여야 한다. 흑a로 나가는 끝내기가 있다.

79도 이런 모양은 어떨까? 선수라면 삶을 구할 수 있을까?

수 읽기의 힘을 이용하여 문제의 실마리를 찾아보자.

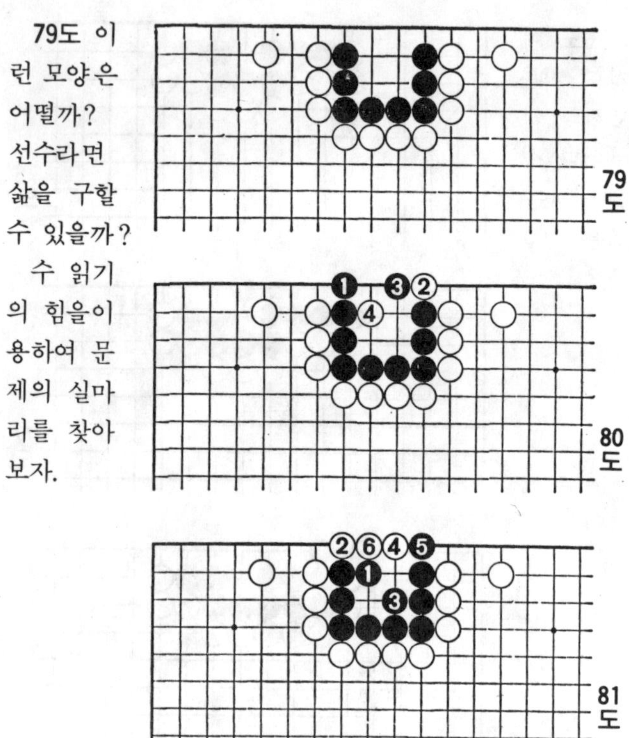

80도 흑 1의 내려섬에는 백 2로 젖힌 다음의 4의 곳을 치중하면 죽는다.

81도 흑 1로 두는 것은 어떨까? 이것은 백 2, 4, 6으로 죽는다. 흑 3으로 6의 곳 내려섬은 백 5의 젖힘 다음에 3의 곳을 치중한다. 요는, 본보는 죽는 모양이다.

죽고 사는 모양에 대하여 깊이 알아두는 것은 기력(棋力) 향상을 위해서 매우 바람직한 일이다.

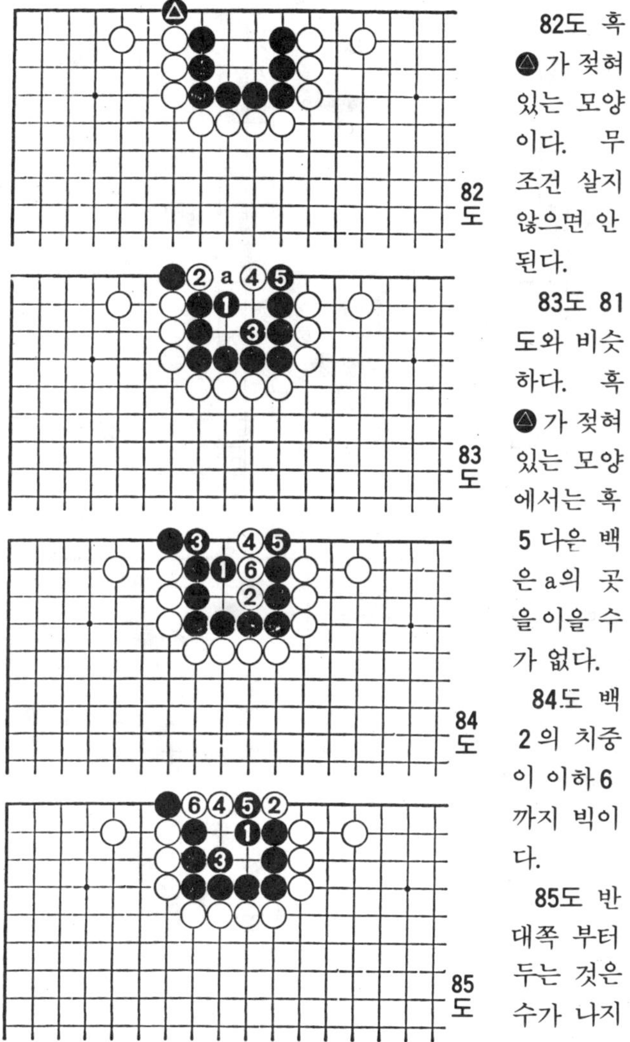

82도 흑 ▲가 젖혀 있는 모양이다. 무조건 살지 않으면 안된다.

83도 81도와 비슷하다. 흑 ▲가 젖혀 있는 모양에서는 흑 5 다음 백은 a의 곳을이을 수가 없다.

84도 백 2의 치중이 이하 6까지 빅이다.

85도 반대쪽 부터 두는 것은 수가 나지

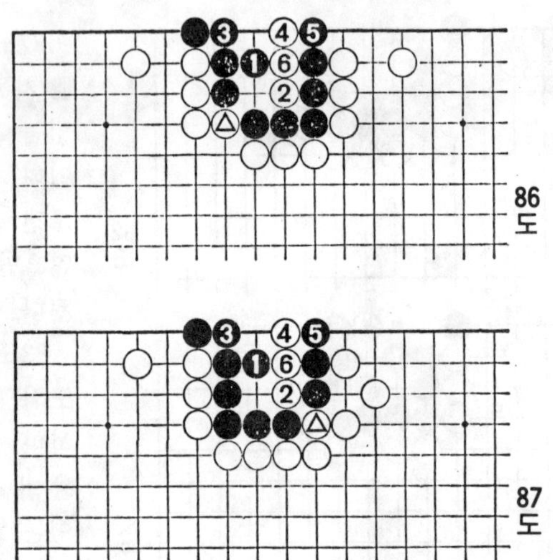

86도

87도

않는다.

86도와 87도는 비슷하지만 백 △가 가르고 있어서 살기 못한다. 88도 흑이 손을 뺀 모양이다. 89도 백 1에 붙여 5까지 간단히 수가 난다.

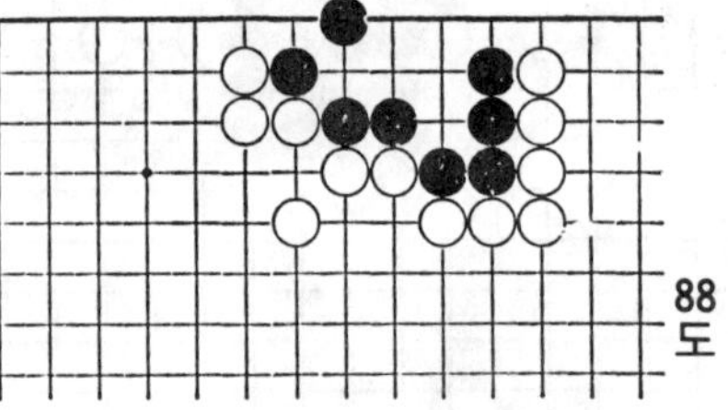

88도

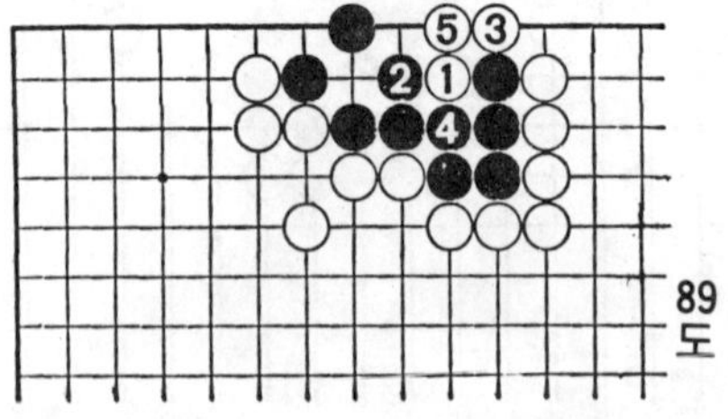

89도

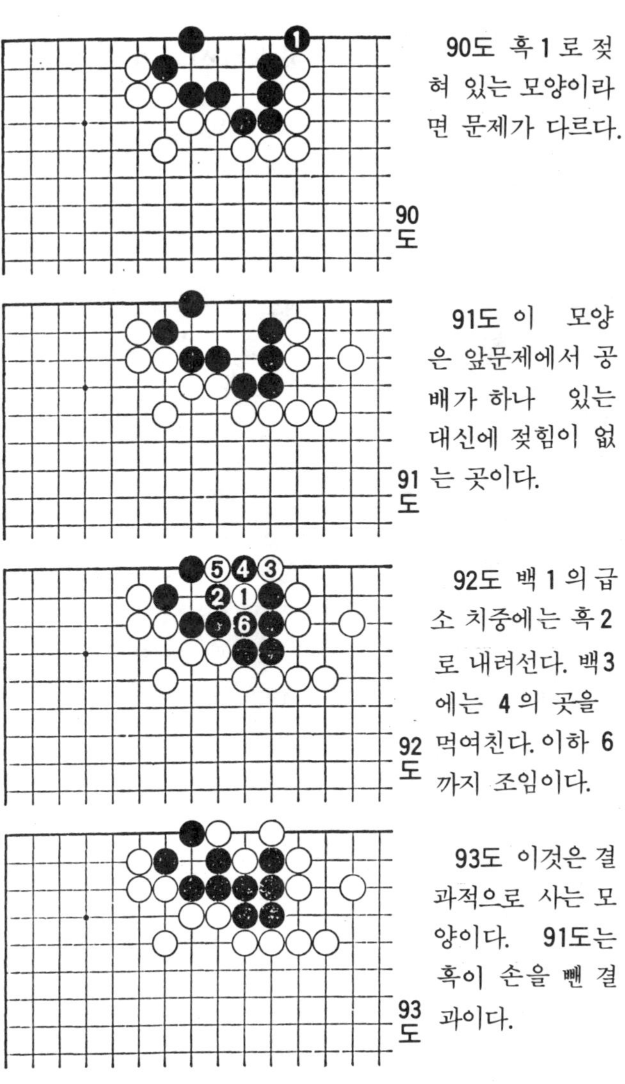

90도 흑 1 로 젖혀 있는 모양이라면 문제가 다르다.

91도 이 모양은 앞문제에서 공배가 하나 있는 대신에 젖힘이 없는 곳이다.

92도 백 1 의 급소 치중에는 흑 2 로 내려선다. 백 3 에는 4 의 곳을 먹여친다. 이하 6 까지 조임이다.

93도 이것은 결과적으로 사는 모양이다. 91도는 흑이 손을 뺀 결과이다.

3 귀의 사활의 기본형

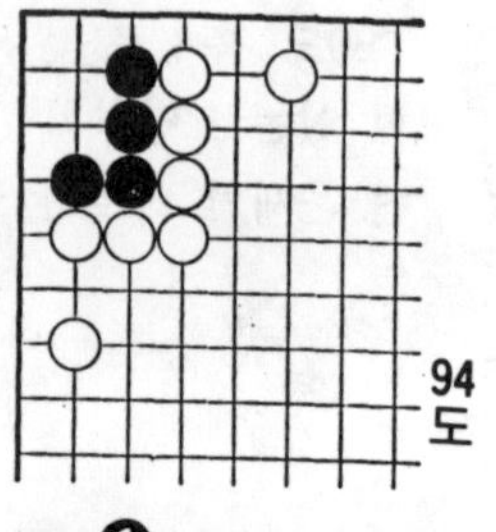

94도

귀는 변보다는 좁다. 그렇기 때문에 많은 유형이 나타난다. 또한 응용범위도 많은 곳이다.

94도 이것은 죽음의 기본형이다. 손을 써도 살기는 어렵다.

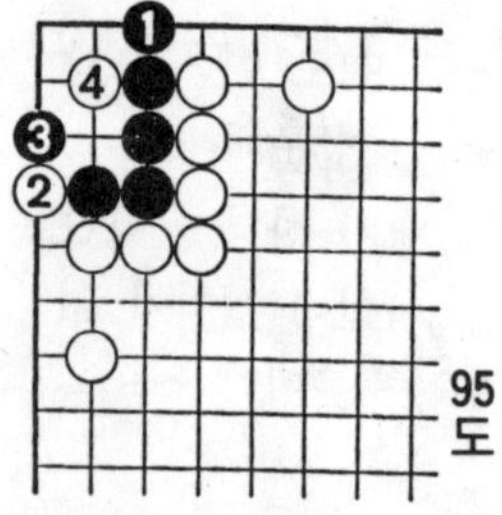

95도

95도·96도 아무리 모양을 넓힌다고 하여도 어렵다. 백 2, 4 의 젖힘과 동시에 치중이 있기 때문이다.

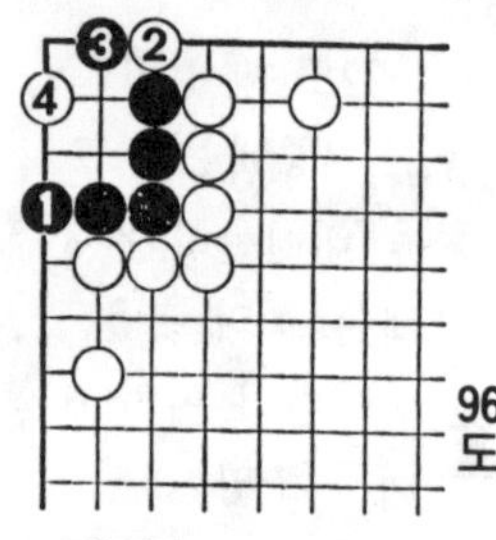

96도

97도 흑 1 은 2의 1의 급소이나 백 2, 흑 3 다음에 4 의 곳을 젖히고 6 으로 올라서면 살 수가 없다.

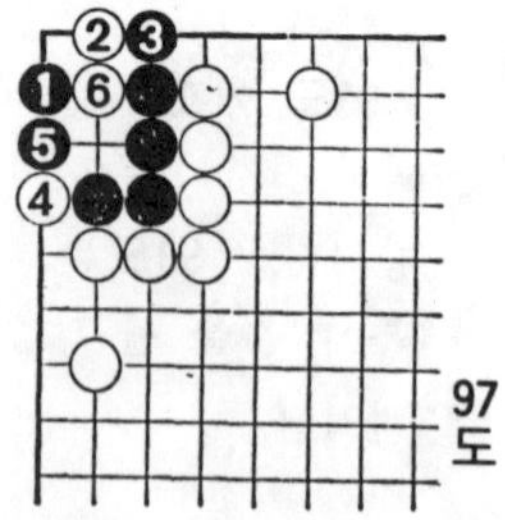

97도

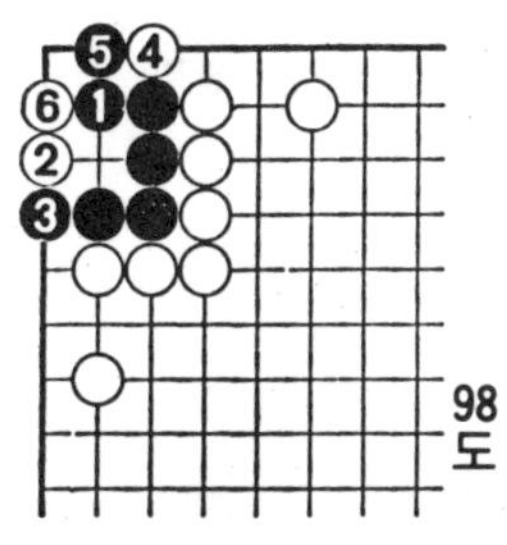

98도 흑1도 2의 1의 급소이다. 이런 모양에서는 2, 4, 6이 일련의 수순이다.

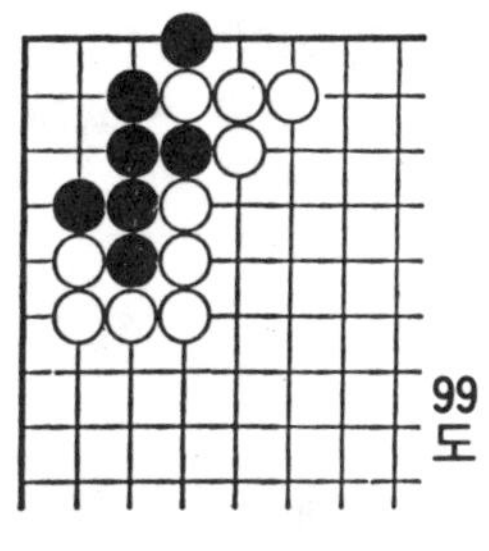

99도 앞에서 나온 모양에서 아래쪽이 젖혀있는 모양이다. 94도의 무조건 죽는 모양과는 다르다.

98도의 2의2는 순서에 입각하여 죽는다. 여기에서 비슷한 맥은 후술하기로 한다.

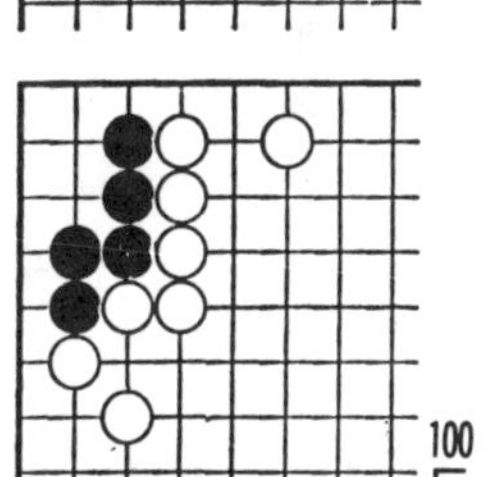

100도 백선이면 잡을 수 있을까?

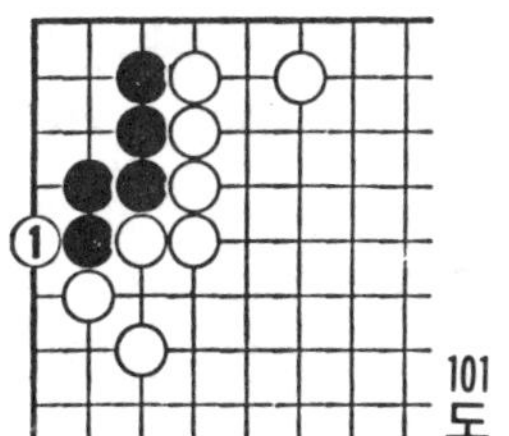

101도 정해이다. 백1의 젖힘이다. 이 수로 인하여 죽음의 기본형이 생긴다.

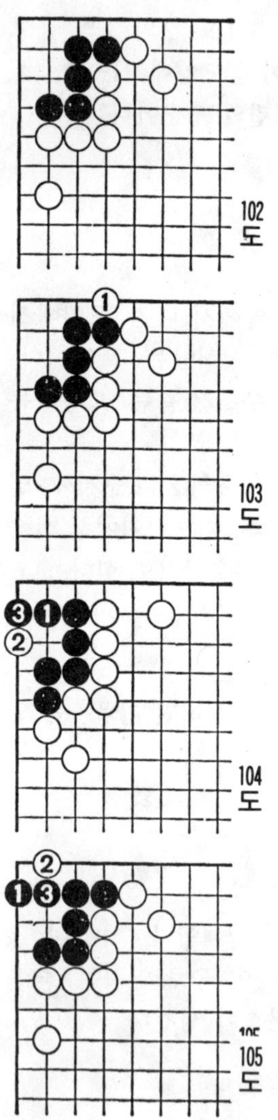

102도 앞에 나온 형과 비슷하다.

103도 백 1 의 젖힘에 죽는 모양으로 환원 되었다. 100도, 102도의 흑은 백이 선수라면 간단히 죽는다.

104도 100도에 대응을 하는 본도이다. 흑 1 의 2의 2 맥이 알기쉽다.

백 2 에는 흑 3 이 냉정한 수이다.

105도 102도에 대응하는 본도이다. 흑 1 이 2의 1 의 맥으로 급소에 다가서면 계속하여 백 2 는 흑 3 으로 산다. 여기에서 104도의 흑 1 로 3 은 살 수 있을까? 이것은 위험하다. 나중에 설명하기로 한다. 105도의 흑 1 이 문제가 없다.

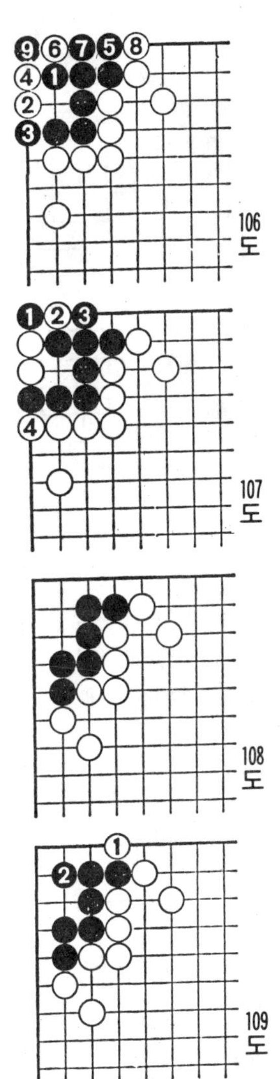

106도 104도와 혼동하여서는 안된다. 흑 1 에는 백 2 다음 패이다.

107도 흑 1 로 먹여치고 백 2 에는 흑 3 으로 조인다. 104도, 105도와 비슷하다. 잘 기억하기 바란다.

108도 지금까지 죽음의 기본형에 대해서 연구를 하여 보았다. 이제부터는 삶의 기본형에 대해서 살펴 보기로 한다.

109 도 백 1 의 젖힘에는 흑 2, 104도의 모양으로 되돌아 간다.

110도 백 1의 젖힘에 흑 2의 받음이다. 이하 3의 치중에 흑 4는 필연이다. 백 5에 흑 6, 백 7에 흑 8로 산다.

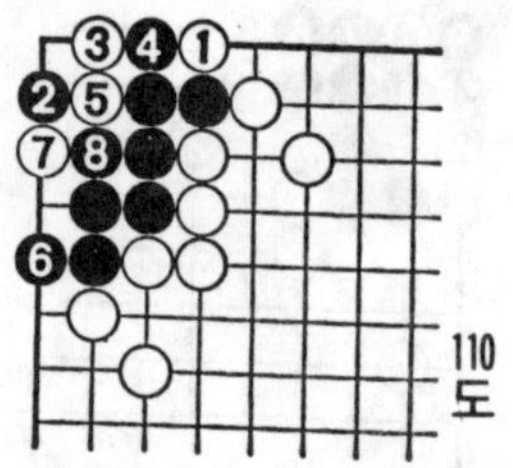

111도 백 ◬가 있다면 백 5 다음에 a로 조이는 수가 없다. 외부가 문제이다.

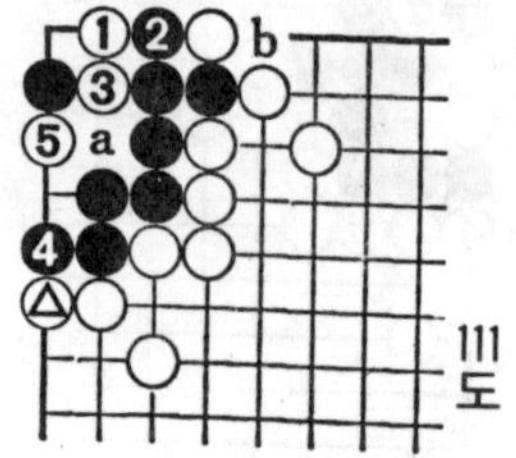

112 도 백 1의 젖힘에 직접 응수하지 않고 흑 2로 외부에서 응원하는 것이 맥이다. 순수한 사활문제에서 참고하기 바란다. 백은 3의 젖힘에서 죽음의 기본형인데 12의 끊는 수가 성립을 한다.

113 도 백 1에 흑 2로 뒤떨구기이다.

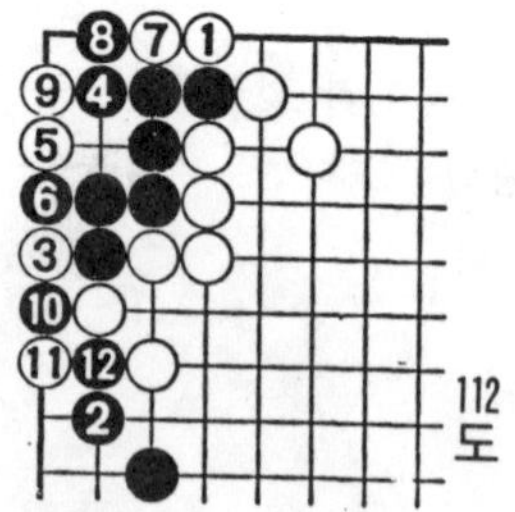

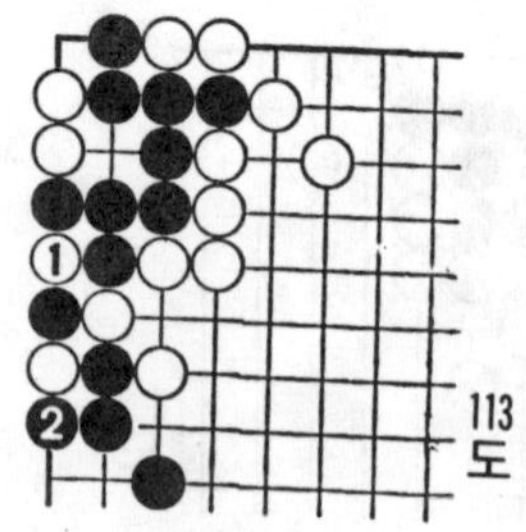

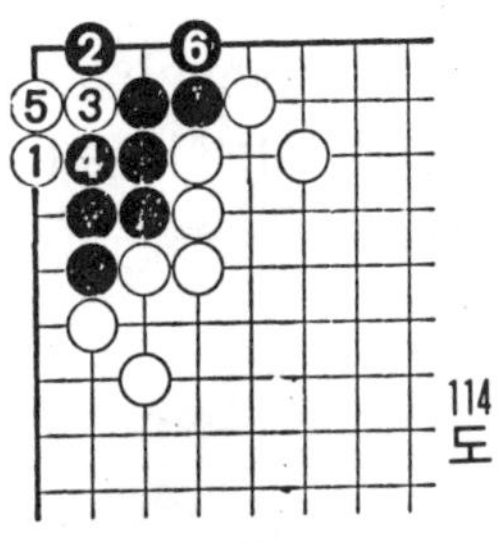
114도

114도 삶의 재검토이다. 백 1에는 흑 2, 다음에 5로 두면 6으로 내려서 사는 모양이다.

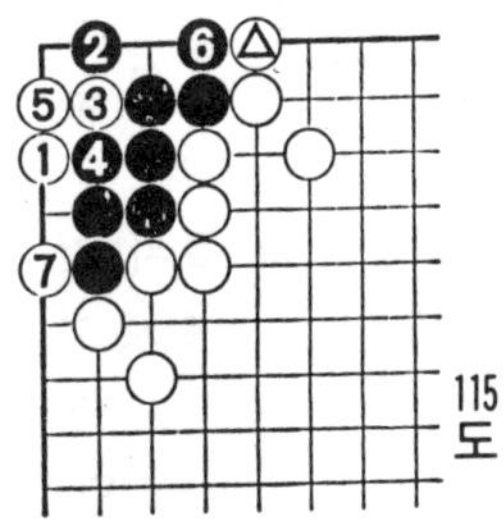
115도

115도 전도의 수순에서 백 △가 공배를 메우고 있다면 7의 건너가는 수가 성립을 한다.

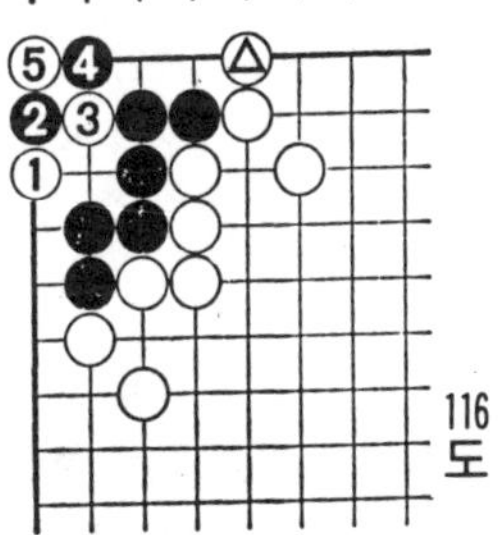
116도

116도 여기에서 백 △가 있다면 백 1에는 흑 2, 4로 패가 나는 것이 정착이다.

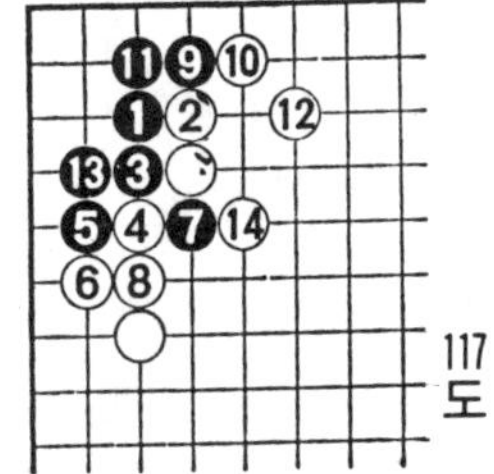
117도

117도 삶의 기본형이 실전에서 나타나는 모양이다.

이 수순 이후는 생략한다.

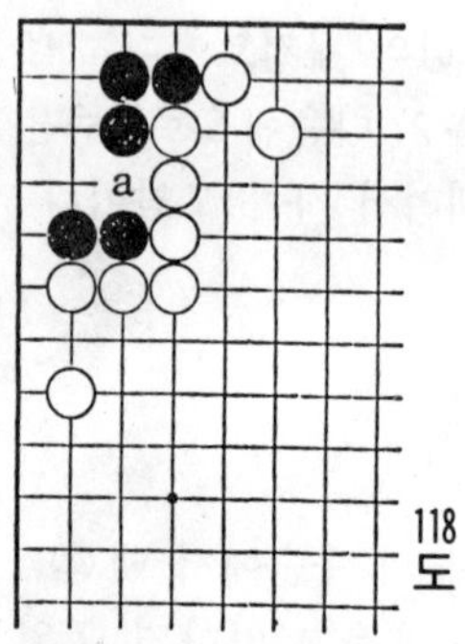

118도 이런 모양에선 어떨까? 흑이 a로 두어야 하는데 두지 않고 손을 빼었다. 백은 무조건 잡지 않으면 안된다.

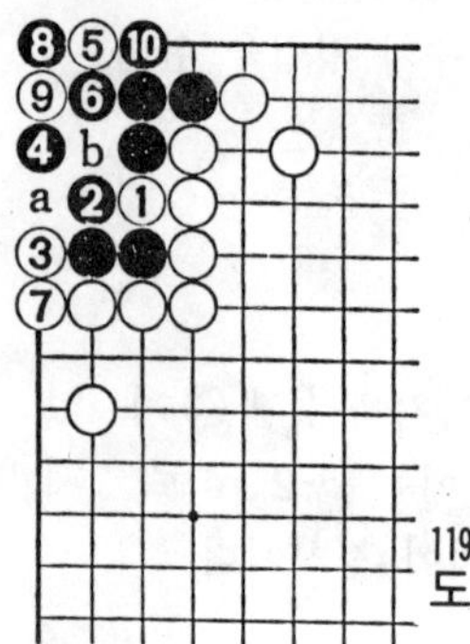

119도 백 1로 나가 3의 젖힘은 상식인데 다음 흑 4로 되어서는 쉽게 죽지 않는다. 8의 곳을 먹여쳐서 10까지이면 백의 대실패이다.

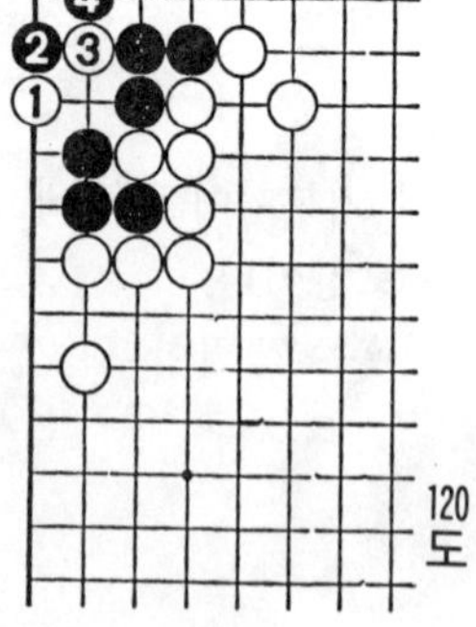

120도 백 1의 치중에는 흑 2, 4로 패가 나는 모양이다. 그러나 이것도 잘못이다. 무조건 잡지 않으면 안된다. 기본형의 정확한 학습이 필요하다.

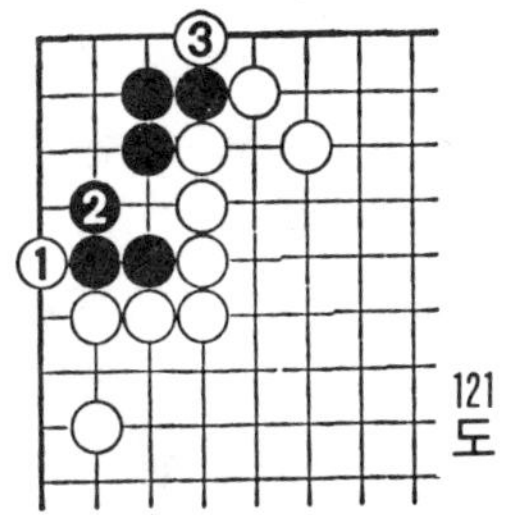

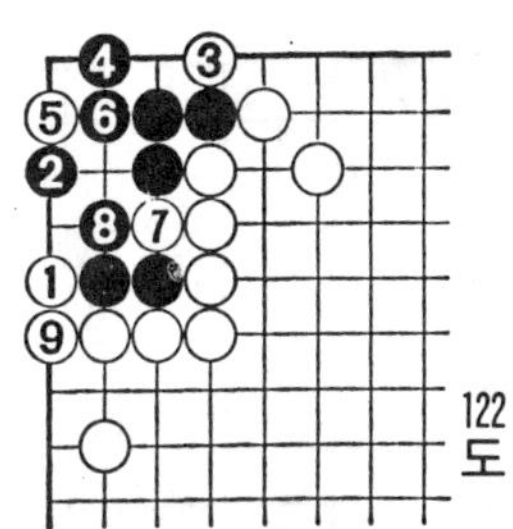

121도 백 1의 젖힘, 흑 2의 뻗음 다음에 백 3의 젖힘이다. 이것이 정해이다. 여기서부터는 복잡하다.

122도 흑 2로 2의 곳에 두는 것은 이하 백 9까지 흑이 안되는 모양이다. 백 9로 잇는 수에 주목을 하여야 한다.

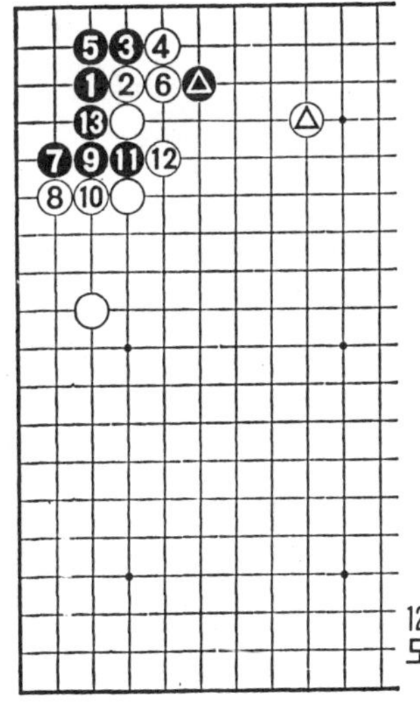

123도 흑▲와 백△가 교환이 된 모양이다. 이런 모양에서는 13까지 잇는 수가 정형이다. 다음의 제재는 흑 9, 백 10다음 후수로 잇고 방치하여 둔 모양이다.

흑 1의 3·3 치중에 대한 백 2의 내려 붙임은 당연한 수순이라고 생각되지만, 결국 귀의 흑이 사는 모양을 만드는 것을 허락하고 있다. 그러나 결과적으로 백은 귀의 흑을 용서한

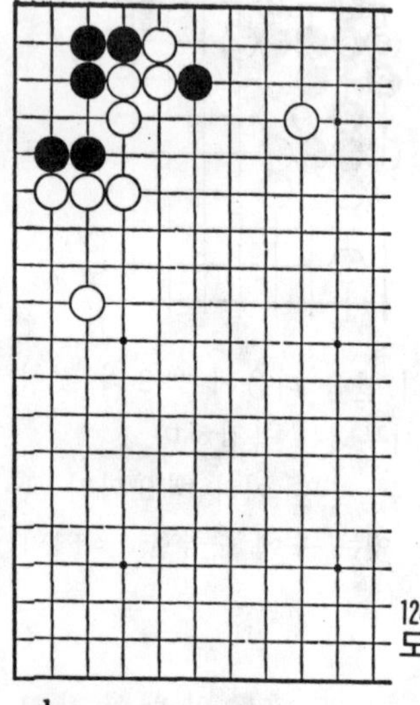

124도

대신에 강력한 외세를 굳힐 수 있게 되었으므로, 손해될 바는 아니다.

지금까지의 수순으로 흑▲ 한 점이 고립되는 처지가 되었다. 백은 흑▲ 한 점을 사로잡지 못하면 귀의 양보에 대한 실익(實益)을 만회하기가 힘들 것이다.

신중한 수읽기의 결과로 효율적인 진행이 기대되는 곳이다.

125도

124도 도의 유래를 나타내기 전의 모양이다.

결론은 백선 패이다.

125도 앞문제의 변화이다.

백 1의 젖힘에는 흑 2의 내려섬이 최강이다. 백 3, 5에 계속하여 흑 6, 8 이 강수의 제 2탄이다. 흑 6에 백 2의 이음은 흑 8, 백 a, 흑 b로 산다

백 7, 흑 8은 당연하다.

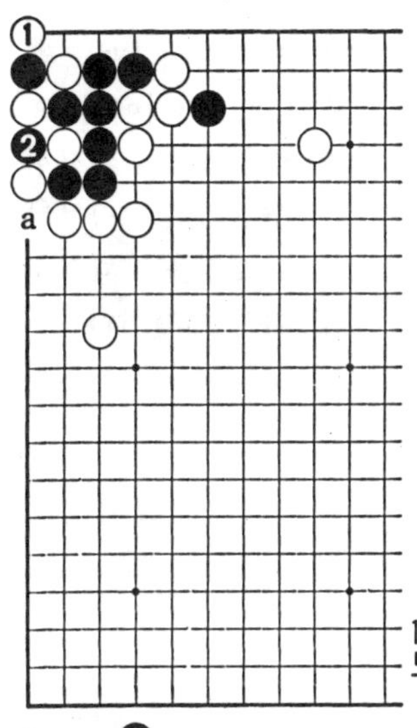

126도

126도 백 1 에는 흑 2 , 이 모양은 패이다. 이 패를 흑이 이긴다면 a의 곳을 때려냄이 있다. 사실은 이것이 정해가 아니다.

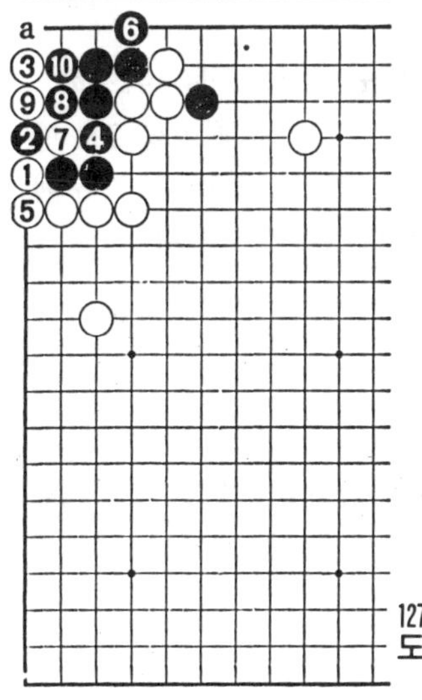

127도

127도 백 1 , 흑 2 까지는 같은 길이다. 백 3 의 치중이 절묘하다. 흑 4 에 백 5 로 두면 백 7 의 집어넣음이 중요하다. 백 9 에는 10으로 밀어 패로 받는다.

한 마디로 재미있는 양상이 펼쳐진 셈이다. 사활의 맥점이 중요하게 포인트 되는 곳이다.

결국 필사의 힘으로 패싸움이 시작되는 찰라이다. 패에 지게 되면 후유증이 큰 곳이다. 계속하여 다음 진행도를 살펴보도록 하자.

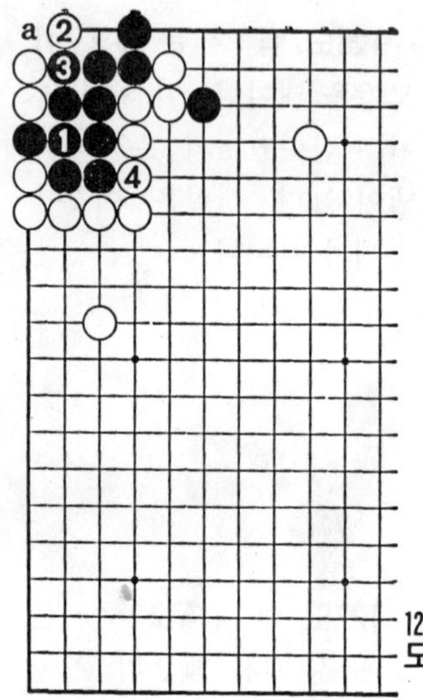

128도 여기에서 128도의 마지막인 흑10까지에서 흑1로 이으면 백2로 젖힌다. 그러면 흑3은 당연하다. 흑a로 2점을 때려내면 백은 다시 때려낸다.

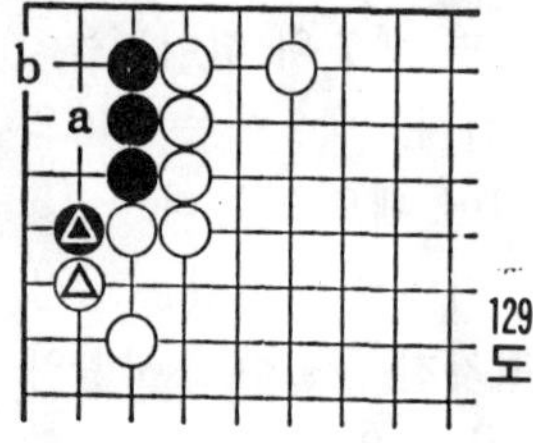

129도 이런 모양은 어떨까? 흑▲의 젖힘에 백이 △로 받는 모양이다. 흑a에는 백b에 치중이 눈에 들어온다.

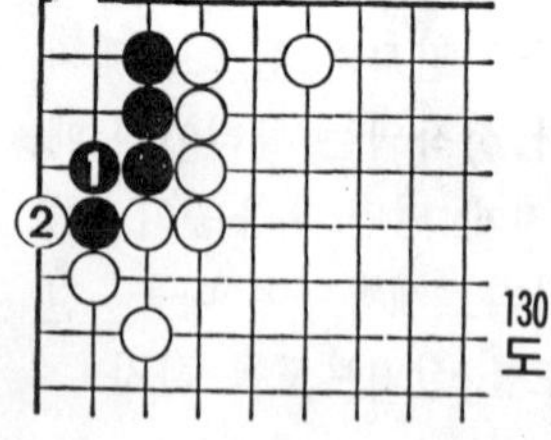

130 도 흑1로 견실하게 잇는 것은 어떨까? 그러면 백은 2로 아래쪽을 젖힌다.

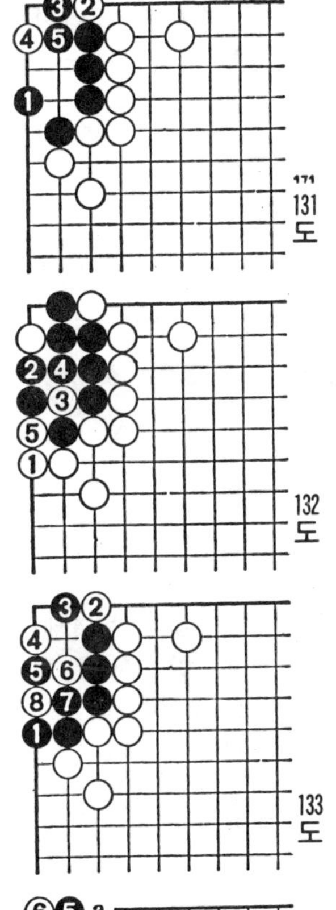

131도

131도 흑 1 의 호구침에는 백 2 , 4 가 멋진 수순이다.

132도

132도 계속하여 백 1 로 내려서는 것이 묘수이다. 흑 2 에 백 3 , 5 로 집이 나지 않는다.

이것은 129도의 복습이다.

133도

133도 흑 1 의 내려섬이 정해이다. 이귀는 패가 정해이다. 백은 2 , 4 의 예의 수순에서 —

134도

134도 백 2 의 치중으로 두는 것은 역시 패이다. 그러나 133도와 134도는 차이가 많다.

즉, 후패가 적다는 말이다.

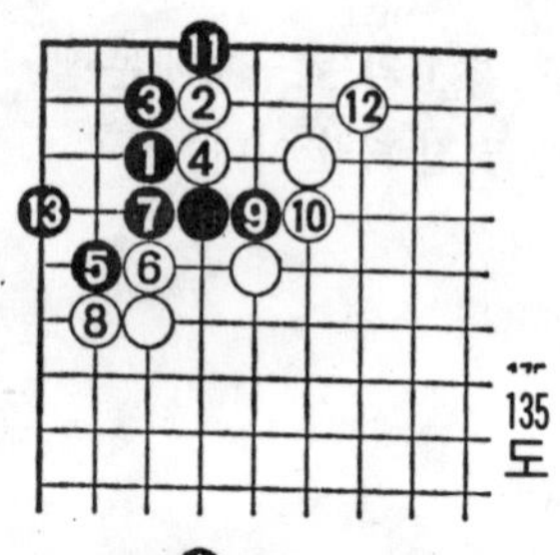

135 이것은 정석의 하나이다. 흑9,11에서 13까지이다.

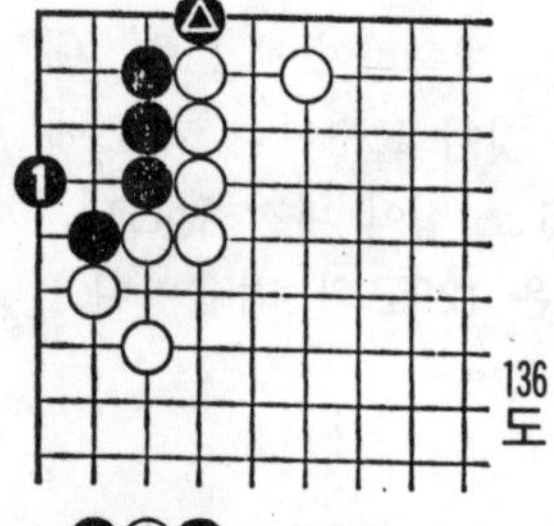

136도 정형을 하자면 본도이다. 131도에 흑▲의 젖힘이 있는 곳이다.

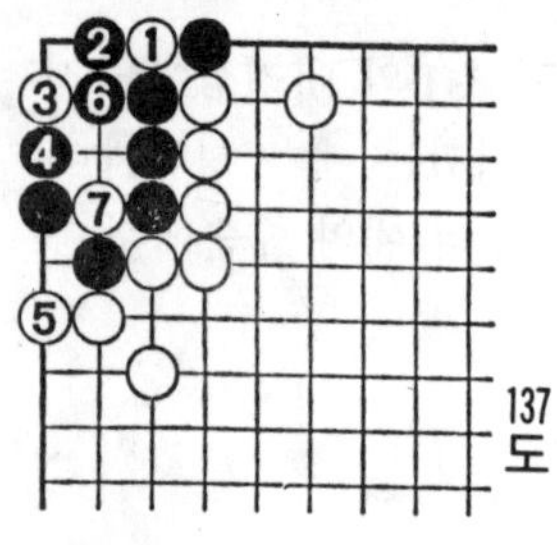

137도 백1의 집어 넣음에 흑2로 잡아 넣으면 이하3,5,7로 살지 못한다. 이것이 맥점의 위력이다.

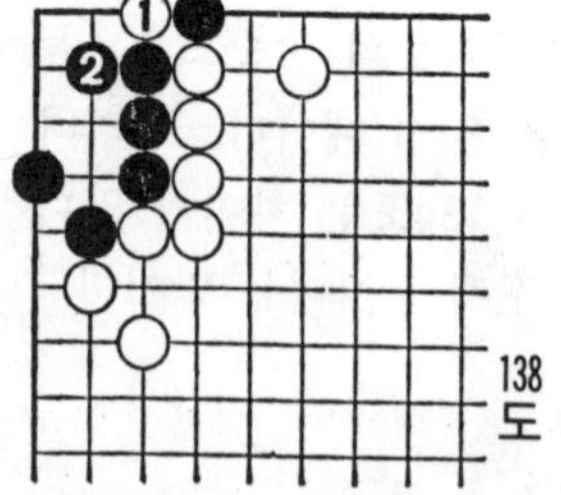

138도 전도의 흑2가 악수이다. 흑2가 좋은 수이다. 이것이 정석의 받음이다. 모양은 같지만 형태에 따라서 받음을 달리한다.

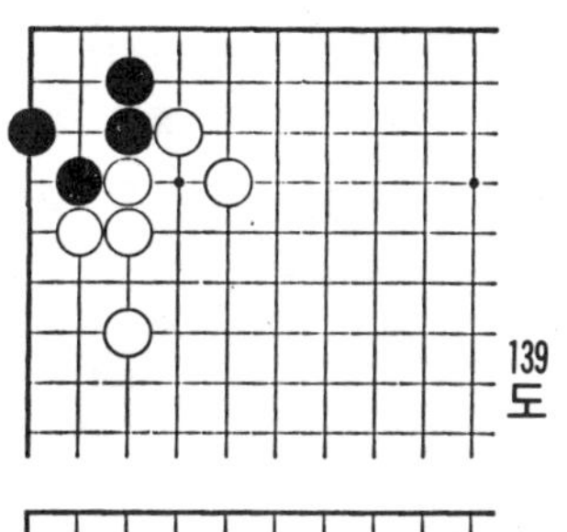
139도

139도 이것은 삶의 진귀한 모양이다. 세포막의 원형질 같은 생물체의 유전형질 같은 형태이다.

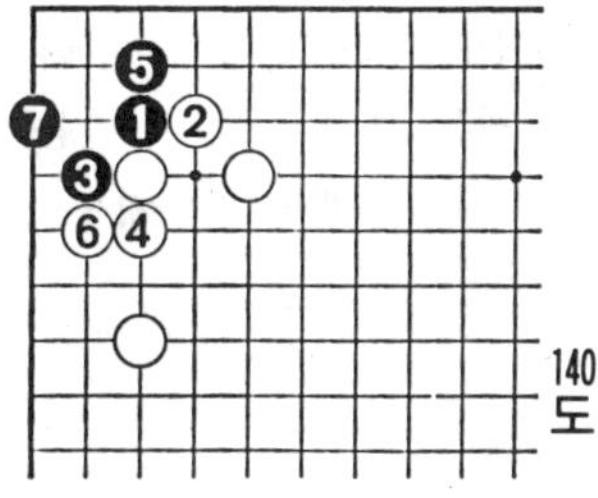
140도

140도 이 모양에서는 삶의 환경은 수순이다.

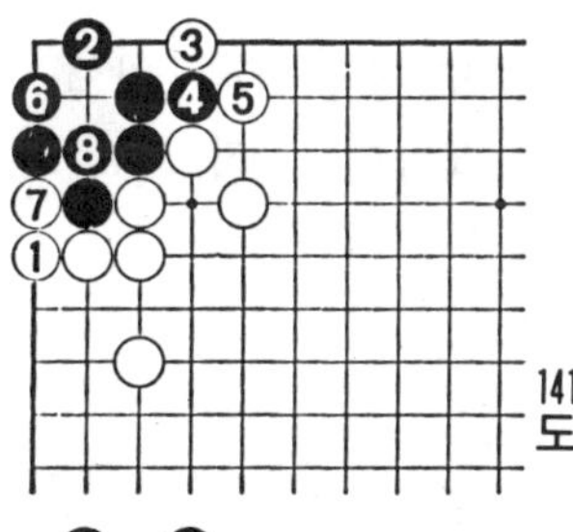
141도

141도 백 1 에는 흑 2 이다. 백 3 에 흑 6 까지 삶의 모양이다.

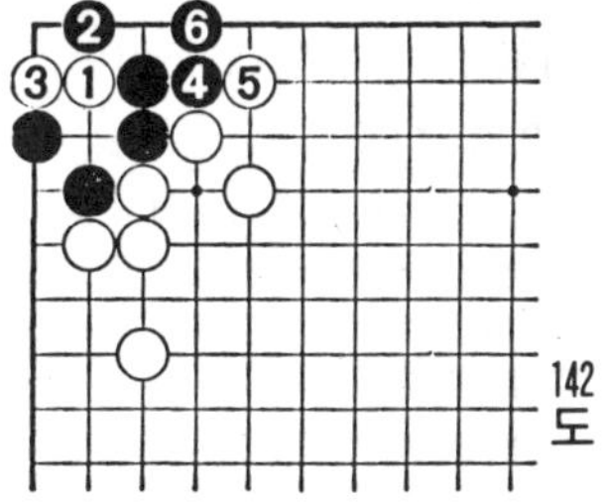
142도

142도 백 1 의 급소에는 흑 2 의 젖힘, 이것으로 백 3 을 강요하고 6 으로 산다. 이것이 좁은 곳에서의 수단이다.

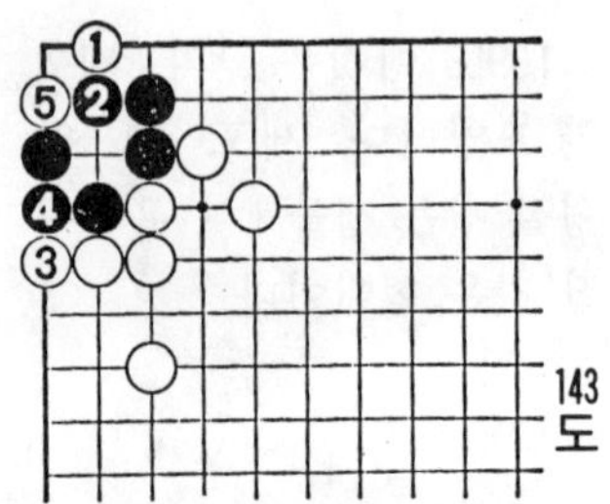

143도 백 1 로 다가서면 흑 2 이다. 백 3 에 흑 4 는 백 5 로 패이다. 이것은 흑의 응수가 좋지 않다.

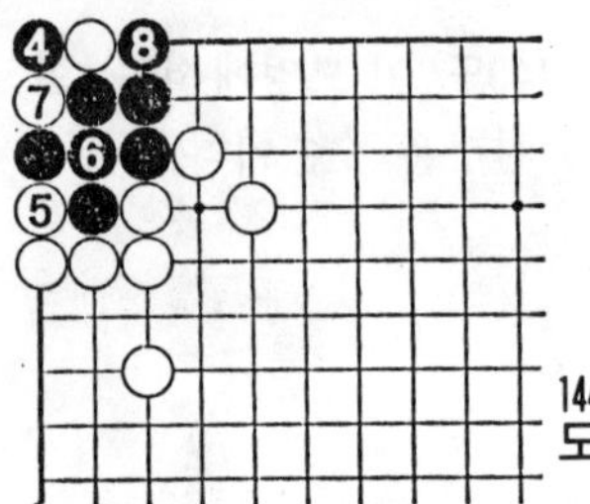

144도 전도 백 3 의 내려섬에서는 흑 4 로 집어 넣는 수가 있다. 백 5 다음에——

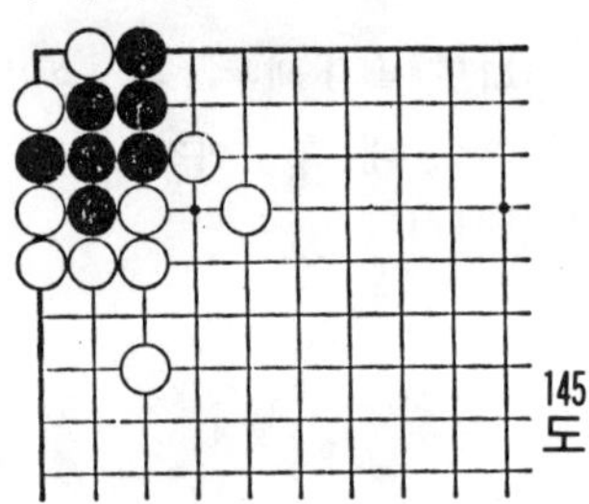

145도 결국 뒤떨구기로 사는 모양이다. 자, 그럼 변화를 나타내 보자.

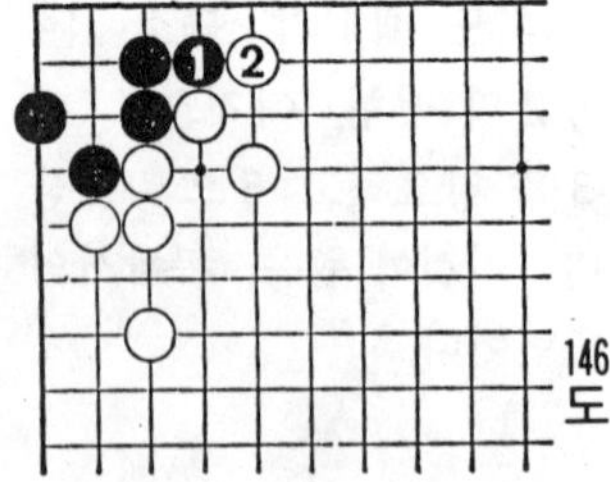

146도 흑 1 은 선수이다. 백 2 의 받음은 당연하다.

그러나 흑 1 은 자살수이다.

이 악수의 변화를 소개하고자 한다.

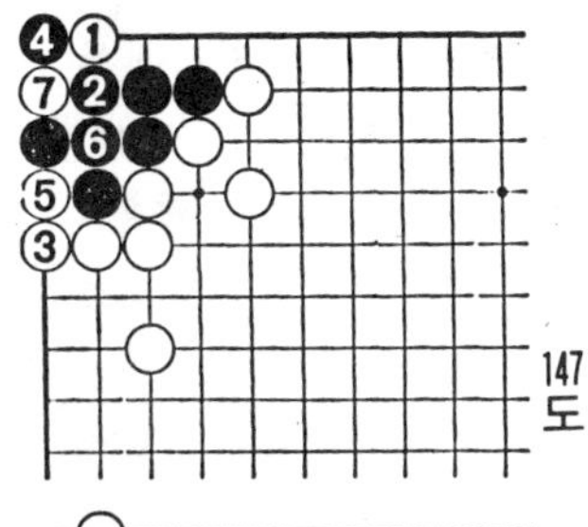

147도 백 1은 143도의 백 1과 같다. 이하의 코스는 144도와 같다. 나가는 것은 145도와 비슷하다.

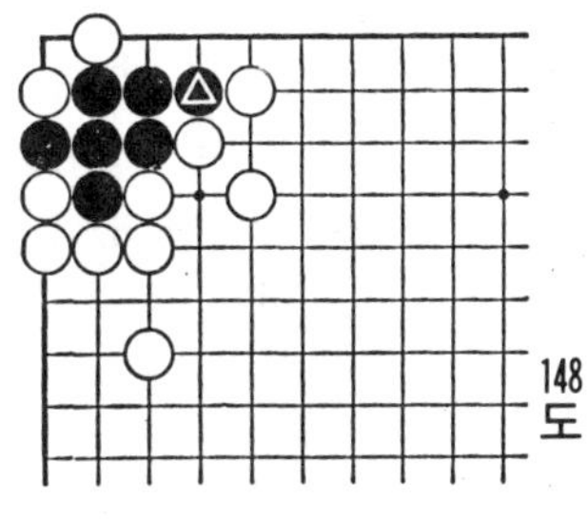

148도 이곳에서는 145도의 뒤떨구기가 성립을 하지 않는다.

흑△가 자충의 형태를 유발시키고 있다.

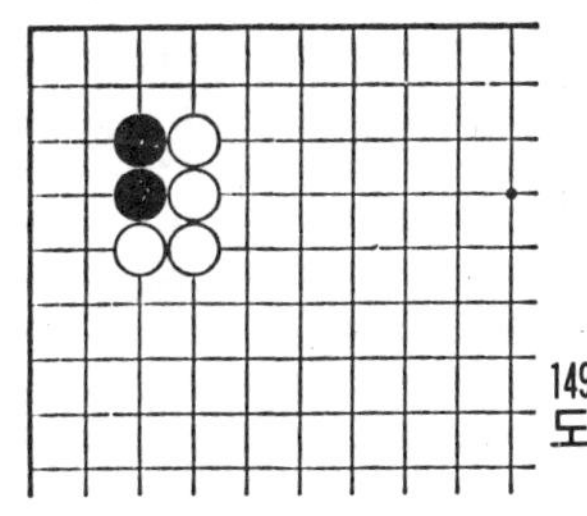

149도 귀의 기본형의 마지막을 소개한다. 마지막에 패의 모양까지 인데……

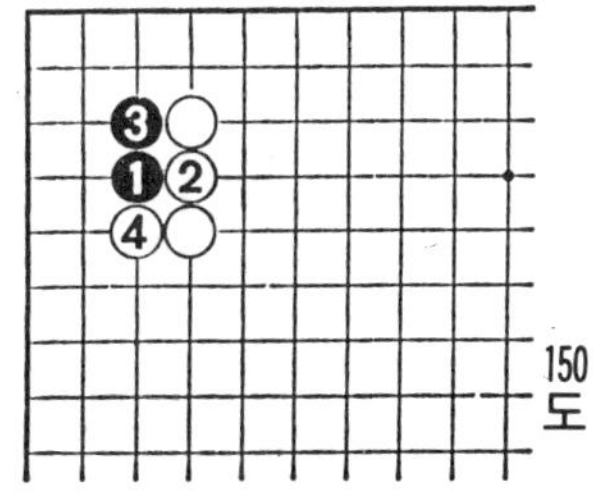

150도 백의 한칸 굳힘에 흑이 뛰어든 모양이다.

백 4까지 된 상태에서 흑의 다음의 한 수는?

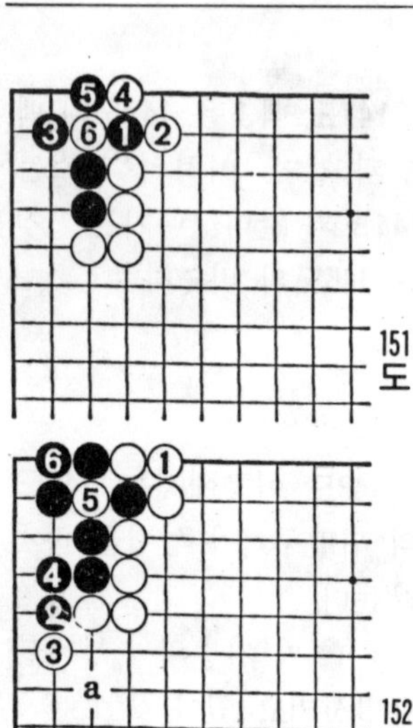

151도 흑 1 의 젖힘에서 5 까지는 상용의 수단이다.

흑은 필사적으로 패를 다툰다.

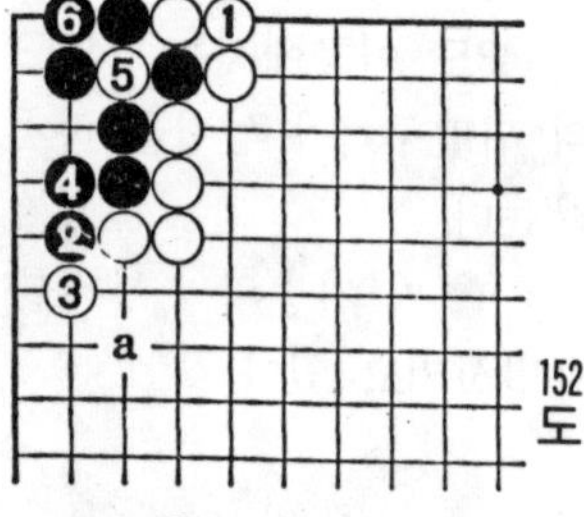

152도 백 1 로 이으면 흑 2, 4 의 젖혀 이음이 크다.

백 5 의 때림에는 흑 6 의 이음까지 그만이다.

백 a의 지킴이 남는다.

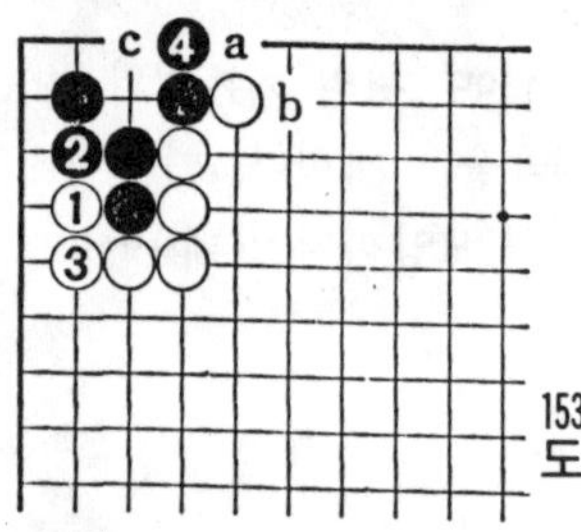

153도 패를 피하여 백 1, 3 은 어떨까? 그것은 흑 2, 4 로 된다. 흑 4 로 a의 곳을 젖히면 백 b로 뻗는다.

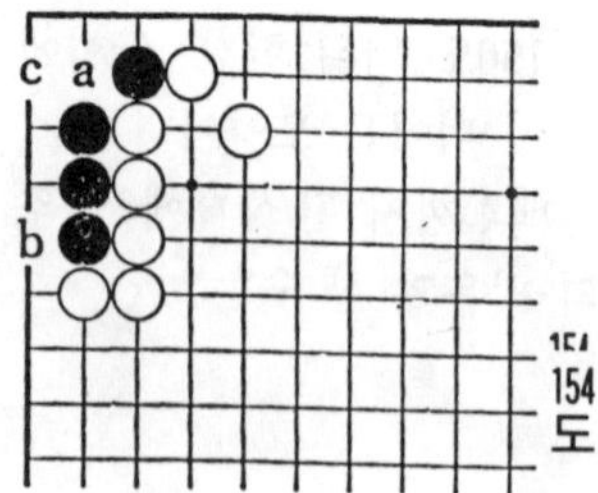

154도 이런 모양에서는 어떨까?

흑a의 이음은 백 b의 젖힘으로 c의 곳을 내려서도 살지 못한다.

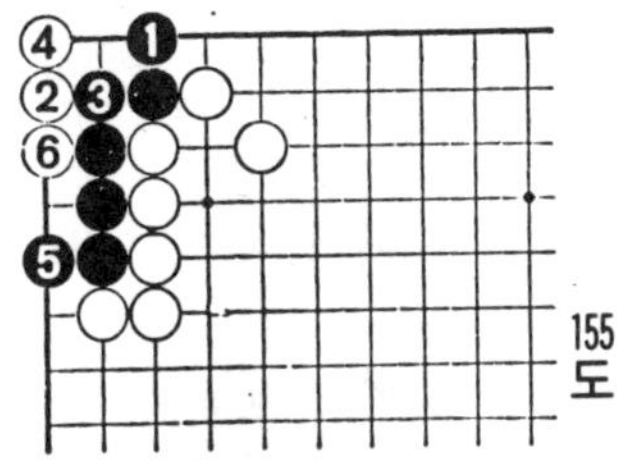

155도 흑 1 로 내려서면 어떨까? 이것은 백 2 에서 흑 6 까지 귀곡사로 죽는다. 귀곡사의 모양을 잘 이해하기 바란다.

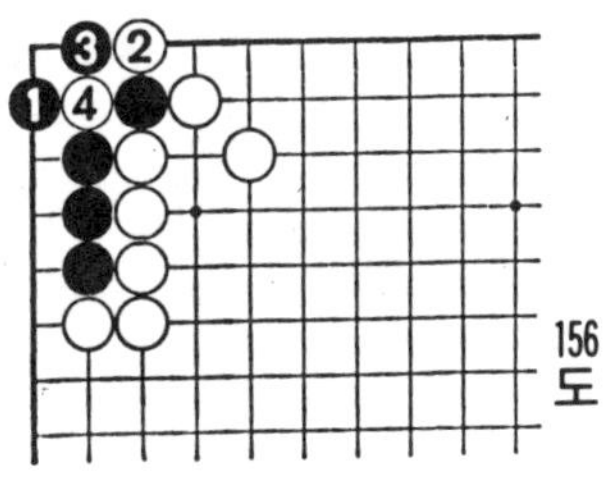

156도 흑 1 에는 백 2, 4 로 패이다.

이것이 유일한 정해이다

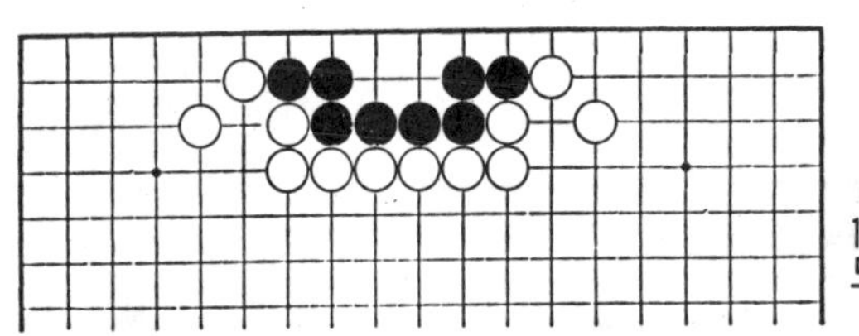

젖힘과 붙임

모양(形)은 여러가지가 있으면서도, 사활(死活)의 맥은 그리 많지 않은 것은, 여기까지의 배움(공부)으로서 충분히 알 수 있으리라고 생각한다.

157도 백선(白先)으로 어느 곳을 공격할까 하는 문제로서, 그다지 어렵지 않게 풀 수 있는 문제이다. 젖힘과 붙임에 초점을 두고 생각해 보기 바란다.

5. 끝내기의 계산

끝내기가 불필요한 바둑도 있다. 그 결과가 너무 일방적인 경우인데 사실은 계산도 불필요하다.

바둑의 끝내기는 먼저 큰 곳부터 두는 것이 보통이다.

초반에서 다음 중반의 절충, 그리고 종반의 조화가 마지막이다.

끝내기에는 그 나름의 흥미가 있다. 어떻게 두어야 할까? 지금부터 하나씩 알아보기로 한다.

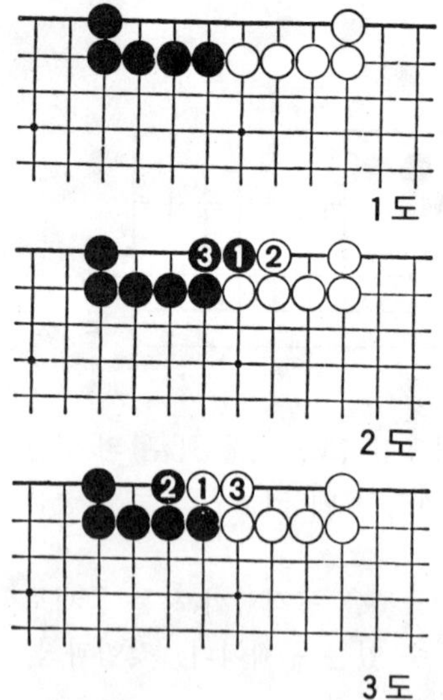

1 나가고 들어옴의 계산

끝내기에는 계산에 강해야 한다. 1도의 모양에서 다음에 2도와 3도를 보자. 모형도에서 알 수 있도록 곧 집을 한정하였다.

끝내기에서는 무엇보다도 선수(先手)가 중요하다. 선수 끝내기는 상대적으로 상당한 집수의 차이를 가져 온다.

그러므로 항상 끝내기에 들어갈 때는 선수를 계속 유지하도록 하는 것이 바람직하다. 종반전으로 넘어가면서부터는 계속 끝내기의 선수를 생각해야 한다.

2도 흑**1**의 젖힘 결과는 흑이 2집, 백이 1집으로 흑이 1집 많다.

3도 백**1**에 젖히면 백은 2집, 흑은 1집으로 백이 1집이 많다. 이것이 끝내기 출입(出入)의 계산이다.

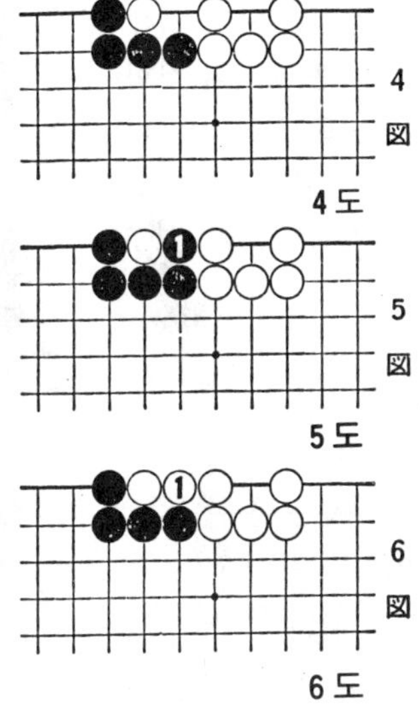

4도

5도

6도

이 계산법은 **2**도와 **3**도를 비교하여 본다. 백집은 1집 증감이고, 흑집도 1집 증감이다.

4도의 모양을 복습하여 보자.

5도와 **6**도를 비교하여 보면 집의 증감을 쉽게 알 수가 있다.

이 모양에서는 선·후수가 문제가 된다. 끝내기에서는 이점도 매우 중요한 의미가 있다.

가능한 한 선수(先手)로서 끝내기를 유도할 수 있도록 해야 한다. 상당한 차이의 집수를 증감하는 끝내기의 묘란 바로 선수(先手)끝내기를 의미한다.

끝내기에 있어서 후수(後手)가 되면 괴롭다. 하소연할 곳도 없는 것이 바로 후수 끝내기이다.

7도의 모양은 앞에서 나온 2선의 젖힘과는 조금 사정이 다르다. 8도 흑1, 3의 젖혀이음은 선수이다.

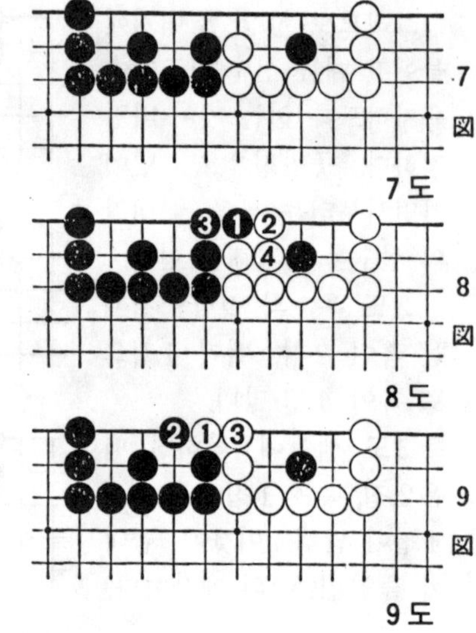

9도 1, 3의 젖혀이음은 후수이다. 이것이 편선수(片先手) 끝내기이다.

편선수의 끝내기란 선수의 방법이 한쪽에만 일방적으로 선수의 의미가 부여되는 것을 말하는 것으로 이것은 8도에서 보는 것과 같다.

그러나 백이 먼저 1, 3으로 젖혀이으면 역끝내기라고 한다. 이것이 중요하다. 8도와 9도를 비교하여 보자. 백집은 2집, 흑은 1집 합계 3집이 증감이다. 이것은 후수 6집의 가치가 있다.

10도 1, 3의 젖혀 이음이 절대 선수의 의미가 있다.

백4를 손빼면 4의 곳 끊음으로 손해가 크다.

이것이 바로 후수(後手)끝내기의 괴로움이다. 집 수가 증가하기는 커녕 오히려 감소되는 억울함을 감내(甘耐)하지 않으면 안된다.

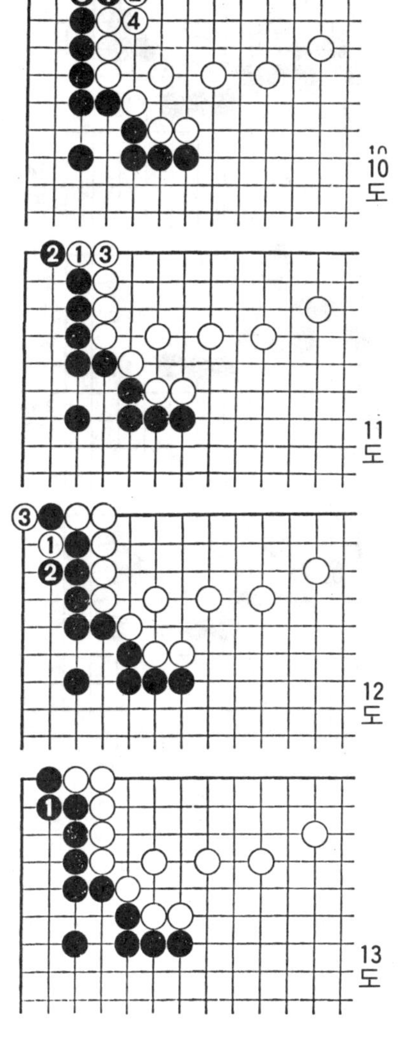

11도 1, 3의 젖혀이음은 전도의 흑의 젖혀 이음과 비교하여 보면 상당한 차이가 있다. 흑이 손을 뺀다면 이 다음——

12도 백 1의 끊음이다.

13도 흑1의 이음은 반반이다. 백은 2집 증감, 흑의 증감은 12도의 7집과, 13도의 2집으로 평균 4집 반으로 합계가 6집 반이다. 11도의 끝내기는 역끝내기 6집 반의 자리이다. 환산하여 후수 13집이다.

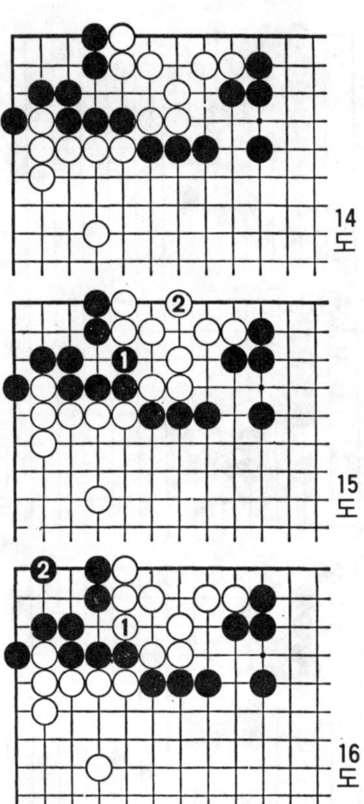

14도에서 끝내기를 하여 보자.

지금 가장 절박한 큰 끝내기는 윗변의 터진 곳이다. 흑이 먼저냐에 따라서 집수에 변동이 온다.

15도 흑 1로 둔다.

이에 대하여 백은 2로 한점을 메꾸지 않을 수가 없다. 선수 끝내기의 위력인 것이다.

16도 백이 둔다면 1의 곳이다. 흑은 2의 곳을 지킬 수밖에 없다. 백의 증감을 2집, 흑의 증감을 2집, 합계 4집이다.

본 문제는 흑에서 두어도 선수이고, 백에서 두어도 선수라는 점이다. 양선수는 양후수로 계산을 한다.

양선수 끝내기는 계산 자체가 무의미하다.

양선수 끝내기는 집수 문제는 없다. 집수가 어떻게 되든 관계없이 다른 끝내기에 우선한다.

2 작은 끝내기

순서는 반대이다. 이 계산에는 끝내기의 기본이 많이 나오는데 이것이 작은 끝내기의 연구이다. 끝내기의 활용에 대해서 생각하여 보자.

17도 흔히 이것은 반대라고 한다. 이 끝내기는 최후에 두는 것이 보통이다.

18도를 보면 백은 3분의 1의 권리가 있음을 본다.

여기에서는 간단한 모양을 나타내었다.

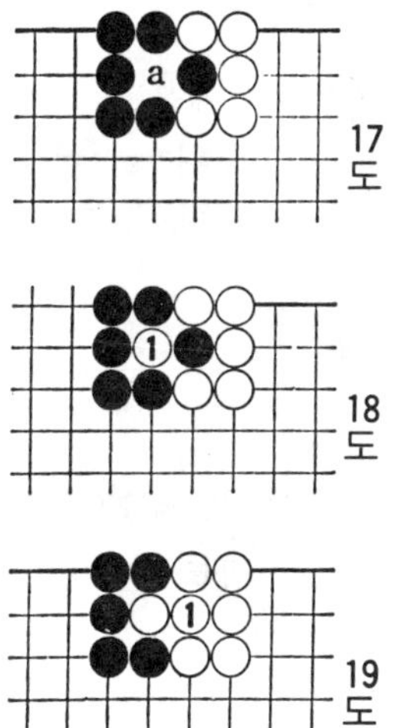

17도
18도
19도

계속하여 **19도**의 백 **1**로 잇지 않으면 안된다.

17도의 상태에서, 흑은 한 집에 관하여 3분의 2의 권리를 가지고 있고, 백은 3분의 1의 권리를 가지고 있다.

그리고 **18도**를 보면, 백은 3분의 1의 권리가 3분의 2로 증가하고, 흑은 3분의 2의 권리가 3분의 1로 줄어들어 있다. 백집 3분의 1집 증가, 흑집 3분의 1집 감소. 출입계산(出入計算)의 방법으로, **18도**의 백 **1**은 3분의 2집이 있다는 것을 알 수 있다.

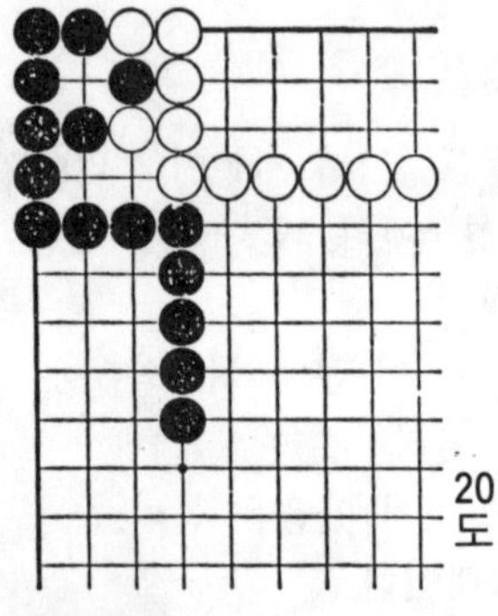

이러한 것을 간단한 모형으로 나타내 보자.

20도 한집의 모양과 반패의 모양의 증명이다. 흑의 차례이다.

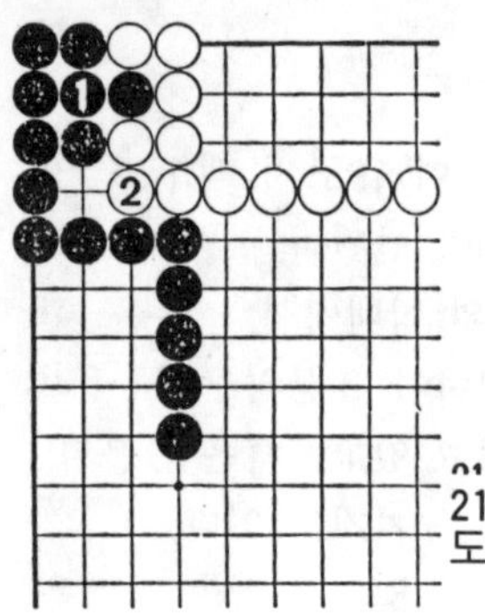

21도 흑 1 로 반패를 이으면 백은 2 의 곳을 둔다. 여기에 백도 흑도 집이 없다.

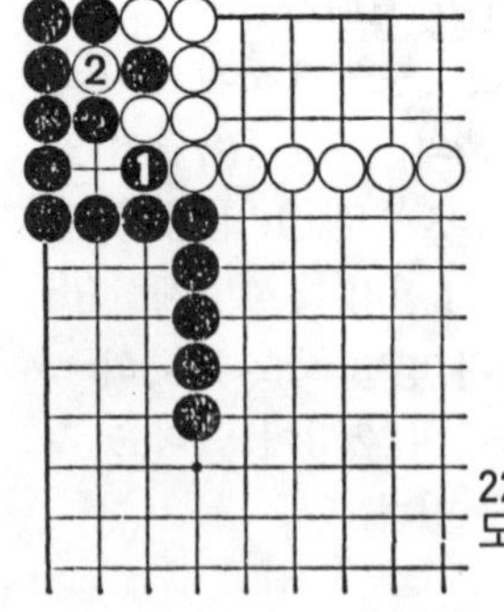

22도 여기에서는 흑 1 이 정수이다. 끝내기에는 큰 곳부터 둔다.

계속하여 백 2 로 반패를 따면 팻감을 사용하여 패에 이길 경우 흑은 1 집이 생긴다.

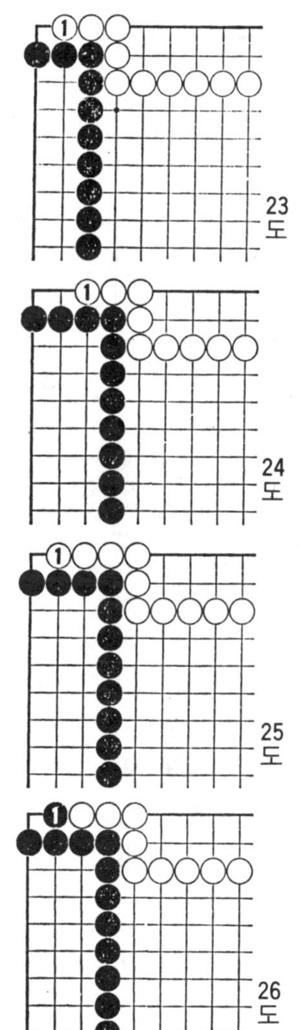

23도 백 1은 한집 끝내기이다.

24도 백 1은 어떤 집의 끝내기 일까? 이것이 본 문제의 포인트 테마이다.

전도에서는 흑이 1에 두는 것은 흑이 1집이 없지만 나가면 한집이 된다. 24도는 흑 1로 두면 2집이 된다. 이 다음에 —

25도 백 1은 후수이다.

26도 흑 1도 후수이다. 여기에서 24도 다음 25도와 26도의 가능성은 반반이다.

흑집은 2집과 2분의 1집 사이의 증감이다. 24도의 백 1은 후수 1집 2분의 1의 끝내기이다.

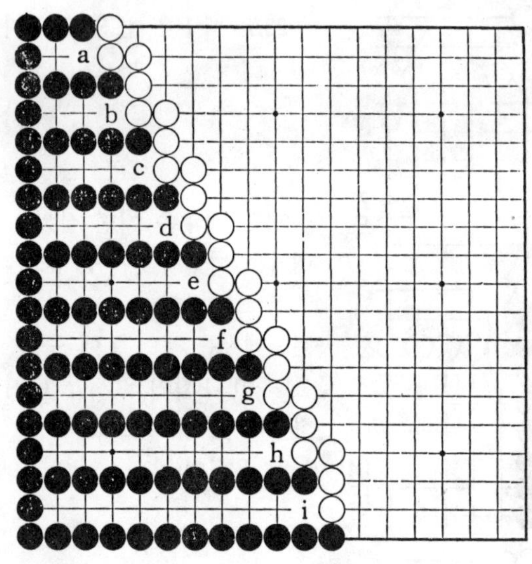

a = 1
b = 1 1/2
c = 1 3/4
d = 1 7/8
e = 1 15/16
f = 1 31/32
g = 1 63/64
h = 1 127/128
i = 1 255/256

27도 a점은 백이 두든 흑이 두든 1집 끝내기이다. b점은 앞문제에서 볼 수 있듯이 1집 2분의 1이 끝내기이다. c점은 1집 4분의 3 끝내기이다. ……이렇게 끝내기의 가치를 나타낸 것이다.

초보의 단계에 있는 독자로서는 끝내기에 관한 집수 계산에 대해 상세히 알아 두기 바란다. 끝내기에 관한 지식만 충일하여도 기력(棋力) 향상에 큰 보탬이 될 것이다.

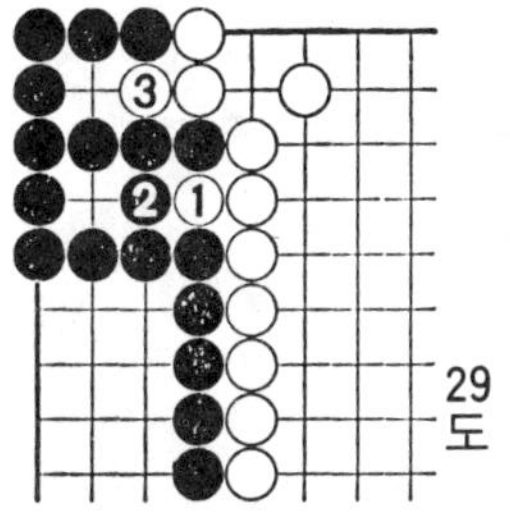

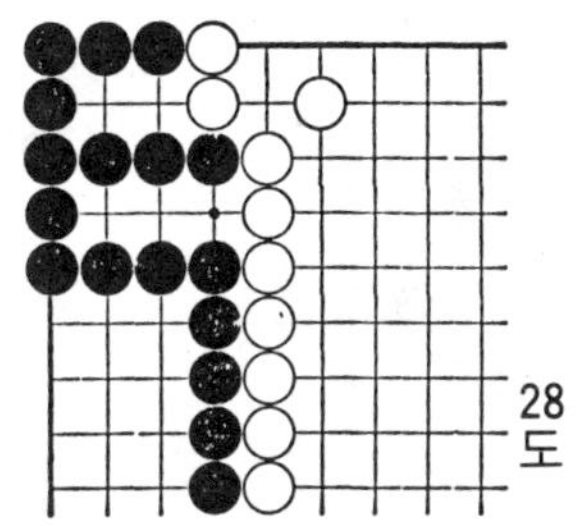

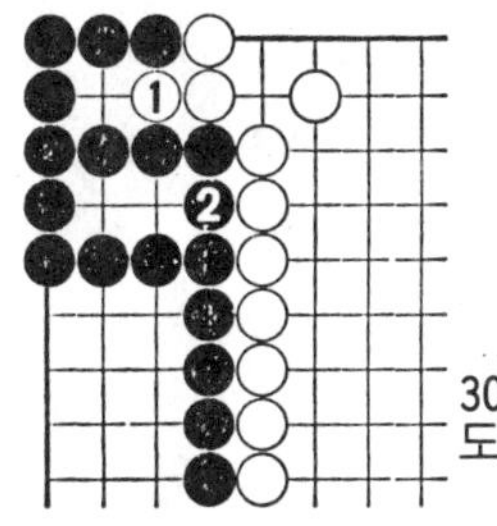

28도 귀는 2곳의 끝내기가 남아 있다.

29도 백 **1**, 흑 **2**, 백 **3** 이 바른 수순

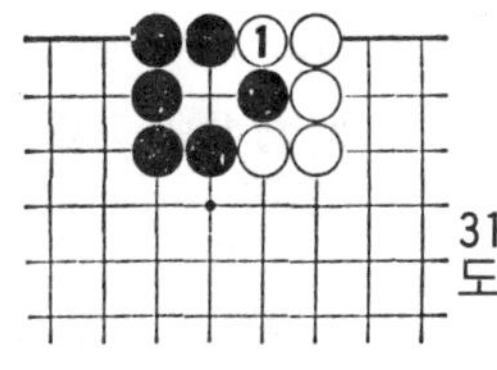

30도 작은 곳부터 두는 것은 **29**도의 1집 차이가 생긴다. 자, 끝내기의 계산을 보자.

31도 백 **1** 은 흑집이 1집 감소되고 반패의 3분의 1의 권리가 생긴다.

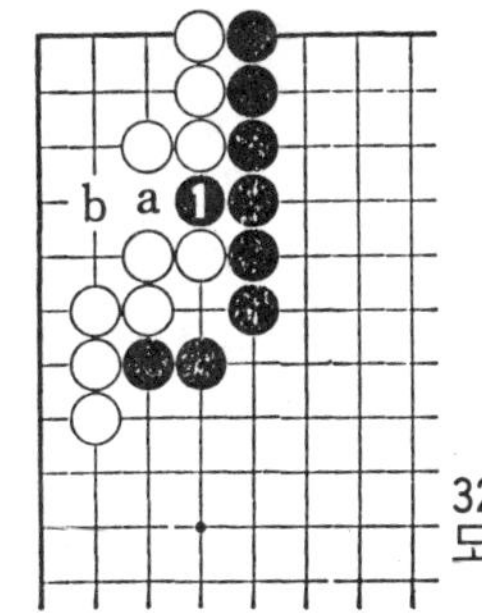

32도 흑 **1** 은 백집이 한집 감소인데 다음에 흑a 백b 선수 끝내기가 남는다. 이후에 흑a, 백b 는 약속된 곳이다. 이것이 중요하다.

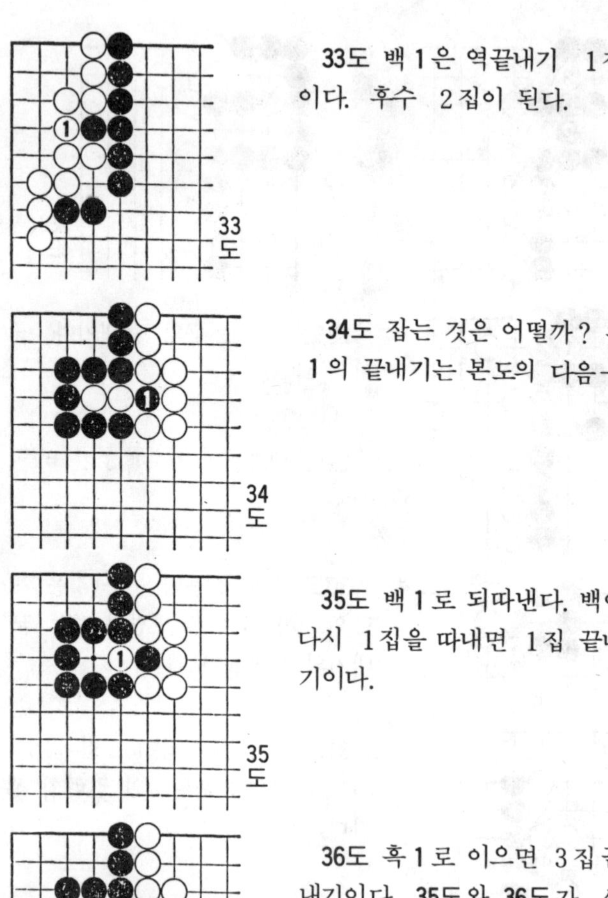

33도 백 1은 역끝내기 1집이다. 후수 2집이 된다.

34도 잡는 것은 어떨까? 흑 1의 끝내기는 본도의 다음—

35도 백 1로 되따낸다. 백이 다시 1집을 따내면 1집 끝내기이다.

36도 흑 1로 이으면 3집끝내기이다. **35**도와 **36**도가 생길 가능성은 반반으로 중간치는 **34**도의 흑 1은 후수 2집 끝내기이다.

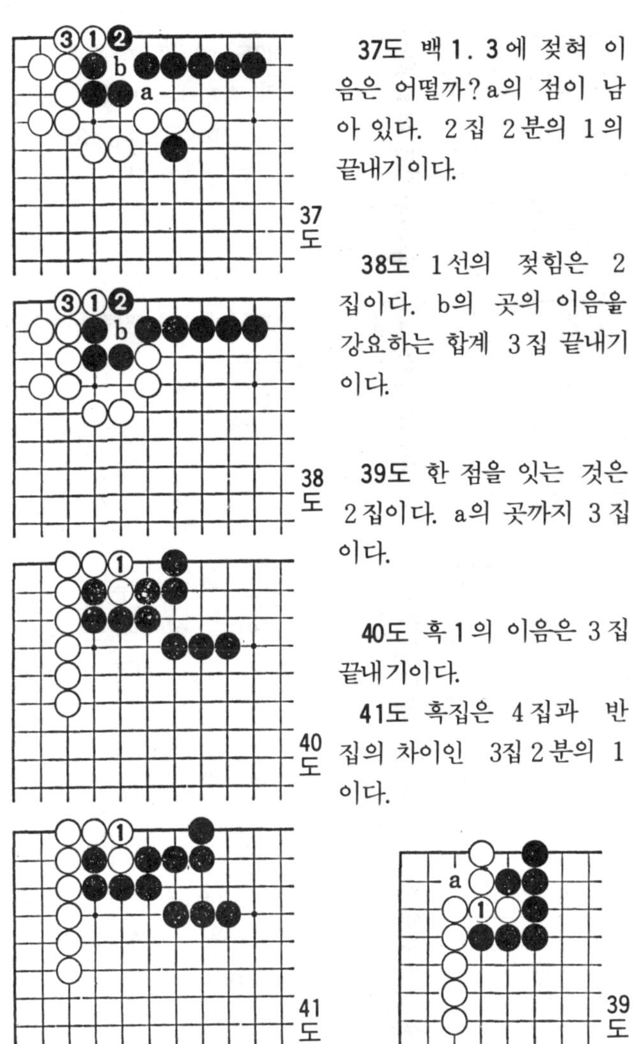

37도 백 1. 3에 젖혀 이음은 어떨까? a의 점이 남아 있다. 2집 2분의 1의 끝내기이다.

38도 1선의 젖힘은 2집이다. b의 곳의 이음을 강요하는 합계 3집 끝내기이다.

39도 한 점을 잇는 것은 2집이다. a의 곳까지 3집이다.

40도 흑 1의 이음은 3집 끝내기이다.

41도 흑집은 4집과 반집의 차이인 3집 2분의 1이다.

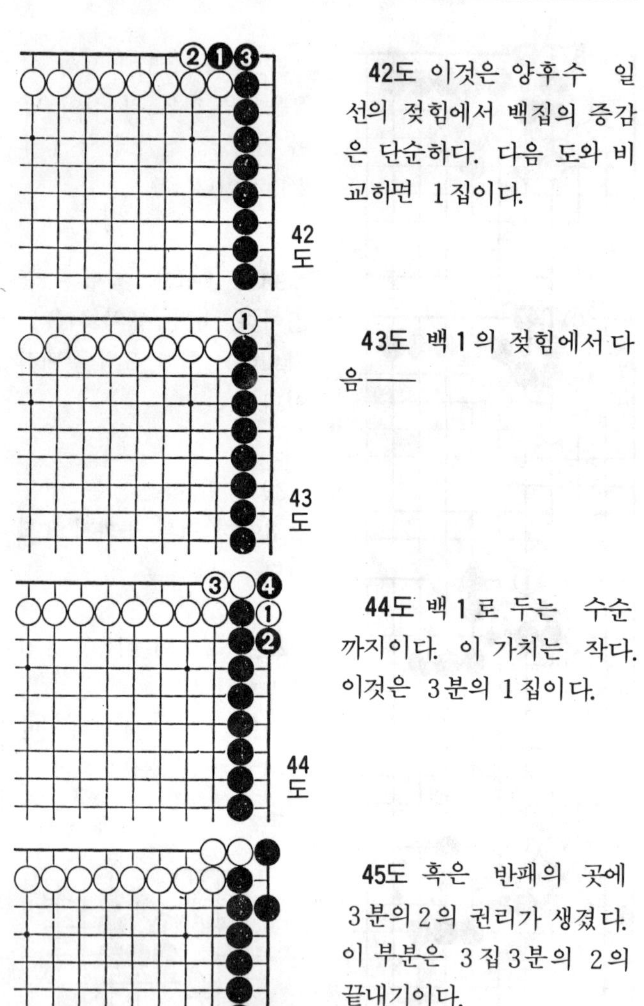

42도 이것은 양후수 일선의 젖힘에서 백집의 증감은 단순하다. 다음 도와 비교하면 1집이다.

43도 백 1의 젖힘에서 다음――

44도 백 1로 두는 수순까지이다. 이 가치는 작다. 이것은 3분의 1집이다.

45도 흑은 반패의 곳에 3분의 2의 권리가 생겼다. 이 부분은 3집 3분의 2의 끝내기이다.

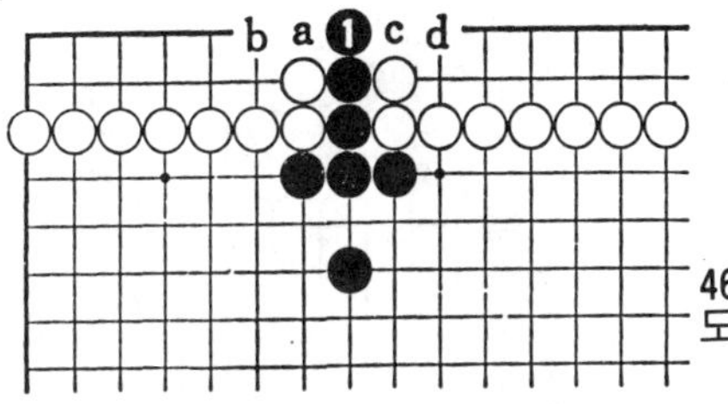

46도 흑1은 4집 끝내기이다. 이 다음 흑a, 백b 흑c, 백d로 될 자리이다.

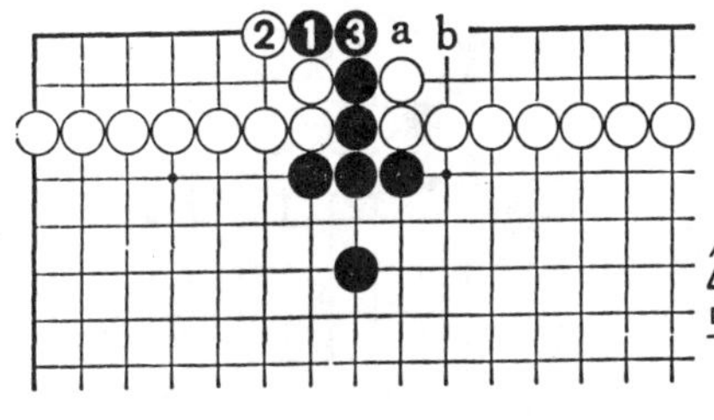

47도 이 모양은 흑1, 3의 젖혀 이음이 있다. 다음에 흑a, 백b로 될 자리이다.

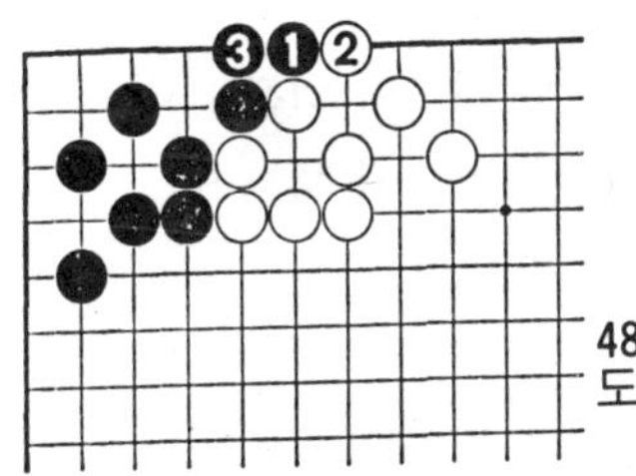

48도 흑1, 3이 몇집 끝내기인가 하는 문제이다.

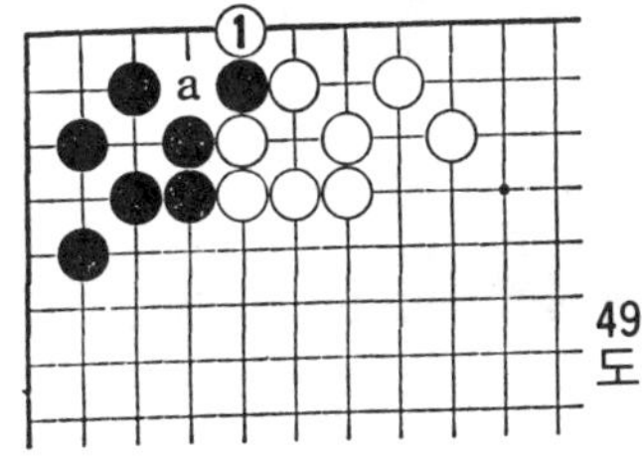

49도 백에서 둔다면 백1의 젖힘이다. 백a로 한점을 잡는 것은 가치가 크다. a의 이음은 후수이다.

50도 흑이 이은 다음의 상정도이다. **48도**와 비교하여 백이 1집 증가하였고 흑은 2집이 감소되었다.

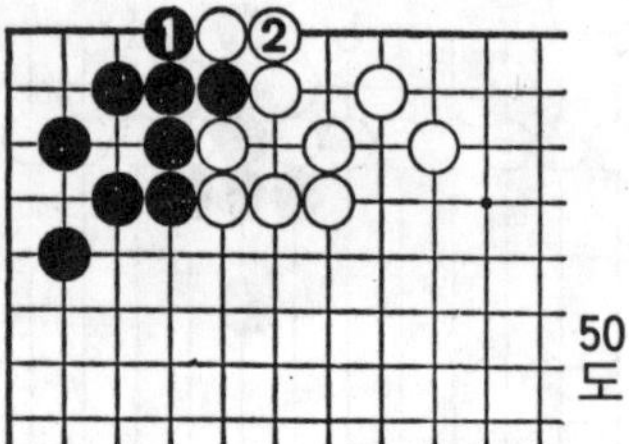

51도 백이 잡고 난 후의 상정도이다. **48도**와 비교하여 백이 4집 증가되었고 흑은 3집 감소되었다.

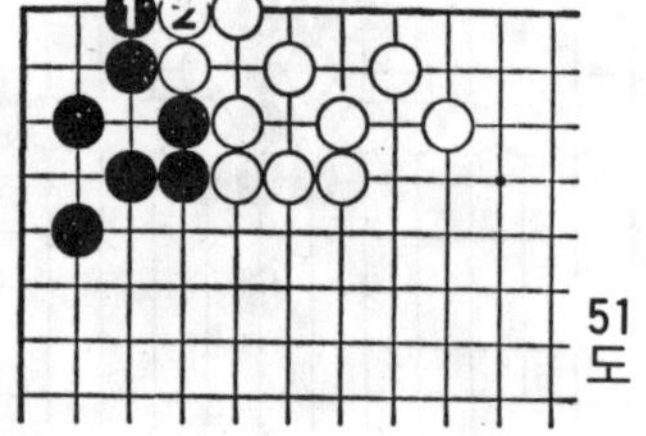

52도, 53도 이것은 2선의 젖힘이다. 이 다음 1선의 양후수 끝내기가 남아있다. 백흑 다같이 3집으로 후수 6집 끝내기이다.

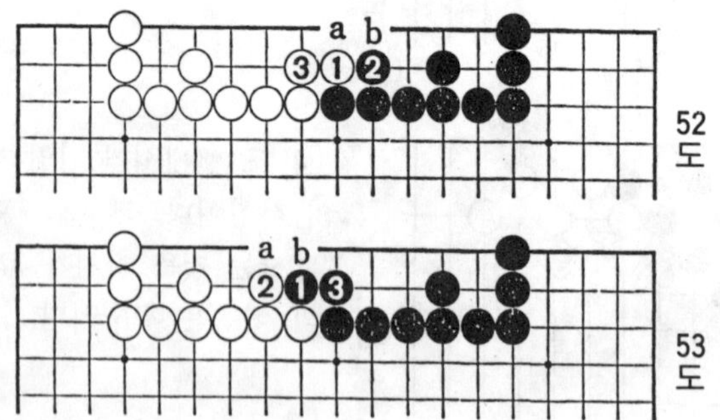

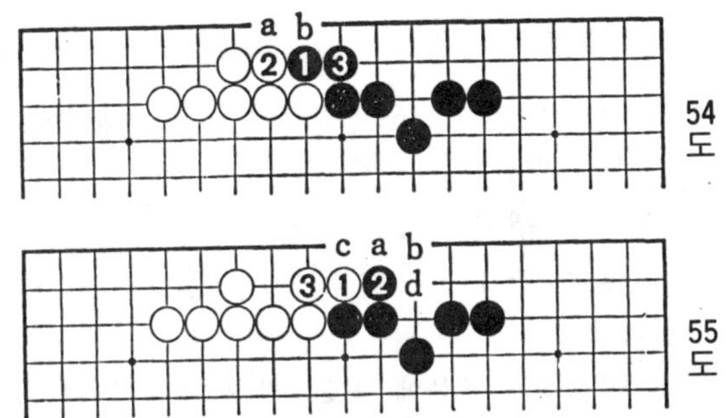

54도

55도

54도 흑에서 젖히면 다음에 1선의 젖힘은 양후수이다. 백a, 흑b로 되는 계산이다.

55도 백에서 젖히면 1선의 젖힘은 편선수이다. 백a, 흑b, 백c, 흑d까지이다. 백집은 3집, 흑집은 5집 증감으로 8집 끝내기다

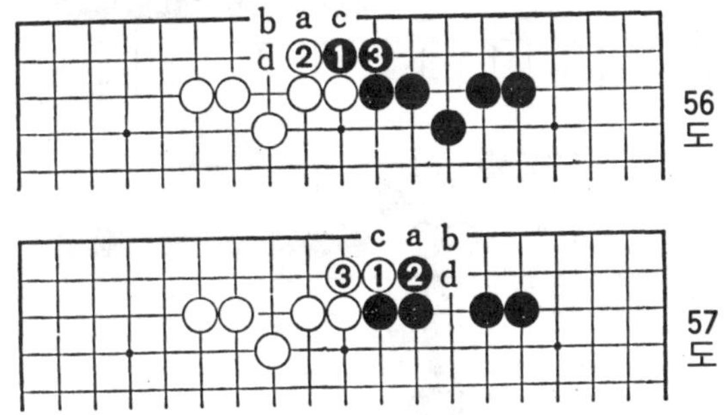

56도

57도

56도 흑에서 젖힌다면 나중의 모양은 흑a, 백b, 흑c의 편선수이다.

57도 백에서 젖히면 나중의 모양은 백a, 흑b, 백c, 흑d의 편선수이다. 백집, 흑집 5집증감으로 10집 끝내기이다.

3 큰 끝내기

큰 끝내기의 모양이다. 여기에서는 작은 끝내기와 큰끝내기의 순서로 해설한다.

58도 흑 **1** 의 2선의 마늘모이다.

59도 다음에는 흑 **1** 에서 백 **4** 까지이다. 흑은 선수로 둔다. 이 다음——

60도 백 **1**의 집어 넣음에 흑 **2**, 백 **3** 까지 생각할 수 있다. 백에서 **58**도의 **1**의 점에 마늘모함과 비슷한 모양인데 증감은 5집으로 10집의 끝내기이다.

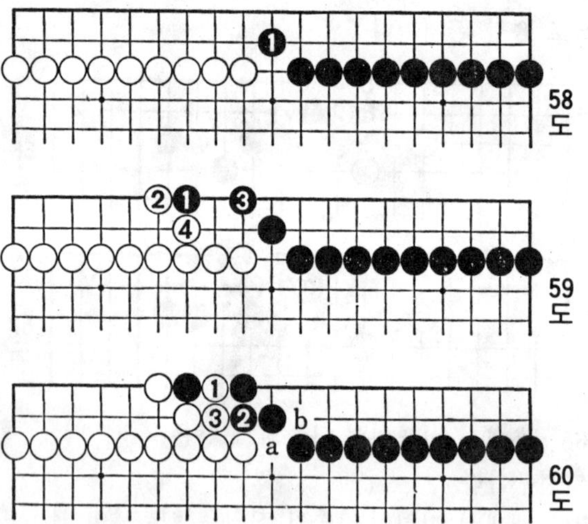

58도

59도

60도

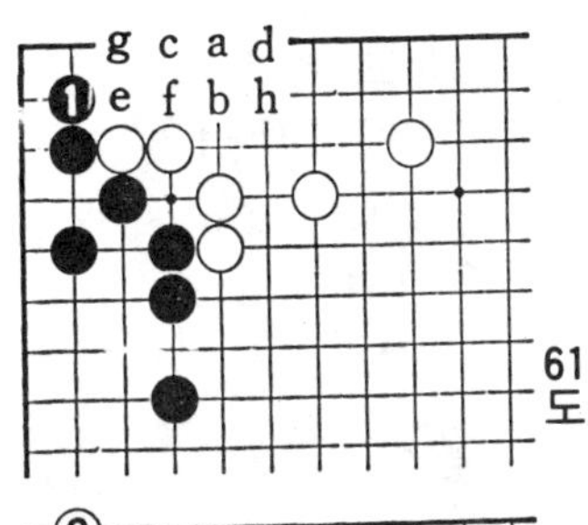

61도 흑 1의 내려섬이 바른 끝내기이다. 이 점을 e로 젖히는 것은 2집 손해이다. 계속하여 흑a, 백b, 흑c, 백d, 흑e, 백f, 흑g로 될 자리이다.

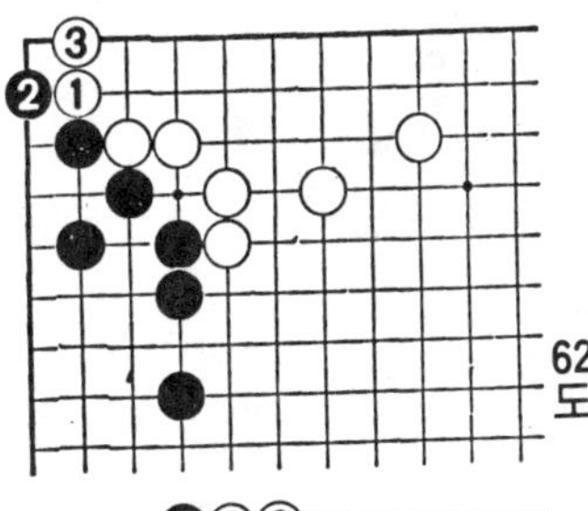

62도 백이 둔다면 1, 3의 젖혀 내림이다. 백집은 7집, 흑집은 4집 증감이다. 11집 끝내기이다.

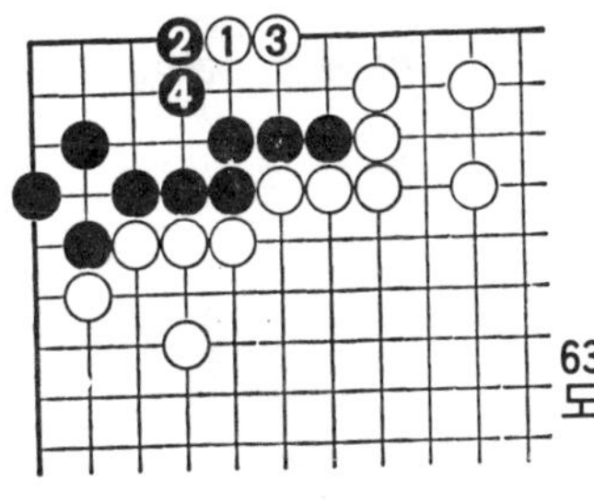

63도 백 1의 비마이다. 흑이 선수할 기회가 없다.

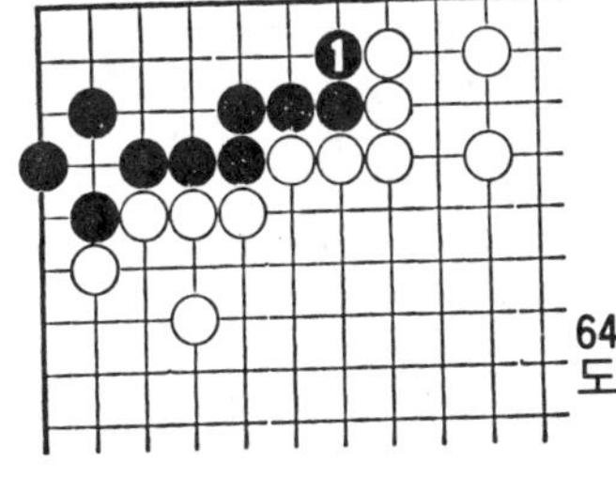

64도 흑 1은 역끝내기다. 역끝내기 6집으로 후수 12집 끝내기이다.

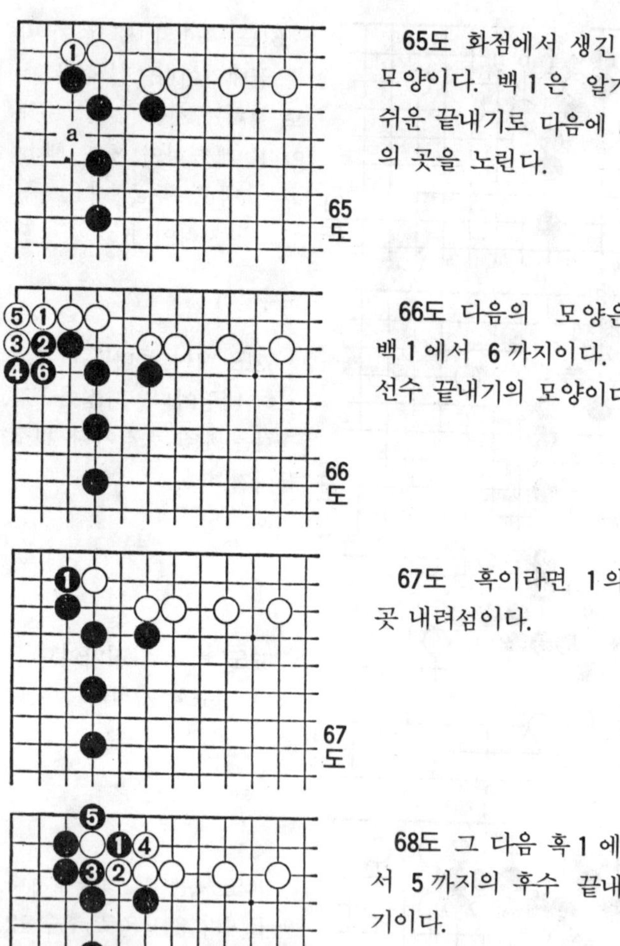

65도 화점에서 생긴 모양이다. 백 1은 알기 쉬운 끝내기로 다음에 a의 곳을 노린다.

66도 다음의 모양은 백 1에서 6까지이다. 선수 끝내기의 모양이다.

67도 흑이라면 1의 곳 내려섬이다.

68도 그 다음 흑 1에서 5까지의 후수 끝내기이다.

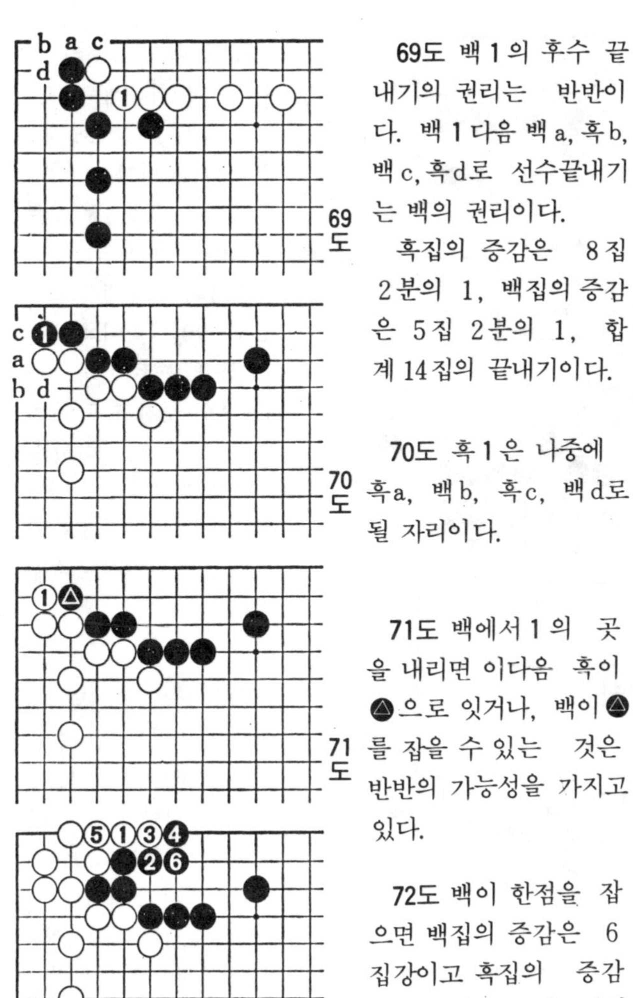

69도 백 1의 후수 끝내기의 권리는 반반이다. 백 1 다음 백 a, 흑 b, 백 c, 흑 d로 선수끝내기는 백의 권리이다.

흑집의 증감은 8집 2분의 1, 백집의 증감은 5집 2분의 1, 합계 14집의 끝내기이다.

70도 흑 1은 나중에 흑a, 백b, 흑c, 백d로 될 자리이다.

71도 백에서 1의 곳을 내리면 이다음 흑이 ▲으로 잇거나, 백이 ▲를 잡을 수 있는 것은 반반의 가능성을 가지고 있다.

72도 백이 한점을 잡으면 백집의 증감은 6집강이고 흑집의 증감은 9집약으로 약15집의 계산이 나온다.

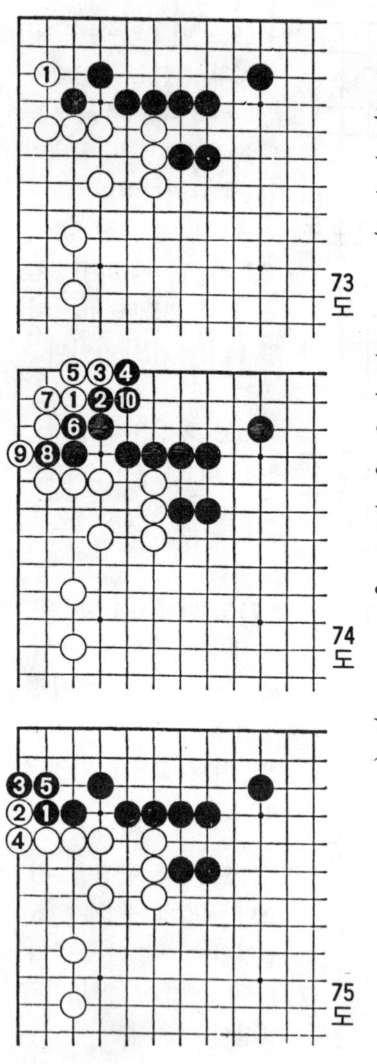

73도 백 1의 한칸 뜀이다. 이 다음에—74도의 백 1의 마늘모에서 3의 선수 젖힘까지 백의 권리이다. 흑 6, 8로 두는 것까지이다.

흑 4의 막음에 백은 5로 이었다. 이때 흑 6은 선수(先手)이다. 백은 7로 잇지 않을 수가 없다. 흑은 8로 다시 들이 밀었다. 백 9는 당연한 건너감이다. 그후 흑 10의 이음은 바른 수순이다.

75도 흑이 둔다면 1의 곳의 내려섬이다. 이 양선수의 모양에서 백은 2, 4로 결행한다. 흑집의 증감은 11집이고, 백집의 증감은 5집이다. 합계 16집이다. 앞문제, 그전문제와 본문제의 끝내기는 집모양에 영향이 크다.

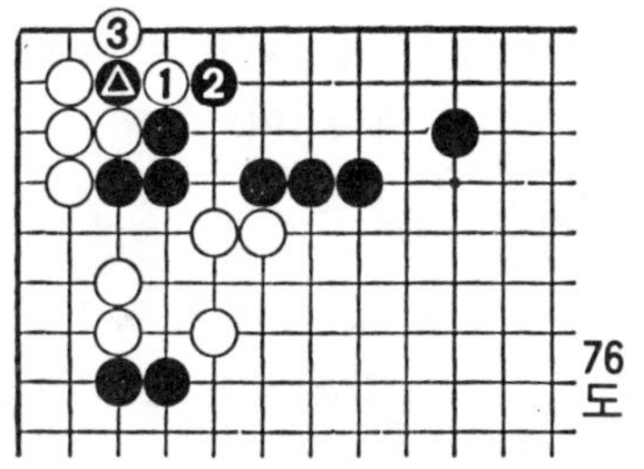

76도 흑▲를 끊어 잡은 모양에서는 다음에—

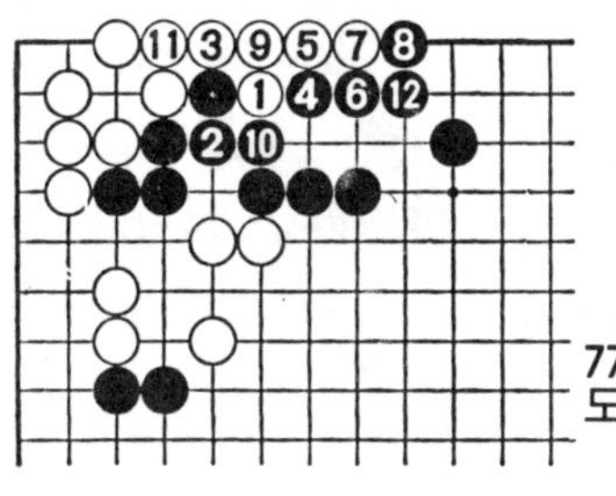

77도 다음에 큰 끝내기가 기다리고 있다. 흑집은 11집 2분의 1이고, 백집은 4집강의 증감으로 약16집의 끝내기이다.

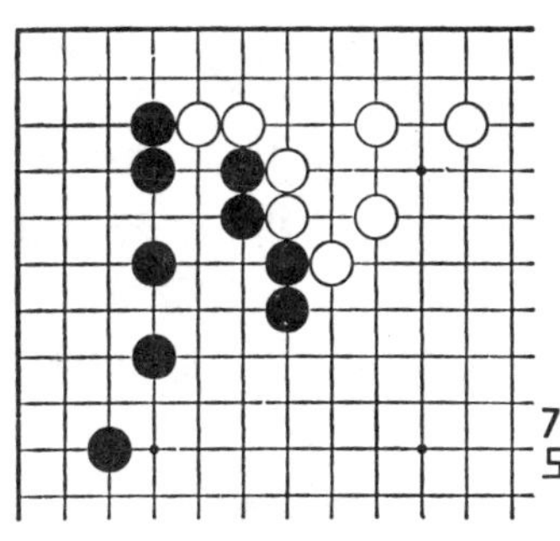

78도 큰 끝내기 모양의 등장이다.

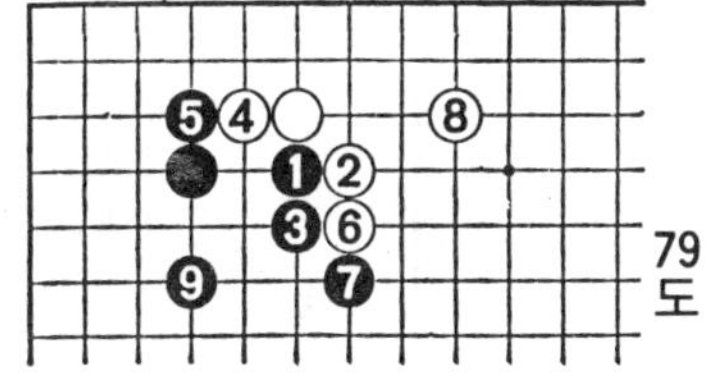

79도 접바둑 모양에서 생긴 모양으로 지금까지의 경과도이다.

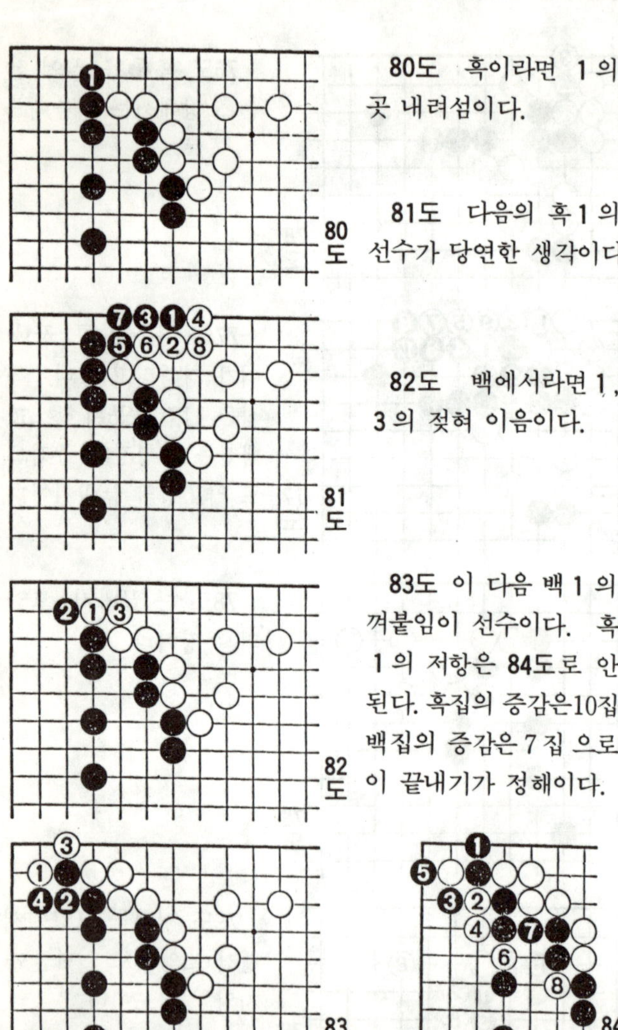

80도 흑이라면 1의 곳 내려섬이다.

81도 다음의 흑1의 선수가 당연한 생각이다.

82도 백에서라면 1, 3의 젖혀 이음이다.

83도 이 다음 백1의 껴붙임이 선수이다. 흑1의 저항은 **84도**로 안 된다. 흑집의 증감은10집, 백집의 증감은 7집 으로 이 끝내기가 정해이다.

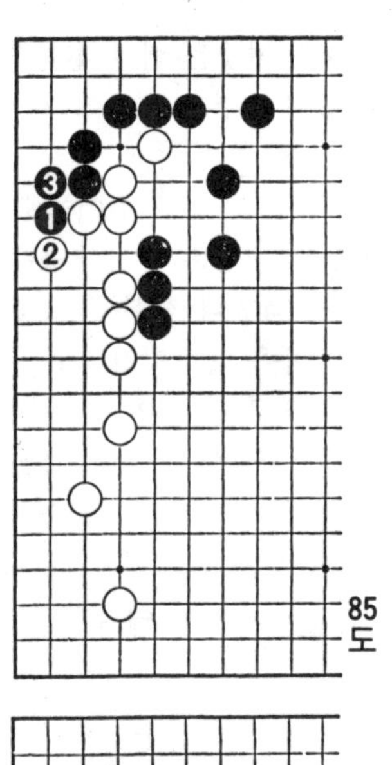

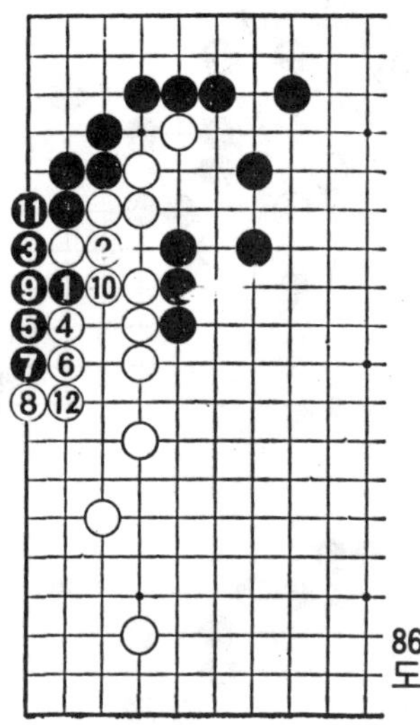

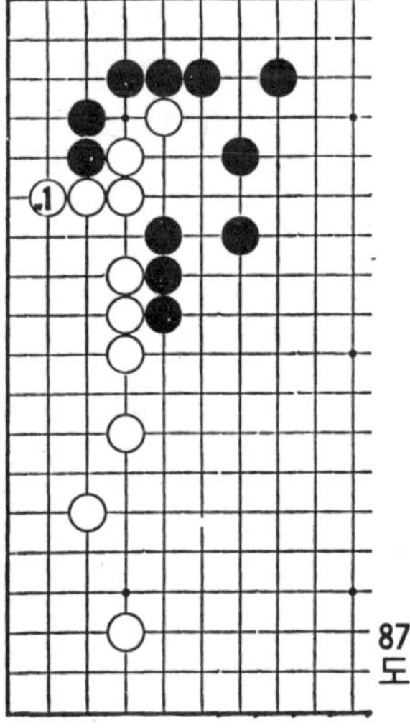

85도 흑에서 두면 1, 3의 젖혀 이음이다.

86도 이 다음에 흑 1의 껴붙임에서 백12까지 흑은 선수가 약속된다.

87도 백에서 둔다면 1의 곳 내려섬이다. 백집의 증감은 12집, 흑집의 증감은 7집으로 함께 19집의 큰 끝내기이다.

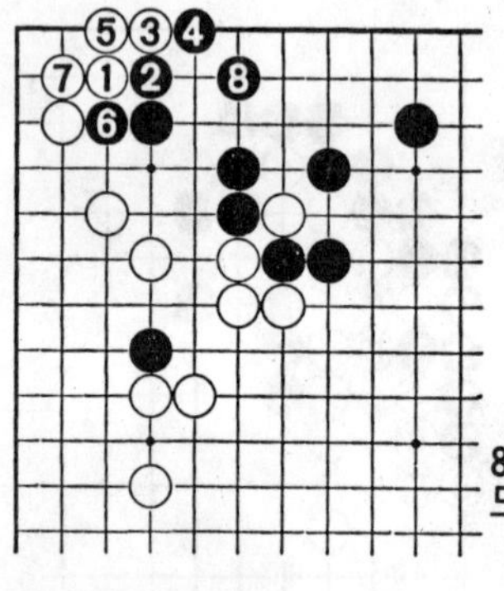

88도

88도 이것은 백의 편선수로 당연히 본도의 경과가 예상된다.

백 1의 마늘모 뛰어듦에 흑 2의 붙임은 당연한 응수이다. 백 3의 젖힘에 흑 4의 막음은 필연적인 수순. 백은 5로 잇지 않을 수가 없다. 흑 6의 꺾음에 대한 백 7의 이음 역시 당연한 수순이다. 흑은 결국 8로서 백의 침입을 예방한다.

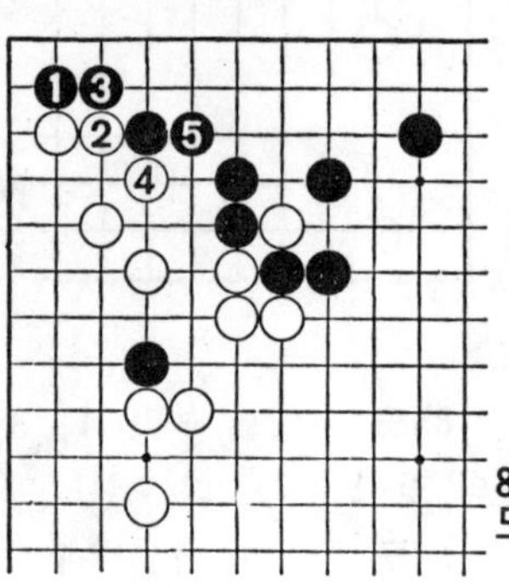

89도

89도 백이 선수 끝내기를 두지 않으면 흑 1에서 5까지 역끝내기이다.

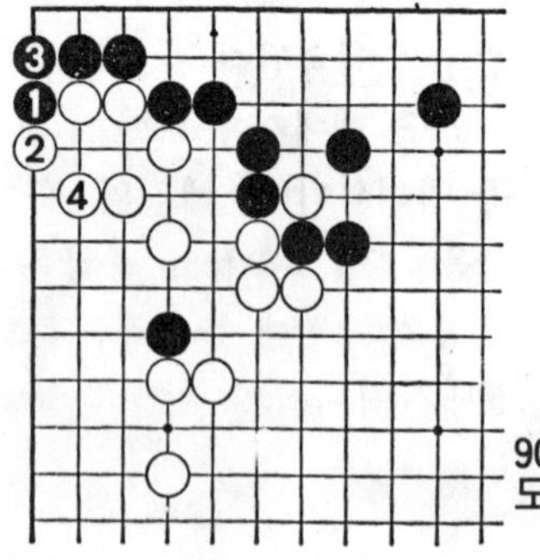

90도

90도 이 다음 흑 1, 3의 젖혀 이음은 선수라는 생각이다. 흑집의 증감은 6집, 백집의 증감은 5집 약이다. 이것은 역끝내기 11집 약으로 후수 끝내기로 환산하면 약21집 끝내기이다.

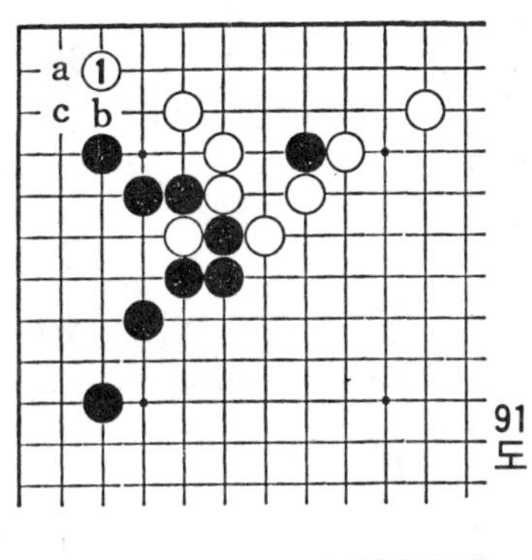

91도 이런 모양에서도 승패에 관련이 크다·

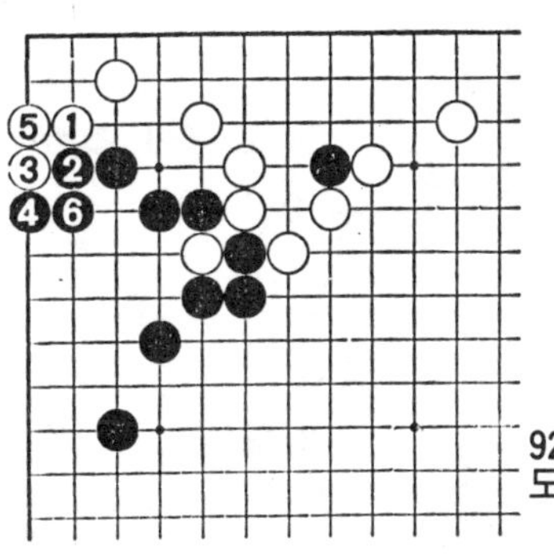

92도 전도에서, 백 1의 마늘모가 선수이다. 흑 6 까지는 필연의 수순이다.

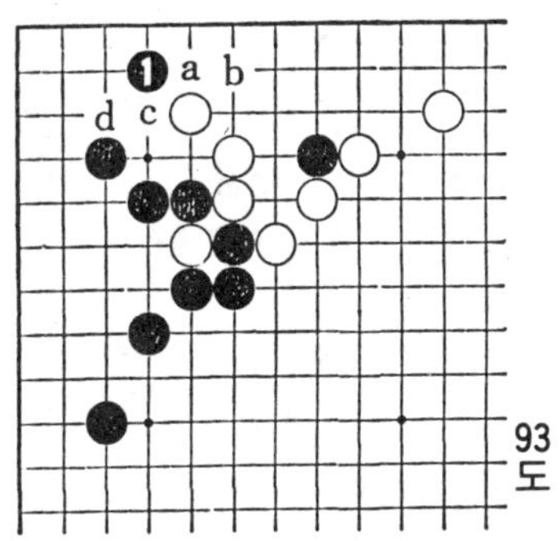

93도 흑이 두면 1 의 날일자이다. 그 다음 흑 a, 백 b, 흑c, 백 d로 될 자리이다. 흑집의 증감은 11집약이고, 백집의 증감은 9 집의 2 분의 1 로 20집강의 끝내기이다. 91도 백 1 에 흑a로 붙이고 계속하여 백 b, 흑c 는 6 집강으로 후수 끝내기로 환산하면 13집약이다.

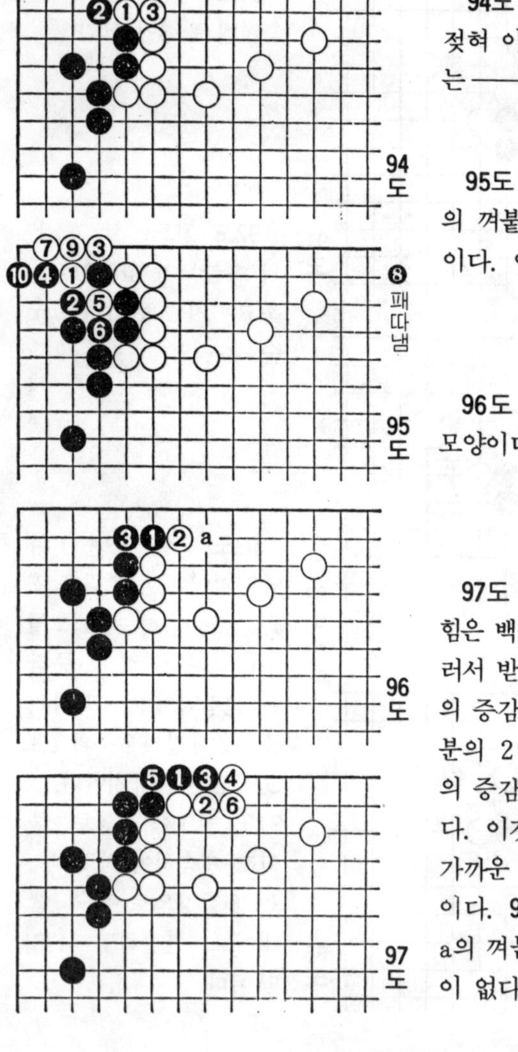

94도 백 1, 3의 젖혀 이음의 가치는——

95도 다음 백 1의 껴붙임의 성립이다. 여기에서—

96도 흑이 젖힌 모양이다. ——

97도 흑 1에 젖힘은 백은 2로 물러서 받는다. 흑집의 증감은 12집 3분의 2이고, 백집의 증감은 8집이다. 이것은 21집에 가까운 큰 끝내기이다. 96도에서 흑 a의 껴붙임은 이익이 없다.

19. 초급 맥 입문

2013년 3월 15일 인쇄
2013년 3월 30일 펴냄

옮긴이/ 프로바둑연구회
펴낸이/ 최 상 일
펴낸곳/ 구.진화당(태을출판사)
서울특별시 중구 신당6동 52-107 (동아빌딩내)
등록/1973년 1월 10일(제4-10호)

*잘못된 책은 구입하신 곳에서 교환해 드립니다.

▪주문 및 연락처

우편번호 100-456
서울특별시 중구 신당6동 52-107 (동아빌딩 내)
전화 / 2237-5577 팩스 / 2233-6166

ISBN 89-493-0336-1 13690